◆高等院校通识课程系列教材

大学生写作与沟通

主　编◎石树芳
副主编◎王世冲　刘加锋

中国水利水电出版社
www.waterpub.com.cn
·北京·

内 容 提 要

本教材内容分为上、下两编。上编聚焦写作与沟通，宏观把握核心能力，详细介绍读、说、听、写四项基本技能，推荐胡适、陈梦家、王国维、林语堂、路遥、冯骥才等名家名作，深化教学内容，延伸学习广度。下编聚焦主题与范例，微观解读经典文化，精心设计古代生活、青铜器、茶与茶文化、世界遗产在杭州、司马迁与《史记》、中国传统建筑、《诗经》动植物书写、西南联大等八个专题，涉及文学、历史、地理、建筑、交通、传播等多个领域，突破文、史、哲界限，打通古代、现代、当代，联系国内、国外，全方位、多角度地展示中华文明的传承与创新。附录附有沟通礼仪，以便掌握基本的礼仪规范。

本教材内容通俗易懂，知识循序渐进，受众群体相对宽泛，可以作为普通高校、高职院校实用写作、合作沟通等核心素养通识课程教材使用，相关人员亦可在工作实践之中学习借鉴，文学爱好者也可作为自我训练的参考用书。

图书在版编目（CIP）数据

大学生写作与沟通 / 石树芳主编. -- 北京 : 中国水利水电出版社, 2023.6(2025.1重印).
高等院校通识课程系列教材
ISBN 978-7-5226-1516-5

Ⅰ. ①大 Ⅱ. ①石 Ⅲ. ①汉语－写作－高等学校－教材②大学生－心理交往－能力培养－高等学校－教材
Ⅳ. ①H15②G645.5

中国国家版本馆CIP数据核字(2023)第082406号

书　　名	高等院校通识课程系列教材 **大学生写作与沟通** DAXUESHENG XIEZUO YU GOUTONG
作　　者	主　编　石树芳 副主编　王世冲　刘加锋
出版发行	中国水利水电出版社 （北京市海淀区玉渊潭南路 1 号 D 座　100038） 网址：www. waterpub. com. cn E-mail：sales@mwr. gov. cn 电话：（010）68545888（营销中心）
经　　售	北京科水图书销售有限公司 电话：（010）68545874、63202643 全国各地新华书店和相关出版物销售网点
排　　版	中国水利水电出版社微机排版中心
印　　刷	清淞永业（天津）印刷有限公司
规　　格	184mm×260mm　16 开本　12 印张　284 千字
版　　次	2023 年 6 月第 1 版　2025 年 1 月第 2 次印刷
印　　数	3001—5500 册
定　　价	**36.00** 元

序

随着国民经济的发展，生活质量的提升，简单的劳动取酬已经无法满足日常需求，人们在解决温饱问题之后必然会对生活方式与生产环节产生更高的要求。市场激烈竞争且快速多变，用人单位更关注工作效率，从业者也很难做到在同一岗位上“自始而终”。这一经济新常态对我们培养的从业人员在知识、技能尤其是综合素质上提出了更高的要求。

我国学术型高校本科阶段主要采用的是“学科本位”教育，注重学科体系的完整性，以培养具有扎实的知识理论基础、较强的学历提升能力的领军型人才，不足的是直接就业岗位适应能力弱；专科层次的职业教育实施的主要是“能力本位”教育，它打破了传统的学科体系，注重专业岗位能力即“硬技能”的培养。学校对准工厂，课堂对准车间，老师对准师傅，培养“无缝对接”的生产一线技能型人才。在“能力本位”培养模式下，学科体系消解，以岗位能力培养的“必需、够用”为准则而保留课程或教学内容，学科知识不成体系，容易遗忘且难以迁移，对学生的综合素养、学习能力和团队合作精神等“软技能”的培养和熏陶有所弱化，学生职业生涯的可持续发展受到影响。

笔者认为应用型本科高校应树立“软硬技能并重”的教育教学理念，它兼蓄了“学科本位”和“能力本位”的长处，摒弃其不足，比较适合高素质应用型人才的培养。在人才培养中秉持“以学生发展为本”理念，同步关注“硬技能”与“软技能”，实施软硬技能融合培养，使得大学生在“知识、技能、素养”多方面得到和谐发展，毕业后走向职场“上手快、后劲足”。因此，“软硬技能并重”的教育比较契合应用型本科院校贯彻落实立德树人的根本任务，也是回应经济新常态对未来教育的新要求新举措。

2010年6月18日，《中国就业战略报告（2008—2010）：“双转型”背景下的就业能力提升战略研究》建议高校要关注就业软技能培养。2017年9月24日，中办、国办印发《关于深化教育体制机制改革的意见》，提出：要注重培养学生支撑终身发展、适应时代要求的关键能力。2018年9月，习近平总书记在全国教育大会上强调“要在增强综合素质上下功夫”等六个下功夫。

笔者所在的浙江水利水电学院是一所浙江省与水利部共建的应用型高校，培养面向基层一线的“上手快、后劲足”高素质应用型人才。2011年就大胆探索“软硬技能并重”的教育教学改革，将水文化（SWH）蕴含的“水的品质、水利精神”等育人元素融入专业人才培养全过程，创建了本土化的SWH-CDIO-E工程教育模式，研制了“一个愿景、一个大纲、九条评价标准”的实施方案。在“软技能”领域，推出了“六项必备品格”“八种关键能力”；“硬技能”模块要求各专业分为工程基础能力、专业基本能力与专业综合能力等，软硬技能融合搭建“四大能力”平台，课程教学改革模式主要推行“项目制教学”（PBT）、“项目化学习”（PBL）、“翻转课堂”、“智慧课堂”、“知识、技能、态度”（KSA）三位一体考核等，在校内所有工科专业中“渐进式”推进实施。

持续12年的教育教学改革实践带动教师完成浙江省、浙江省教育厅等教改项目193项，发表教研论文229篇；推出项目制课程（122门）、翻转课堂（24门）、智慧课堂（11个）、“知识、技能、态度”三位一体课程（366门）；出版专著《应用型人才软硬技能融合培养的研究与实践》1部、普通高等教育“十三五”规划教材《SWH-CDIO-E工程教育模式导论》1本；教学改革成果获浙江省人民政府教学成果一等奖1项；毕业学生就业率在浙江省普通高校中名列前茅。

习近平总书记于2016年4月在中国科学技术大学对大学生提出了殷切的希望：“孩子们，年轻人在学校这一步很重要，现在还是心无旁骛，学得文武艺，报得我们13亿人民，报得我们的中华民族、我们的国家，一定扎扎实实地学习，学知识、学做人，然后走向社会。”在企事业等用人单位调研时发现，大家常常会提到现在的毕业生应用文写作能力欠缺，沟通能力不强，也因此失去了很多就业机会和发展空间。我与学校基础部负责人、教研室主任石树芳副教授和王世冲博士等几位大学语文老师一起研讨交流，大家认为：大学本科教育更要重视学生的可持续发展，本科阶段对人一生的事业发展至关重要。大家一致认同，基于“新文科”建设要求背景下，应该秉持“软硬技能并重”教育教学理念，整合学校人文资源，凸显应用文写作与沟通交流这两个关键能力的培养，将原“大学语文与写作教研室”调整为“写作与沟通教研室”，设置大学生写作与沟通课程，建设专兼职相结合的教师教学团队，编写《大学生写作与沟通》校本教材。

大学生写作与沟通课程不是一门传统的语文课，也不是单纯的思想政治理论课，而是一门高阶思维培育训练的新人文素养通识课。课程以培养大学生的系统性思维、逻辑思维和批判性思维，提升应用文写作和沟通能力为教学目标。通过传道、授业、解惑打开学生眼界，使他们了解更为广阔的社会，通过掌握读、说、听、写的技巧来进行有效信息交流。让学生心态更为开放、心智更为成熟、思维更契实际、表达更为自如而优雅。

相对于传统的大学人文类通识课程，大学生写作与沟通课程还是一块亟待开垦的处女地，目前虽已列入浙江省省级一流建设课程，但是，课程师资队伍和教学资源建设，特别是学生对于该课程重要性的认知还比较滞后，需要我们不断地进行实践探寻与理论梳理。

习近平总书记说：“山再高，往上攀，总能登顶；路再长，走下去，定能到达。”我想，只要我们有一种为党的教育事业奋斗终生的责任感与使命感，努力践行全心全意为教师发展和学生成人成才服务的初心和宗旨，认准方向，掌握方法，坚持不懈，大学生写作与沟通课程的预期教学目标就一定会达到！前面的路还很长。但是，如果说，路已经找到了，还怕路远么?!

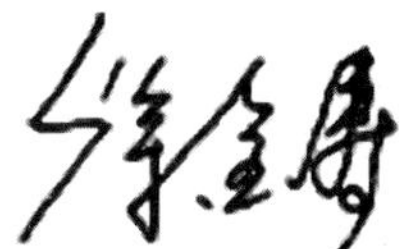

2023年3月于杭州

前言

日新月异的信息时代带来了前所未有的机遇与挑战，写作与沟通作为传承文明、交流思想的重要途径也随之改变——写作从纸质到网络，从孤立到融合；沟通从缓慢到迅捷，从单一到互动。然而，贯穿其间亘古不变的是优美的文字能够跨越时空、融化冷漠、传递温暖，幽默的语言能够化解难题、打破尴尬、改变境遇。无数事实证明，写作与沟通的力量是无形的，也是无限的。让我们释放沟通诉求，拥有写作能力，深度思考社会和人生，以更儒雅、更成熟、更睿智、更豁达的姿态发展个人爱好，绘制梦想蓝图。

大学生写作与沟通课程是通识教育的重要组成部分，重点培养学生的逻辑思维、系统性思维和批判性思维，以引导、关注、提升应用文写作水平和沟通能力为重要产出。开课以来深受学生欢迎，并于2020年获评浙江省省级一流建设课程。本教材是在系统总结实践经验的基础上编写而成的，其理念先进，特色鲜明，具有一定的典型性与指导性。

一、主题教学完全融入课堂。传统教材集中介绍不同领域各类应用文体的主要特点、运用范畴以及写作方法，重点讲解概念、性质、类型、格式等。本教材突破常规，采用主题教学模式，内容灵活，方法多变，不再单独介绍应用文体的知识技巧，而是追踪社会热点问题，重在分析背景知识，创设生活情境，通过师生互动讨论打开思路，拓宽视野，以适应信息化、多元化的教学需求，从而打造既有实用性又有操作性、既有深度又有广度的高标准、高质量新文科课程。

二、基本技能训练落到实处。本教材围绕学生，聚焦课堂，采用线上、线下结合，师生、生生互动，课上、课后联动的方式，形成积极主动、思维碰撞的课堂氛围，每个主题四个学时，其中课堂教学两个学时，写作练习两个学时。写作练习的完成需要学生全面参与社会实践，然后通过个人与小组两种形式展示学习成果，前者培养学生的独立思考能力，后者培养学生的团队合作意识。教师可以通过成果展示及时反馈教学成果，明确了解学生的掌握程度以及兴趣所在，学生彼此之间可以通过观摩比较，对同伴和自身的写作与沟通能力进行评价。本教材始终贯彻执行教师引领、同伴互助、自我反思的学习策略，将深度阅读、熟练写作、有效交流落到实处，实现理论与实践的高度融合。

三、培养终身阅读与写作的习惯。本教材每个主题均设拓展阅读部分，鼓励学生借助研习经典掌握写作规范，培养写作思维，提升写作能力，最终形成个人写作风格。重点推荐四大名著、《史记》、《儒林外史》、《如果国宝会说话》、《中国诗词大会》等著名作品、优秀节目的精彩片段，在带领学生感受视觉盛宴的同时体会语言文字的魅力，以激发阅读热情，掌握写作技巧。通过教材启发学生快乐阅读、快意写作，最终走上阅读写作生活化、日常化、终身化、兴趣化的道路。

本教材内容分为上、下两编。上编聚焦写作与沟通，宏观把握核心能力，详细介绍读、说、听、写四项基本技能，推荐胡适、陈梦家、王国维、林语堂、路遥、冯骥才等名家名作，深化教学内容，延伸学习广度。下编聚焦主题与范例，微观解读经典文化，精心设计古代生活、青铜器、茶与茶文化、世界遗产在杭州、司马迁与《史记》、中国传统建筑、《诗经》动植物书写、西南联大等八个专题，涉及文学、历史、地理、建筑、交通、传播等多个领域，突破文、史、哲界限，打通古今，联系中外，全方位、多角度地展示中华文明的传承与创新。附录附有沟通礼仪，以便掌握基本的礼仪规范。本教材在编写过程中参考了大量文献，选用了诸多影视作品，在此表示诚挚感谢。

本教材内容通俗易懂，知识循序渐进，可以作为普通高校、高职院校实用写作、合作沟通等核心素养通识课程教材使用，也可作为文学爱好者自我训练的参考用书。

大学生写作与沟通课程能够顺利开展，首先感谢教育部高校毕业生就业协会核心能力分会会长、浙江水利水电学院原副校长徐金寿教授全程、全方位的指导与帮助，徐教授于百忙之中坚持躬体力行，严格把关，发现问题及时解决，推动教学改革发展进程，引领教师迅速成长。同时该教材得到了浙江水利水电学院教务处、教学质量与评估中心、基础部负责人的大力支持，万军主任和蔡建平主任提供了宝贵建议与意见，为教材的编写和出版奠定了坚实基础，在此一并表示感谢！同时感谢“南浔学者”资助！

本教材由石树芳担任主编；王世冲、刘加锋担任副主编；徐金寿主审。具体分工如下：第一章、第二章、第三章、第四章、第五章、第六章、第七章由石树芳编写；第八章、第九章、第十章由王世冲编写；第十一章、第十二章、附录由刘加锋编写。由于撰写时间紧迫，编者水平有限，疏漏不足之处，恳请广大师生和各界读者批评指正。

石树芳

2023 年 3 月于杭州

目录

上编

写作与沟通

写作面向世界，沟通连接心灵。写作表现实力，包括学识、思维、审美；沟通表现修养，包括道德、胸襟、气度。二者均是人文情怀与理性精神的综合体现。

写作与沟通在网络时代变得简单便捷，但是随之衍生滥用流行语，抗拒当面交流，书写错字、别字，病句、残句，文字、字母混搭，乱用标点甚至不用标点等诸多问题，语言不规范、写作水平低等现象较为普遍，因此全面培养、系统训练、逐步提高学生使用标准语言文字进行口头表达与书面写作能力成为目前语文教学的当务之急。

大学生写作与沟通的主要任务是探求语言文字的实用性、启发性、感悟性、多样性，提升读、说、听、写四项基本技能，促使学生能够根据对象和场合，学会倾听，敢于表达，善于思考，乐于交流，在尊重自己、理解对方的基础上文明、和谐、得体地进行人际沟通和社会交往，培养独立的思想与健全的人格。

著名学者叶圣陶曾说："听是用耳朵读，说是用嘴巴写，读是用眼睛听，写是用笔头说。"听、读是学习输入能力，核心是深入地理解他人。说、写是学习输出能力，核心是精准地表达自己。听、说偏重口头语言，读、写偏重书面语言，听、说、读、写四种能力既相互独立又密切相关，都是由智力因素与非智力因素共同参与的心理过程，生活之中熟练地运用听、说、读、写技能，可以快速有效地获得正确信息，消除隔阂矛盾，完善人际关系，寻找更多、更好的资源和机会，开拓更为广阔的生存发展空间。

第一章 读——欣赏＋思考

一、读的概念

读是运用文字、符号、公式、表格、图片获取信息、认识世界的感知过程，通过眼睛辨认、观看，伴随大脑思考、分析、判断、评价，最终获得审美体验和专业知识的积极活动。

读是说的基础、写的前提，是提高修养、陶冶情操的重要途径。英国著名哲学家罗素曾说："阅读将使我们与伟大的人物为伍，生活于对崇高思想的渴望中，在每一次困惑中都会被高贵和真理的火光所照亮！"通过阅读可以与数不胜数的文豪、伟人对话交流，开阔眼界，滋润心灵，树立正确的世界观、人生观、价值观。

二、读的方法

读，需要历经成功习得—有效传递—正确运用的完整过程，读是核心能力，贯穿各个年龄阶段，养成"阅读终身、终身阅读"的良好习惯，需要根据个体情况选择合适的方法。

古今中外无数先贤都曾探讨过读的步骤与方法，本书主要介绍朱熹的"六法"。朱熹（1130—1200），字元晦，号晦庵，别号紫阳，徽州婺源（今江西婺源）人，南宋绍兴十八年（1148）进士及第，历仕高宗、孝宗、光宗、宁宗四朝，曾任秘阁修撰、宝文阁待制，卒谥文，世称朱文公。著有《四书章句集注》等，后人辑有《晦庵先生朱文公文集》《朱子语类》等，著名思想家、哲学家、教育家、文学家。朱熹是继孔子之后的大儒之一，继承发展二程学说，是宋代理学集大成者。宋理宗宝庆三年（1227），朝廷将朱熹编写的《四书章句集注》定为科举参考书，由此奠定程朱理学作为官方哲学的显赫地位。朱熹毕生积极从事讲学活动，哲学思想结合教育思想，编撰教材，教书育人，弟子众多，影响深远。关于如何读，如何学，朱熹多有阐述，后人总结归纳为“六法”。

1. 循序渐进。读书要有科学性、目的性、系统性和可操作性，需要遵循内在逻辑逐步展开，由浅入深，由小到大，由易到难，由低到高，由已知到未知，由具体到抽象，才能做到事半功倍。循序渐进首先要依据书本的内容章节和自己的能力水平制订恰当的读书计划与合适的学习进度，切忌毫无章法，急于求成。“凡读书，须有次序。且如一章三句，先理会上一句，待通透；次理会第二句，第三句，待分晓；然后将全章反覆细绎玩味。”按照顺序认真阅读，不可前后颠倒，多头并进。读书更要“量力所至，约其程课而谨守之。字求其训，句索其旨，未得乎前，则不敢求其后；未通乎此，则不敢志乎彼。如是循序而渐进焉，则意定理明，而无踈易凌躐之患矣。”明确指出阅读应当按部就班，量力而行，制定计划之后就要严格遵守，努力完成。其次还要用心琢磨，脚踏实地，稳扎稳打，不可轻率浮夸，三心二意，囫囵吞枣，马虎懒散。“读书须将心贴在书册上，逐句逐字，各有着落，方始好商量。大凡学者须是收拾此心，令专静纯一，日用动静间，都无驰走散乱，方始看得文字精审，如此，方是有本领。”阅读是作者与读者的精神交流，静心、用心、精心才能读有所得，学有所获。漫不经心的翻书或者心不在焉的阅读只会浪费时间，全神贯注的阅读，刨根问底的探究才是掌握本领的正确方法。

2. 熟读精思。“大抵观书须先熟读，使其言皆若出于吾之口；继以精思，使其意皆若出于吾之心，然后可以有得尔。”熟读需要看清、认准、读对，增字、漏字、错字、颠倒顺序、断句错误都不可取。“须要读得字字响亮，不可误一字，不可少一字，不可多一字，不可倒一字，不可牵强暗记，只是要多诵数遍，自然上口，久远不忘。古人云，‘读书千遍，其义自见。’谓读得熟，则不待解说，自晓其义也。”彻底读通、读懂，达到了然于胸、脱口而出的程度，才能牢固记忆。阅读具有持久性与重复性，选取不同角度、不同立场认真读、反复读、深入读，会有意想不到的收获。例如面对《红楼梦》，正如鲁迅先生所说：“经学家看见《易》，道学家看见淫，才子看见缠绵，革命家看见排满，流言家看见宫闱秘事。”即使是同一个人读同一部书，由于年龄不同、阅历不同、心境不同，也会产生完全不同的感受。例如《西游记》，少年看到的是孙悟空大闹天宫的酣畅淋漓，体会到的是对叛逆的渴望与自由的追求；中年看到的是孙悟空历尽磨难取得真经的艰难心酸，体会到的是无所畏惧、勇往直前、不达目的誓不罢休的战斗精神与乐观心态。熟读最好背诵，“学者观书，读得正文，记得注解，成诵精熟，注中训释文意、事物、名件，发明相穿纽处，一一认得，如自己做出来底一般，方能玩味反覆，向上有通透处，若不如此，只是虚设议论，非为己之学也。”不仅记得正文，还要掌握注释，烂熟于心，才是真的学会。朱熹同时强调读书在精不在多，少读多想是正途，“故读之者贵专而不贵博。盖惟专为能知其意而得其用；徒博则反苦于杂乱浅略而无所得也。”切忌多管齐下，贪得无厌，走马观花，浅尝辄止。“夫子说：‘学而不思则罔，思而不学则殆。’学便是读，读了又思，思了又读，自然有意。若读而不思，又不知其意味，思而不读，纵使晓得，终是臲卼不安。一似请得人来守屋相似，不是自家人，终不属自家使唤。若读得熟而又思得精，自然心与理一，永远不忘。”阅读是基础，思考是动力，二者相辅相成不可分割，与阅读相比思考更具探索性与创新性，只有通过缜密思考消化吸收的阅读内容，才会化为己有，化为己用。温故知新是深入阅读与独立思考的有效方法，多次复习旧有知识，不断获得新的认知，新的体会，“新者只是故中底道理，时习得熟，渐渐发得出来。”新旧知识之间呼应联系，相互渗透，形成连锁反应，才能取得良好效果。

3. 虚心涵泳。读书需要胸怀宽广，平心静气，谦虚谨慎，客观公正，不能带有成见或者偏见，更不可穿凿附会，私自揣测著者本意，或者先入为主，不肯理解接受新的观点。“观书但当虚心平气，以徐观义理之所在，如其可取，虽世俗庸人之言，有所不废。如有可疑，虽或传以为圣贤之言，亦须更加审择，自然意味平和，道理明白，脚踏实地，动有据依，无笼罩自欺之患。”只要言之有理，即使是普通百姓的观点也要吸收；如果偏颇失当，即使是专家学者也要质疑。不囿于他人的观点，不困于自己的想法，才会有真正的收获。面对诸多学者见仁见智的意见以及纷繁复杂的争论，不要主观臆测，先入为主，随意取舍，更不要牵强附会，妄下断论，要仔细揣摩，谨慎审视，努力做到“至于文义有疑，众说纷错，则亦虚心静虑，勿遽取舍于其间。先使一说自为一说，而随其意之所之，以验其通塞，则其尤无义理者，不待观于他说而先自屈矣。复以众说互相诘难，而求其理之所安，以考其是非，则似是而非者，亦将夺于公论而无以立矣。大率徐行却立，处静观动，如攻坚木，先其易者而后其节目；如解乱绳，有所不通则姑置而徐理之。此观书之法也”。遇到疑惑之处不要急躁，不可执着，咀嚼琢磨，多方验证，及时翻阅各种资料比对各种意见，明辨是非，然后提出自己的看法，遇到一时难以解决的问题可以暂且搁置，冷静面对，慢慢分析，坚持在阅读中怀疑，在怀疑中思考，在思考中判断，最终才能无限接近事实，形成可靠、可信的观点。

4. 切己体察。“读书须要切己体验，不可只作文字看。”书本知识心领神会之后需要在现实生活中身体力行，通过社会实践检验知识道理是否正确，是否可行，随后结合个人运用情况重新阅读体会书本知识，加深理解，纠正偏差，形成正确的生活方式与价值取向。“读书不可只专就纸上求义理，须反来就自家身上推究，秦汉以后，无人说到，此亦只是一向去书册上求，不就自家身上理会。自家见未到，圣人先说在那里，自家只借他言语来，就身上推究始得。”通过积累前人经验指导现代生活，所以读书不能停留在口头上、书本上，要付诸行动走入日常的学习、工作、生活之中。“事事都用你自去理会，自去体察，自去涵养。书用你自去读，道理用你自去究索。”朱熹强调独立思考、自主探索，不可人云亦云，不可生搬硬套，自己读书、理解、体会、思索、观察、涵养，自己提出问题解决问题，通过自我检查、自我反省，调整状态，融会贯通。正如著名诗人陆游所言“纸上得来终觉浅，绝知此事要躬行”。亲自实践才能将书本知识转化为个人本领。

5. 着紧用力。读书应有紧迫感、使命感，集中精力，抓紧时间，“为学要刚毅果决，悠悠不济事，且如发愤忘食，乐以忘忧”。一旦下定决心就要沉浸其中，废寝忘食，遇到困难不要退缩，“读书如战阵厮杀，擂着鼓，只是向前去”。勇往直前，持之以恒，不可庸碌无为，蹉跎等待，荒废时光。“今人做工夫，不肯便下手，皆是要等待。如今日早间有事，午间无事，则午间便可下手；午间有事，晚间便可下手，却须要待明日。今月若尚有数日，必直待后月；今年尚有数月，不做工夫，必曰：今年岁月无几，直须来年，如此何缘长进。”分秒必争、夜以继日才会进步迅速。着紧用力更要合理利用业余时间，由于条件限制，教师不会时刻陪伴于学生身边，因此朱熹重视并提倡自学，“书用你自去读，道理用你自去究索，某只是做得个引路底人，做得个证明底人，有疑难处同商量而已”。教师不能代替学生，学生是主体，教师是主导。“师友之功，但能示之于始而正之于终尔。若中间三十分工夫，自用吃力去做。既有以喻之于始，又自勉之于中，又其后，得人商量是正之，则所益厚矣。不尔，则亦何补于事。”教师只作适当指点，遇到问题共同探讨，启发学生自行解决，并对学习方法、学习效果作出评价，提出修正意见，充分调动学生的积极性与主动性，因为“读书是自家读书，为学是自家为学，不干别人一线事，别人助自家不得”。自己努力最为重要，找准方向，坚持不懈，才有机会无限接近梦想。

6. 居敬持志。“读书之法，莫贵于循序而致精，而致精之本，则又在于居敬而持志。”读书要树立远大目标，全神贯注，不受外界影响，排除一切困难，拒绝一切干扰，“读书者当将此身葬在书中，行住坐卧念念在此，誓必以晓彻为期，不顾外事，一心在书，方谓之善读书。”善于读书的人都是全情投入，带着问题读书，时刻思考解决问题的方法，行走、休息期间都念念不忘，兢兢业业，锲而不舍地实现目标，走向成功。

“六法”之外，朱熹还强调“三到”，“余尝谓读书有三到，谓心到、眼到、口到。心不在此，则眼不看仔细；心眼既不专一，却只漫浪诵读，决不能记，记亦不能久也。三到之中，心到最急。心既到矣，眼口岂不到乎？”心到决定眼到、口到，专心致志是重中之重。“三到六法”是朱熹读书方式、教育思想的总结，闪耀着智慧之光，对后世影响深远。

如何读？朱熹已有完整理论，如何克服客观、主观困难坚持读？宋濂以亲身经历为青年学子指明奋斗方向。宋濂（1310—1381），字景濂，号潜溪，浦江（今浙江浦江）人，师事浙东大儒吴莱、柳贯、黄溍。明初著名政治家、文学家，与高启、刘基并称为“明初诗文三大家”，被誉为“开国文臣之首”。宋濂少时家境贫寒，风餐露宿，借书抄录，跋山涉水，请教名师，终成大家。宋濂在《送东阳马生序》中语重心长地指出是否能够坚持读书，是否能够学业精进的根本原因不在天赋高低，更不在环境优劣，而在于克服一切困难，一心向学坚持到底的信念，亦即朱熹所说的虚心涵泳、着紧用力与居敬持志。

在文中，宋濂以太学生得天独厚的学习条件和自己艰苦穷困的成长经历做对比，强调主观努力的重要性，希望青少年能够珍惜藏书资源丰富、师资力量雄厚、衣食无忧、安逸清净的读书环境，心无旁骛，努力治学，不要攀比物质条件，更不要被享乐思想左右，学有所成的关键是抓紧时间潜心读书，谦虚谨慎，刻苦自励。

名家名篇

送东阳马生序

〔明〕宋濂

余幼时即嗜学。家贫无从致书以观，每假借于藏书之家，手自笔录，计日以还。天大寒，砚冰坚，手指不可屈伸，弗之怠。录毕，走送之，不敢稍逾约。以是人多以书假余，余因得遍观群书。既加冠，益慕圣贤之道，又患无硕师名人与游，尝趋百里外，从乡之先达执经叩问。先达德隆望尊，门人弟子填其室，未尝稍降辞色。余立侍左右，援疑质理，俯身倾耳以请；或遇其叱咄，色愈恭，礼愈至，不敢出一言以复；俟其欣悦，则又请焉。故余虽愚，卒获有所闻。

当余之从师也，负箧曳屣，行深山巨谷中。穷冬烈风，大雪深数尺，足肤皲裂而不知。至舍，四肢僵劲不能动，媵人持汤沃灌，以衾拥覆，久而乃和。寓逆旅主人，日再食，无鲜肥滋味之享。同舍生皆被绮绣，戴朱缨宝饰之帽，腰白玉之环，左佩刀，右佩容臭，煜然若神人。余则缊袍敝衣处其间，略无慕艳意，以中有足乐者，不知口体之奉不若人也。盖余之勤且艰若此。今虽耄老，未有所成，犹幸预君子之列，而承天子之宠光，缀公卿之后，日侍坐备顾问，四海亦谬称其氏名，况才之过于余者乎？

今诸生学于太学，县官日有廪稍之供，父母岁有裘葛之遗，无冻馁之患矣；坐大厦之下而诵诗书，无奔走之劳矣；有司业、博士为之师，未有问而不告、求而不得者也。凡所宜有之书，皆集于此，不必若余之手录、假诸人而后见也。其业有不精，德有不成者，非天质之卑，则心不若余之专耳，岂他人之过哉！

东阳马生君则，在太学已二年，流辈甚称其贤。余朝京师，生以乡人子谒余，撰长书以为贽，辞甚畅达；与之论辨，言和而色夷。自谓少时用心于学甚劳，是可谓善学者矣。其将归见其亲也，余故道为学之难以告之。谓余勉乡人以学者，余之志也；诋我夸际遇之盛而骄乡人者，岂知余者哉！

——摘引自上海辞书出版社文学鉴赏辞典编纂中心编《文学经典鉴赏·古文名篇》，上海辞书出版社，2018年，第267页

三、读的步骤

1. 借助导读。导读可以引领阅读方向，唤醒阅读热情，抓住阅读重点，提升阅读效果。导读一般都由该领域的权威人物撰写，其在全面了解历史沿革与发展前景的情况下提纲挈领地介绍书籍的独特性与典型性，促使普通读者在迅速了解全书的基础上产生好奇，激起兴趣，为下一步的深入阅读奠定基础。

面对深奥难懂的经典名著，导读通过介绍创作背景，作家生平，主要内容，分析创作手法、艺术风格、历史地位，指出阅读难点，甚至精准对焦，抛出争论，设置悬

念，布置任务，为广大读者领路指航。而有针对性的阅读，或者带着问题寻找答案的阅读，可以帮助读者快速进入作品，使得阅读更有价值和意义，最终实现自身水平的增强与提升。

2. 摘抄重点。“摘”是理性思考和主观选择的有机结合，“抄”是读与写的相互融通，摘抄是高效有趣的学习方法，可以初步克服阅读时间短暂、容易遗忘的缺点，需要脑、眼、手、心并用。读书之前应当详细阅读序（前）言、目录，掌握核心内容。根据自身需要分门别类摘抄，边整理、边分析、边运用，自由选择，自由组合。摘抄内容可以是公式、定理，可以是词汇、诗句，详细标记书名、作者、页码、出处，方便日后翻阅、查找原文。经典名著的优秀片段语言精练，辞微旨远，摘抄期间仔细玩味一字一句的深刻含义，以及遣词造句、谋篇布局的过人之处，加深理解，巩固记忆，最终纳入自己的知识体系。会读、会记，边读、边抄是积累知识的重要手段。

摘抄有复制式、提纲式、鉴赏式三种。复制式尊重原文，摘抄精彩内容或者主要观点，收集材料，积累文献。提纲式重在理解，梳理层次、段落，制作目录或者编写提纲将关键部分或者重要材料串联起来，条理清晰，节约时间。鉴赏式重在感受，以兴趣为导向，阅读书籍、杂志，观看电影、电视产生灵感，随时记录个人观点想法，有效传递知识，具有启发性与创新性。合理利用或者综合使用各种摘抄方式，有利于深化记忆，促进思维，如果能将摘抄内容背诵，学习效果将会实现由量的积累到质的飞跃。

3. 撰写书评。阅读可以开阔视野，写作可以抒发感情，二者互相促进，相辅相成，正所谓“读书破万卷，下笔如有神”。书评是对阅读的反馈，可以重温阅读内容，提升阅读体验，提高阅读质量，书评是构建作者、读者信息交流的桥梁，也是二者之间独特的沟通方式。根据自己的情感体验、生活经历对已经掌握的知识进行补充扩展，通过书评串联作者的思想与读者的感触，将所读、所感、所思、所悟付诸文字，引起共鸣，逐步提高写作能力、提升思维品质。

四、读的技巧

读书需要选择，平日阅读最多的是以下两种书籍：一是源于实际需要，与学习、工作有关，主要体现实用价值；二是源于个人兴趣，与追求、爱好有关，主要用于陶冶情操。课本教材需要精读，休闲书籍可以略读，经典名著需要深层阅读，网络碎片信息多为浅层阅读。面对不同的需求可以采用不同的阅读技巧。

1. 略读。快速浏览前言、摘要、章节标题，读开头，读结尾，读精彩片段，抓住关键字词，了解中心思想即可，需要明确的目的性，此方法主要用于阅读课外读物，以增长见识为目的。

2. 精读。精读要求逐字逐句阅读。追根溯源，深入钻研，对于人名、地名、官名等专用名词要有一定认识，理解透彻，牢固掌握，对政治、经济、文化等背景知识均有一定了解，遇到疑难费解之处，能够合理利用字典、辞典等工具书妥善解决，打破距离、语言、文化的隔膜，理清思绪，稳固发展，提升鉴赏能力、审美能力，将书本知识完全转化为个人智慧。例如张溥“七录七焚”的精读故事，据《明史》记载：

"所读书必手钞，钞已朗诵一过，即焚之，又钞，如是者六七始已。右手握管处，指掌成茧。冬日手皲，日沃汤数次。后名读书之斋曰'七录'。"张溥幼年发奋读书，读之前先抄一遍，读过一遍之后烧掉，再抄、再读、再烧，如此往复，坚持六七遍才肯罢休，因此书斋名为"七录斋"。张溥成年之后擅长诗词，精通文史，成为一代大师。

大部分情况下需要综合运用两种方式阅读，例如茅盾曾说："读名著起码要读三遍，第一遍最好很快地把它读完，这好像在飞机上鸟瞰桂林城全景；第二遍要慢慢地读，细细地咀嚼，注意到各章各段的结构；第三遍就要细细地一段一段地读，领会，运用，这时要注意到它的炼字炼句。"第一遍属于略读，第二、三遍属于精读。

目前处于网络时代，各类信息铺天盖地，略读随时随地，精读难上加难。随着数字技术的进步和传媒产业的改革，书刊、报纸、杂志等传统媒介受到新兴媒介的冲击，快速便捷的电子读物迅猛发展，微博、微信、短视频、公众号目不暇接，阅读呈现出娱乐化、碎片化倾向。然而断续、跳跃的浅层阅读缺乏连贯性、整体性，使得读者无法认真辨别，更无法缜密思考，最终失去主观意愿，在随心所欲地翻阅中陷入盲目跟风、烦琐杂乱的无序状态。当阅读脱离单一的纸质文本走向多元之后，如何利用有限的时间进行有效阅读成为关键。

面对瞬息万变的海量信息，读者应当合理利用碎片时间，培养深层阅读习惯。线上快速浏览、搜索、寻找、选择和自己有关的文字，将重要、有趣、有用的片段复制提炼，线下抓紧时间重新加工、组合，围绕核心内容整理相关笔记，对照纸质书籍，比读不同国籍、不同学者撰写的同类著作，发挥主观能动性，慢慢消化，提高阅读参与度。深层阅读伴随深度思考，通过阅读、记忆、分辨、判断、评价覆盖、关联新旧知识，利用乘车、排队等零散时间自觉关注网络信息，条件允许时可以多与同学、朋友交流沟通，摆脱焦虑心理，提升思辨能力、评判能力、应用能力，最终通过电子媒介利用碎片时间养成持久系统的深层阅读、终身阅读的良好习惯。

五、读的收获

读书是搜集信息、发展思维、了解自己、感知世界、获得审美体验的最佳途径，以读书为桥梁去体验无法经历的人生，去到达无法前往的远方，爱读书、会读书、多读书、读好书，不仅带来心旷神怡的愉悦，还使我们有力量、有勇气面对生活中的一切苦难。

读书会让我们有怎样意想不到的收获？培根早已给出答案。

弗朗西斯·培根（1561—1626），英国唯物主义哲学家，现代实验科学创始人，散文家。主要著作有《新工具》《论科学的增进》等。培根晚年专心从事学术研究，著有《培根随笔》等。

《论读书》发表于1653年，该作品从目的、态度、方法、功能四个方面阐述读书的意义与收获，文章短小精悍，文风典雅明快，语言凝练简洁，修辞生动形象，警句迭出，寓意深刻，堪称典范。

名家名篇

谈 读 书

〔英〕培根

读书能给人乐趣、文雅和能力。人们独居或退隐的时候，最能体会到读书的乐趣；谈话的时候，最能表现出读书的文雅；判断和处理事物的时候，最能发挥由读书而获得的能力。那些有实际经验而没有学识的人，也许能够一一实行或判断某些事物的细枝末节，但对于事业的一般指导、筹划与处理，还是真正有学问的人才能胜任。

耗费过多的时间去读书便是迟滞，过分用学问自炫便是矫揉造作，而全凭学理判断一切，则是书呆子的癖好。学问能美化人性，经验又能充实学问。天生的植物需要人工修剪，人类的本性也需要学问诱导，而学问本身又必须以经验来规范，否则便太迂阔了。

机巧的人轻视学问，浅薄的人惊服学问，聪明的人却能利用学问。因为学问本身并不曾把它的用途教给人，至于如何去应用它，那是在学问之外、超越学问之上、由观察而获得的一种聪明呢！

读书不是为着要辩驳，也不是要盲目信从，更不是去找寻谈话的资料，而是要去权衡和思考。有些书只需浅尝，有些书可以狼吞，有些书要细嚼烂咽，慢慢消化。也就是说，有的书只需选读，有的书只需浏览，有的书却必须全部精读。有些书不必去读原本，读读它们的节本就够了，但这仅限于内容不大重要的二流书籍；否则，删节过的书，往往就像蒸馏水一样，淡而无味。

读书使人渊博，辩论使人机敏，写作使人精细。如果一个人很少写作，他就需要有很强的记忆力；如果他很少辩论，就需要有急智；如果他很少读书，就需要很狡猾，对于自己不懂的事情，假装知道。

历史使人聪明，诗歌使人富于想象，数学使人精确，自然哲学使人深刻，伦理学使人庄重，逻辑学和修辞学使人善辩。总之，读书能陶冶个性。不仅如此，读书并且可以铲除一切心理上的障碍，正如适当的运动能够矫治身体上某些疾病一般。例如：滚球戏有益于肾脏；射箭有益于胸部；散步有益于肠胃；骑马有益于头部等等。因此，假若一个人心神散乱，最好让他学习数学，因为在演算数学题目的时候，一定得全神贯注，如果注意力稍一分散，就必得再从头做起。假若一个人拙于辨别差异，就让他去请教那些演绎派的大师们，因为他们正是剖析毫发的人。假若一个人心灵迟钝，不能举一反三，最好让他去研究律师的案件。所以，每一种心理缺陷，都有一种特殊的补救良方。

（林衡哲、廖运范　译）

——摘引自《博览群书》杂志主编《读书的艺术 如何阅读和阅读什么》，九州出版社，2004 年，第 105～106 页

六、读的培养

读书是对现实的超越，是接受文化熏陶、构建精神世界最便捷、最自由的方式。但是进入网络时代，略读、浅层阅读成为潮流和趋势，精读、深层阅读有逐渐边缘化的倾向，部分读者拿到文章，仅仅阅读标题、关键字词或者检索内容，拒绝细品，只求速度，拒绝思考，只求答案，断章取义忽略全文现象极为普遍。当今社会信息泛滥、知识爆炸，对阅读也提出更高的要求，教师应该努力拓宽学生的阅读深度与阅读广度，培养正确的阅读方法，积极推进阅读教学。

1. 创设情境，激发兴趣。教师应做好示范引导工作，利用课上时间介绍作者经历、创作背景、经济状况、时代特征，甚至可以通过精彩的影视片段感受人物性格与内心挣扎，唤起学生的阅读期待。学生利用课下时间精读纸质文本，通过分角色朗读、扮演等方式在特定的语言环境中感受经典作品的魅力。在条件允许、时机成熟的情况下还可以鼓励学生编排情景剧。情景剧的编写需要在理解吸收的基础上进行再创造，经过大量拓展阅读才能更好地组织语言，安排情节，设置戏剧冲突，是考查学生综合素质的教学模式之一，通过改写内容、调整角色、彩排练习、正式表演，在一系列全方位的探寻与揣摩中，人物形象逐渐饱满，中心思想逐渐清晰，语言艺术逐渐凸显，师生都能受到情感熏陶，获得思想启迪，享受审美乐趣。根据教学内容排演情景剧是激发学生学习兴趣与热情的关键，也是鼓励学生积极参与到教学活动中的有效方法。

2. 培养习惯，快乐阅读。阅读需要坚持，切忌短暂勤奋、长久松懈。部分同学因考试等原因“间歇性”踌躇满志，热度过后持续性放任自流，这种一曝十寒、半途而废的不良做法亟须改正。阅读是学生的个性化行为，不应以教师的分析讲解替代学生的阅读实践。教师应当营造良好的阅读氛围，鼓励学生根据个人需求选择书籍和辅助材料，将选择权、自主权交还学生，努力培养学生的自觉阅读习惯和独立阅读能力，及时了解学习状态，规范阅读行为，定期做好监督检查即可。提倡多角度、有创意的阅读，利用阅读期待、阅读反思和理性批判等环节，扩大阅读面，增加阅读量。提倡多读书，好读书，读好书，在积极、主动的阅读情境中，当书本内容与学生的知识储备、个人经历、情感理想存在交集或发生联系的时候，学生即可凭借已有知识审视新鲜事物，容易留下深刻印象，取得良好的读书效果。同理，如果缺乏知识或者经验就很难深度理解各类文本。因此从兴趣出发坚持阅读，夯实基础，扩大储备是提高阅读质量的重要途径。

七、读的要点

如何少走弯路，进入深层阅读，离不开学生的努力、教师的指导以及专家的提升。

1. 提供必读书目。青少年处于求学阶段，对于各个专业的发展历程并不完全了解，经常遇到想要读书却无从下手的尴尬情况，面对浩如烟海的书籍容易出现选择焦虑，陷入迷茫困惑，此时若想豁然开朗，最简单可行的方法就是参考名人提供的必读书目，专家考虑周详，各有侧重，书目删繁就简，去粗取精，可以帮助学生迅速找到方向，抓住重点。必读书目是初学者或者入门者从千头万绪、满腹狐疑走向茅塞顿开、一目了然的重要保证，以必读书目为基础，继以深层阅读，最终形成个人观点，深切感受读书的快乐与充实。正是因为必读书目的巨大指导作用，诸多著名学者都曾为青年学生罗列书单，例如鲁迅、梁启超、茅盾等。

鲁迅（1881—1936），原名周树人，字豫才，浙江绍兴人，著名文学家、思想家、革命家、教育家。1918年发表中国现代文学史上第一篇白话小说《狂人日记》，奠定了新文学运动的基石，1921年发表《阿Q正传》。主要作品有《呐喊》《彷徨》《故事新编》《野草》《朝花夕拾》等。1930年，许寿裳之子许世瑛考入清华大学，鲁迅为其开列学习中国文学的书目，共计12种，现介绍如下。

(1) 计有功 宋人《唐诗纪事》四部丛刊本 又有单行本。(2) 辛文房 元人《唐才子传》今有木活字单行本。(3) 严可均《全上古三代秦汉三国六朝文》今有石印本，其中零碎不全之文甚多，可不看。 (4) 丁福保《全汉三国晋南北朝诗》排印本。(5) 吴荣光《历代名人年谱》可知名人一生中之社会大事，因其书为表格之式也。可惜的是作者所认为历史上的大事者，未必真是“大事”，最好是参考日本三省堂出版之《模范最新世界年表》。(6) 胡应麟 明人《少室山房笔丛》广雅书局本 亦有石印本。(7)《四库全书简明目录》其实是现有的较好的书籍之批评，但须注意其批评是“钦定”的。(8)《世说新语》刘义庆 晋人清谈之状。(9)《唐摭言》五代王定保《雅雨堂丛书》中有 唐文人取科名之状态。(10)《抱朴子外篇》葛洪 有单行本 内论及晋末社会状态。(11)《论衡》王充 内可见汉末之风俗迷信等。(12)《今世说》王晫 明末清初之名士习气。

——摘引自鲁迅著，杨义选评：《鲁迅作品精华 选评本 第3卷 杂文编年选集》，生活·读书·新知三联书店，2014年，第226页

梁启超（1873—1929）字卓如，号任公，又号饮冰室主人。广东新会人，与康有为一起倡导变法维新，倡导“诗界革命”“小说界革命”，学识渊博，文笔流利，“清华四大导师”之一，著述涉及文学、政治、经济、哲学、历史、宗教、语言、音韵等诸多方面，有《饮冰室合集》。1923年，梁启超应《清华周刊》之约，开列《国学入门书要目及其读法》，后精简成为《最低限度之必读书目》，共计25种。

1.“四书”。2.《易经》。3.《书经》。4.《诗经》。5.《礼记》戴圣编。6.《左传》左丘明著。7.《老子》老聃著。8.《墨子》墨翟著。9.《庄子》庄周著。10.《荀子》荀况著。11.《韩非子》韩非著。12.《战国策》。13.《史记》司马迁著。14.《汉书》班固著。15.《后汉书》范晔著。16.《三国志》陈寿著。17.《资治通鉴》（或《通鉴纪事本末》）司马光著。18.《宋元明史纪事本末》。19.《楚辞》刘向辑。20.《文选》萧统编。21.《李太白集》李白著。22.《杜工部集》杜甫著。23.《韩昌黎集》韩愈著。24.《柳河东集》柳宗元著。25.《白香山集》白居易著。其他词曲集，随所好选读数种。

——摘引自《博览群书》杂志主编《读书的艺术 如何阅读和阅读什么》，九州出版社，2004年，第244页

茅盾（1896—1981），原名沈德鸿，字雁冰，浙江桐乡人，著名文学家，代表作

品《子夜》《林家铺子》《蚀》三部曲等。30 年代茅盾为引导青少年初步正确认识欧洲文学的发展历程，撰写《汉译西洋文学名著》和《世界文学名著讲话》，1997 年百花文艺出版社将以上两书合集重版为《世界名著导读》，共计 37 种。

1.《伊利亚特》（古希腊）荷马著。2.《奥德赛》（古希腊）荷马著。3《伊勒克特拉》（古希腊）欧里庇得斯著。4.《神曲》（意大利）但丁著。5.《十日谈》（意大利）薄伽丘著。6.《堂吉诃德》（西班牙）塞万提斯著。7.《哀史》（法国）雨果著。8.《战争与和平》（俄国）列夫·托尔斯泰著。9.《屋卡珊和尼各莱特》无名氏著。10.《哈姆莱特》（英国）莎士比亚著。11.《失乐园》（英国）弥尔顿著。12.《恨世者》（法国）莫里哀著。13.《戆第德》（法国）伏尔泰著。14.《鲁滨逊漂流记》（英国）笛福著。15.《格列佛游记》（英国）斯威夫特著。16.《约瑟·安德鲁传》（英国）菲尔丁著。17.《新爱洛绮丝》（法国）卢梭著。18.《浮士德》（德国）歌德著。19.《强盗》（德国）席勒著。20.《萨克逊劫后英雄略》（英国）司各特著。21.《曼弗雷德》（英国）拜伦著。22.《三个火枪手》（法国）大仲马著。23.《欧那尼》（法国）雨果著。24.《当代英雄》（俄国）莱蒙托夫著。25.《你往何处去》（波兰）显克微支著。26.《浮华世界》（英国）萨克雷著。27.《大卫·科波菲尔》（英国）狄更斯著。28.《巡按》（俄国）果戈理著。29.《父与子》（俄国）屠格涅夫著。30.《复活》（俄国）列夫·托尔斯泰著。31.《罪与罚》（俄国）陀思妥耶夫斯基著。32.《三姊妹》（俄国）契诃夫著。33.《包法利夫人》（法国）福楼拜著。34.《娜娜》（法国）左拉著。35.《一生》（法国）莫泊桑著。36.《娜拉》（挪威）易卜生著。37.《莎乐美》（英国）王尔德著。

——摘引自《博览群书》杂志选编《读书的艺术 如何阅读和阅读什么》，九州出版社，2004 年，第 137～138 页

鲁迅、梁启超开列书目聚焦中国，茅盾瞩目外国，综合阅读会对世界文学的发展趋势有全面的认识，在此基础上也能更深刻地体会中国文学的独特性。

2. 组建兴趣小组。兴趣小组是彼此鼓励、共同进步的有效方式，以兴趣为中心，发现问题，寻找佐证，解决问题，培养学生的沟通交流、与人合作意识。“独学而无友，则孤陋而寡闻。”由于专业书籍内容深奥，学生一知半解甚至茫然不解的情况较为常见，或者发现问题之后，即使查阅各类书籍依然未能解决困惑甚至越追究越困惑，这时需要教师通过组建兴趣小组探讨交流，同龄、同好彼此之间各抒己见，展开论争，答疑解惑，品评析读，分享经验，消化反省，为所有同学提供思维发展的空间和才华展示的舞台，促使学生在阅读中增长见识，看到自身的长处，确定人生的坐标。

兴趣小组除解决读书难题之外，还可以帮助志同道合的同学培养爱好。例如组织演讲、辩论，能够完整考查学生的写作技巧、语言表达、心理素质、竞争意识、合作观念等实践能力。再如举办诗歌朗诵会。中国是诗歌的王国，古典诗词在中国文学中占有较大比重。适时开展朗诵活动能够极大地凸显古典诗词的音乐美，如通过朗诵白居易的《长恨歌》与艾青的《雪落在中国的土地上》，学生可以深刻体会古诗的平仄格律与现代诗的自由奔放，发掘同一体裁在不同时代蕴含的美学特征。体会读书朗诵

的愉悦，进而实现读者与作者心灵的沟通与精神的交流。

3. 举办学术讲座。通过个人深层阅读结合小组交流讨论的形式可以使基本问题得到解决，但深层问题却依然存在，但是以目前的认知水平无法再上层楼，邀请专家学者讲座是升华读书效果的有效途径。参加讲座之前读者需要具有相关的知识储备，聆听的过程其实就是利用已有知识作为基础线索不断扩大知识结构猜测印证新知识的过程，专家讲座锦上添花，师生在阅读聆听中共同进步。

热爱读书，选择经典，经典是历史的沉淀，经验的总结，生活的指导，快乐的源头。阅读可以带我们去体会“大漠孤烟直，长河落日圆”的豪迈，去感受“天苍苍，野茫茫，风吹草低见牛羊”的辽阔，去见识“君不见，黄河之水天上来，奔流到海不复回”的悲壮，阅读可能形成和善安静的性格，也可能提供人生逆袭的机会，学以致用，直面困难，化解烦恼，让阅读成为一种快乐的生活方式。

本章参考文献

[1] 贾启艾. 人际沟通［M］. 南京：东南大学出版社，2019.

[2] 陈振鹏，章培恒. 古文鉴赏辞典［M］. 上海：上海辞书出版社，1997.

[3] 钱仓水，等. 教师职业文体写作及范式［M］. 苏州：苏州大学出版社，2001.

[4] 聂鸿英. 朱熹读书六法对当代中学语文阅读教学的启示［J］. 延边教育学院学报，2021，5：59 - 62.

[5] 孙琴安. 名家谈读书［M］. 呼和浩特：远方出版社，2002.

[6] 《博览群书》杂志. 读书的艺术：如何阅读和阅读什么［M］. 北京：九州出版社，2004.

[7] 孔瑞林. 高校图书馆阅读推广研究［M］. 济南：山东教育出版社，2019.

拓展阅读

作者介绍：胡适（1891—1962），字适之，安徽绩溪人，现代学者、诗人、思想家、文学家、哲学家。1910 年赴美留学，师从著名哲学家约翰·杜威，深受实验主义哲学影响。1917 年发表《文学改良刍议》，反对文言文，提倡白话文，领导新文化运动。1918 年加入《新青年》编辑部，1920 年出版中国文学史上第一部白话诗集《尝试集》，1923 年与徐志摩组织新月社。1946—1948 年任北京大学校长。著有《中国哲学史大纲》《白话文学史》《胡适文存》等。

读　书

胡适

“读书”这个题，似乎很平常，也很容易。然而我却觉得这个题目很不好讲。

我今天是要想根据个人经验，同诸位谈谈读书的方法。我的第一句话是很平常的，就是说，读书有两个要素：第一要精，第二要博。

现在先说什么叫“精”。

我们小的时候读书，差不多每个小孩都有一条书签，上面写十个字。这十个字最普遍的就是“读书三到：眼到，口到，心到。”现在这种书签虽不用，三到的读书法却依然存在。不过我以为读书三到是不够的；须有四到，是“眼到，口到，心到，手到”。我就拿它来说一说。

眼到是要个个字认得，不可随便放过。这句话起初看去似乎很容易，其实很不容易。读中国书时，每个字的一笔一画都不放过。近人费许多功夫在校勘学上，都因古人忽略一笔一画而已。读外国书要把 A、B、C、D……等字母弄得清清楚楚。所以说这是很难的。如有人翻译英文，把 port 看作 pork，把 oats 看作 oaks，于是葡萄酒一变而为猪肉，小草变成了大树。说起来这种例子很多，这都是眼睛不精细的结果。书是文字做成的，不肯仔细认字，就不必读书。眼到对于读书的关系很大，一时眼不到，贻害很大，并且眼到能养成好习惯，养成不苟且的人格。

口到是一句一句要念出来。前人说口到是要念到烂熟背得出来。我们现在虽不提倡背书，但有几类的书，仍旧有熟读的必要；如心爱的诗歌，如精彩的文章，熟读多些，于自己的作品上也有良好的影响。读此外的书，虽不须念熟，也要一句一句念出来，中国书如此，外国书更要如此。念书的功用能使我们格外明了每一句的构造，句中各部分的关系。往往一遍念不通，要念两遍以上，方才能明白的。读好的小说尚且要如此，何况读关于思想学问的书呢？

心到是每章每句每字意义如何？何以如是？这样用心考究。但是用心不是叫人枯坐冥想，是要靠外面的设备及思想的方法的帮助。要做到这一点，须要有几个条件：

（一）字典，辞典，参考书等等工具要完备。这几样工具虽不能办到，也当到图书馆去看。比如买一本《韦氏大字典》，胜于请几个先生。这种先生终身跟着你，终身享受不尽。

（二）要做文法上的分析。用文法的知识，作文法上的分析，要懂得文法构造，方才懂得它的意义。

（三）有时要比较参考，有时要融会贯通，方能了解。不可但看字面。一个字往往有许多意义，读者容易上当。例如 turn 这字：

作外动字解有十五解，

作内动字解有十三解，

作名词解有二十六解，

共五十四解，而成语不算。

又如 strike：

作外动字解有三十一解，

作内动字解有十六解，

作名词解有十八解，

共六十五解。

又如 go 字最容易了，然而这个字：

作内动字解有二十二解，

作外动字解有三解，

作名词解有九解，

共三十四解。

以上是英文字须要加以考究的例。英文字典是完备的；但是某一字在某一句究竟用第几个意义呢？这就非比较上下文，或贯串全篇，不能懂了。

中文较英文更难，现在举几个例：

祭文中第一句“维某年月日”之“维”字，究作何解？字典上说它是虚字。《诗经》里“维”字有二百多，必须细细比较研究，然后知道这个字有种种意义。

又《诗经》之“于”字，“之子于归”“凤凰于飞”等句，“于”字究作何解？非仔细考究是不懂的。又“言”字人人知道，但在《诗经》中就发生问题，必须比较，然后知“言”字为联接字。诸如此例甚多，中国古书很难读，古字典又不适用，非是用比较归纳的研究方法，我们如何懂得呢？

总之，读书要会疑，忽略过去，不会有问题，便没有进益。

宋儒张载说：“读书先要会疑。于不疑处有疑，方是进矣。”他又说：“在可疑而不疑者，不曾学。学则须疑。”又说：“学贵心悟，守旧无功。”

宋儒程颐说：“学原于思。”

这样看起来，读书要求心到；不要怕疑难，只怕没有疑难。工具要完备，思想要精密，就不怕疑难了。

现在要说手到。手到就是要劳动劳动你的贵手。读书单靠眼到，口到，心到，还不够的；必须还得自己动动手，才有所得。例如：

（1）标点分段，是要动手的。

（2）翻查字典及参考书，是要动手的。

（3）做读书札记，是要动手的。札记又可分四类：

（a）抄录备忘。

（b）做提要，节要。

（c）自己记录心得。张载说：“心中苟有所开，即便札记。不则还塞之矣。”

（d）参考诸书，融会贯通，做有系统的著作。

手到的功用。我常说：发表是吸收智识和思想的绝妙方法。吸收进来的知识思想，无论是看书来的，或是听讲来的，都只是模糊零碎，都算不得我们自己的东西。自己必须做一番手脚，或做提要，或做说明，或做讨论自己重新组织过，申叙过，用自己的语言记述过，——那种智识思想方才可算是你自己的了。

至于动手标点，动手翻字典，动手查书，都是极要紧的读书秘诀，诸位千万不要轻轻放过。内中自己动手翻书一项尤为要紧。我记得前几年我曾劝顾颉刚先生标点姚际恒的《古今伪书考》。当初我知道他的生活困难，希望他标点一部书付印，卖几个钱。那部书是很薄的一本，我以为他一两个星期就可以标点完了。那知顾先生一去半年，还不曾交卷。原来他于每条引的书，都去翻查原书，仔细校对，注明出处，注明原书卷第，注明删节之处。他动手半年之后，来对我说，《古今伪书考》不必付印了，他现在要编辑一部疑古的丛书，叫做“辨伪丛刊”。我很赞成他这个计划，让他去动手。他动手了一两年之后，更进步了，又超过那“辨伪丛刊”的计划了，他要自己创作了。他前年以来，对于中国古史，做了许多辨伪的文字；他眼前的成绩早已超过崔述了，更不要说姚际恒了。顾先生将来在中国史学界的贡献一定不可限量，但我们要知道他成功的最大原因是他的手到的功夫勤而且精。我们可以说，没有动手不勤快而能读书的，没有手不到而能成学者的。

第二要讲什么叫“博”。

什么书都要读，就是博。古人说：“开卷有益”，我也主张这个意思，所以说读书第一要精，第二要博。我们主张“博”有两个意思：

第一，为预备参考资料计，不可不博。

第二，为做一个有用的人计，不可不博。

在座的人，大多数是戴眼镜的。诸位为什么要戴眼镜？岂不是因为戴了眼镜，从前看不见的，现在看得见了；从前很小的，现在看得很大了；从前看不分明的，现在看得清楚分明了？王荆公说得最好：

世之不见全经久矣。读经而已，则不足以知经。故某自百家诸子之书，至于《难经》《素问》《本草》诸小说，无所不读；农夫女工，无所不问；然后于经为能知其大体而无疑。盖后世学者与先王之时异矣；不如是，不足以尽圣人故也。……致其知而后读，以有所去取，故异学不能乱也。惟其不能乱，故能有所去取者，所以明吾道而已。(《答曾子固》)

他说：“致其知而后读。”又说：“读经而已，则不足以知经。”即如《墨子》一书在一百年前，清朝的学者懂得此书还不多。到了近来，有人知道光学、几何学、力学、工程学等，一看《墨子》才知道其中有许多部分是必须用这些科学的知识方才能懂的。后来有人知道了伦理学，心理学等，懂得《墨子》更多了。读别种书愈多，《墨子》愈懂得多。

所以我们也说，读一书而已则不足以知一书。多读书，然后可以专读一书。譬如读《诗经》，你若先读了北大出版的《歌谣周刊》，便觉得《诗经》好懂的多了；你若先读过社会学，人类学，你懂得更多了；你若先读过文字学，古音韵学，你懂得更多了；你若读过考古学，比较宗教学等，你懂得的更多了。

所以要博学者，只是要加添参考的材料，要使我们读书时容易得“暗示”；遇着疑难时，东一个暗示，西一个暗示，就不至于呆读死书了。这叫做“致其知而后读”。

第二，为做人计。

专工一技一艺的人，只知一样，除此之外，一无所知。这一类的人，影响于社会很少。好有一比，比一根旗竿，只是一根孤拐，孤单可怜。

又有些人广泛博览，而一无所专长。这一类人，也好有一比，比一张很大的薄纸，禁不起风吹雨打。

在社会上，这两种人都是没有什么大影响，为个人计，也很少乐趣。

理想中的学者，既能博大，又能精深。精深的方面，是他的专门学问。博大的方面，是他的旁搜博览。博大要几乎无所不知，精深要几乎惟他独尊，无人能及。他用他的专门学问作中心，次及于直接相关的各种学问，次及于间接相关的各种学问，次及于不很相关的各种学问，以次及毫不相关的各种泛览。这样的学者，也有一比，比埃及的金字三角塔。那金字塔高四百八十英尺，底边各边长七百六十四英尺。塔的最高度代表最精深的专门学问；从此点以次递减，代表那旁收博览的各种相关或不相关的学问。塔底的面积代表博大的范围，精深的造诣，博大的同情心。这样的人，对社会是极有用的人才，对自己也能充分享受人生的趣味。宋儒程颢说的好：

须是大其心使开阔：譬如为九层之台，须大做脚始得。

博学正所以“大其心使开阔”。我曾把这番意思编成两句粗浅的口号，现在拿出来贡献给诸位朋友，作为读书的目标：

为学要如金字塔，要能广大要能高。

——摘引自胡适著《胡适谈读书》，百花洲文艺出版社，2016 年，第 1～9 页

作者介绍：钱理群（1939— ），祖籍浙江杭州，生于重庆，1978 年考取北京大学中文系研究生，师从王瑶、严家炎先生攻读现代文学。著名学者，北京大学中文系资深教授，主要从事中国现代文学的研究与教学。在鲁迅研究、周作人研究、现代文学史研究、知识分子精神史研究等领域成果丰硕，代表作有《中国现代文学三十年》《心灵的探寻》《与鲁迅相遇》《周作人传》《周作人论》《1948：天地玄黄》等。

读书，为了健康地、快乐地、有意义地活着

钱理群

这里又要追问一个问题：为什么从读书开始？读书的重要性到底在哪里？

我想我有两个理由：第一，健康、快乐、有意义地活着，关乎幸福观、价值观、人生观，关乎我们的信仰问题。这问题的解决不能凭空想，需要建立在深厚的知识和精神资源的基础上，这就需要读书。在我看来，某种程度上，全世界的文明历史就是各地区、各民族、各时代人在不断寻找合理价值观和幸福观的过程，这样一些寻找过程中积累的经验全部集中在书本里，特别是经典著作里。所以我们首先要读经典，广泛吸取人类文明精华，作为解决价值观、幸福观、人生观问题的基础。

第二，读书本身就是一种最理想的生活方式，本身就是健康的生活方式，同时也非常快乐，极有意义。中国古话说“书中自有黄金屋，书中自有颜如玉”，这可能有假，但是“书中自有意义在”这句话无假，且是人类文明积淀的那种意义。读书可以延伸我们的精神空间、生命空间。而且我常说，只有在读书的时候，才最平等，每个人都可以读书，而且完全独立自主：任何人，从孔夫子到普希金，你招之即来，挥之即去。你想见孔子，打开《论语》就见到了；你不想见，合上书他就走了。这多自由啊，以你为主，而且完全超越时空的界限。这何等快乐！何等幸福！此时不读，更待何时！

——摘引自钱理群著《风雨故人来——钱理群谈读书》，
商务印书馆，2016 年，第 55～56 页

第二章 说——表达+分析

一、说的概念

说，是指使用确切、简洁，富有感染力、吸引力的语言传播技术知识、交流思想感情、表达个人感受的能力，是日常交际的核心。以口齿清晰、发音标准，音调适中，正确、流利、有效、有用地组织语言，使人不产生歧义为基本要求。说可以利用音调的高低、强弱来增强活力，利用表情、体态来传播感情，因而语言比文字更具临场性、鼓动性、生动性、趣味性。

说作为一种重要的信息输出方式，是思维的外现和写作的基础，敢说、能说、会说是说的培养目标，敢说是指能够礼貌大方地在公开场合自然得体地发表自己的意见，能说是指条理清晰、主次分明、重点突出、语气合适、语调妥当地表达个人看法，会说是指创造性地运用已有经验和当前材料，恰到好处地配合表情、手势等肢体语言阐述独到见解。

二、说的态度

高超的说话能力可以营造良好的交际氛围，和善温柔、平等待人的态度最易唤起听众的亲近感和信任感，彼此尊重、互相交流的方式，博古通今、幽默有趣的风度，可以增加谈话的吸引力，对自我价值的实现也具有举足轻重的影响。

三、说的基础

语言与思维紧密相关，语言表达是思维活动的结果，想得到、说得出、讲得好，是说话的最终目标，口语交际能力的加强需要从根本上提升个人素质。

1. 道德品质。学会做人是学会说话的前提，智慧、修养是影响说话的重要因素。与品质相关引人反感的说话方式如下：①不分场合大声讲话，说话的时候摸头、抖腿、玩手机、伸懒腰，打哈欠、东张西望、心不在焉；②滔滔不绝，我行我素，不给他人开口机会，不在意他人感受，不听他人劝说，不能换位思考，将他人的善意提醒当作故意找茬；③喜欢较真、抬杠、顶嘴、争辩，咄咄逼人甚至恶语伤人，自我满足，乱发脾气；④华而不实，卖弄吹牛，居高临下，伤人自尊，训斥嘲笑；⑤过分关注别人私事，四处宣扬别人隐私，讽刺挖苦，指手画脚，说长道短，评头论足。说闲话，泼冷水，把别人的善良当作懦弱；⑥把无礼当作耿直，喜欢说教，提出各种不切实际的建议意见；⑦时刻宣泄负面情绪，一腔怨言，敏感多疑，尖酸刻薄，推卸责任。

2. 思维水平。思维水平的高低直接决定口语表达水平的高低，由于思维水平低下导致的说话问题如下：①逻辑思维混乱，语无伦次，条理不清，不知所云；②吞吞吐吐，散漫游离，毫无中心。

3. 心理素质。心理素质是否良好决定说话是否能够流畅自然。环境陌生、听众过多、缺乏信心就会导致紧张词穷，甚至忘掉所有内容，或者心知肚明，情急之下却无法确切表达，语言空洞，声音细小，结结巴巴导致话题无法延续等。口语表达能力的提高依赖个人道德品质、思维水平以及心理素质的全面提高。

言行折射心灵，思想庄严才会言谈崇高，厚积薄发才能成就人生，在我们表达自己的感受、主张、认知、观点的同时，思想、道德、情操、良知、胸怀、境界随之表现出来。因此，在锻炼说话勇气和交流技巧的同时，我们更应加强自身的语言修养、理论修养、知识修养和艺术修养，以出色的口头表达能力展现与众不同的人格魅力。

四、说的培养

1. 观察生活，积累资源。生活是语言的源泉，留心观察世界的每个角落都会有意想不到的收获。父母的嘱咐，老师的教诲，领导的谈话，朋友的建议，甚至是公交、地铁、火车、轮船、飞机上乘客彼此之间的聊天闲谈都可以为我们了解男女老幼各行各业的说话方式和语言习惯提供可能。留心留意手边林林总总的书籍、报刊、杂志，适当引用可以提高说话水平，也更生动活泼，令人信服。

2. 参加活动，获取经验。针对口语表达的各级各类演讲、诵读大赛，全面贯彻语言文字会议精神，选手同台竞技，评委专家现场点评，对于心理素质的锻炼，应变能力的考验以及口语表达的练习都大有裨益。教师应当努力创建活跃、宽松、自由的环境，为学生提供更大、更多的说话、演讲、辩论舞台，激发学生的参与意识和表达欲望，树立信心，挖掘潜能。学生应当积极参加学校组织的各项活动，主动寻求当众说话的机会，切忌退缩躲避，培养开朗性格，克服怯场心理，说话时声音洪亮，保证最后一排听众听到，内容充实，保持激情，勇敢走出第一步。多说、多练才会不断提高，才会逐步得到听众的欢迎和喜爱。

3. 观看节目，学习技巧。经典电影、电视、纪录片等各类节目完美地展现了说话技巧，配合恰到好处的语速、表情、手势……堪称学习说话的范本。例如获得巨大成功的《中国诗词大会》，就以优美的语言展现了诗词文化的博大精深。

如《中国诗词大会》第二季开场白："诗词是传承古今的歌唱，'大江东去，浪淘尽，千古风流人物'。诗词是感动天地的情怀，'好雨知时节，当春乃发生'。诗词是勇担使命的理想，'东临碣石，以观沧海'。诗词是创造未来的力量，'数风流人物，还看今朝''我劝天公重抖擞，不拘一格降人才'。中国诗词大会第一季播出之后，得到包括海外，所有热爱中华文化观众的喜爱和关注，大家说中国诗词是浸润在每一个中国人血脉里的文化基因。诗词大会唤醒了我们心底里最亲切也是最温暖的一份文化记忆。今天我们再次集结，来自全国各地的诗词爱好者们汇聚在一起，带着以诗会友的一片热情聚集在一起。看到你们，我想到了'江山代有才人出'。看到你们，我想到了'天生我材必有用'。看到你们，我想到了'长江后浪推前浪'。也希望各位能在中国诗词大会第二季的舞台上挥斥方遒，绽放光芒。"

又如其结束语："从大漠孤烟塞北到杏花烟雨江南，从山水田园牧歌到金戈铁马阳关，我们吟诵着千古绝句，我们也在体味着人间百态。所以无论明天，你将回到哪里身处何方，又将展开怎样的人生，不要忘了在这段日子里，我们所共同体会到的，那份感动，那份沉醉，那份喜悦，那份振奋，那是你们所绽放出来的光芒，那也是中国诗词永恒的魅力。'海内存知己，天涯若比邻'。中国诗词是中国人的精神礼赞，《中国诗词大会》也将是你们永远的精神家园。人生自有诗意，亲爱的观众朋友们，让我们相约《中国诗词大会》，明年再见。"

主持人面带微笑，亲切自然，语言优美，情感饱满，用充满诗情画意的语言展现中国诗词跨越时空的美丽邂逅，体现说的魅力，说的风采，堪称一场融视觉、听觉于一体的文化盛宴，屡次掀起收视狂潮。

五、说的练习

自然流畅、恰当得体的讲话既是人际交往的需要，也是实现个人价值的需要，日常生活之中思维敏捷、口齿清晰、能言善辩的人更占优势，更易胜出。

口语交际能力取决于说话技巧，更取决于知识水平。通过语言、体态技能训练提高学生的临场发挥水平，养成宠辱不惊的完善品格。教学之中应该如何提高学生说的能力？

1. 大力推广普通话。普通话是以北京语音为标准音，以北方官话为基础方言，以典范的现代白话文著作为语法规范的通用语。字正腔圆、文明有礼是说话的重要条件。

2. 鼓励诵读优秀诗文。朗诵是将文字作品转为有声语言的创作活动，声音洪亮清晰，声调宛转悠扬，感情饱满动人，通过声音传达感情，结合手势、表情增进理解，再现人物形象，还原生活场景，体验艺术魅力，引起听众共鸣。诵读优秀诗文能够增长识见，陶冶情操，开阔视野，文明言行，反复阅读甚至背诵可以增强对语言词汇的体味能力，确立口语表达的最佳形式。经常诵读优秀诗文，声音会更加优美响亮，吐字会更加准确有力，语调会更加悦耳动听。诵读是高级的语言艺术，需要熟练掌握发声技巧，正确地运用语调语气，将书面语言无法表达的内在感情变化通过语调的抑扬顿挫，轻重缓急表达的细致入微，增强文学作品的表现力和艺术性。

3. 定期组织报告讲座。定期组织小组讨论、读书报告，对于有价值、感兴趣的知识、故事、事件要求学生能够抓住重点绘声绘色地完整复述，并能简洁准确地发表个人看法。小组讨论鼓励所有学生加入，敢于发表意见以及不同意见，观点清晰连贯不偏离话题，文从字顺地表达内心的真实感受，自信负责地表达自己的观点。彼此交谈，满怀信心善意，态度诚恳自然。读书报告根据大家的共同爱好和实际水平选择合适的作家作品，养成良好的说话阅读习惯，开口之前应当针对所读书籍列出内容提纲，能用口头或者文字的方式表达自己的阅读所得，观点明确，内容切题，论据可靠，分析到位，结构完整，条理清晰。能够联系实际，有感而发，具有一定的应变力、表现力、说服力。汇报过后留出时间，给足他人利用纸质材料结合生活经验交流体会并对叙述对象进行再认识的时间。多看，多听，多练，多想，努力做到言之有物，言之有序，言之有理，言之有情。

4. 培养良好心理素质。说通常伴随听，二者是一个双向互动、愉快合作的过程，因此听众的反应表现极易影响说话者的状态与节奏，良好的互动会让双方感到开心，受到肯定的说话者甚至会超常发挥，圆满完成任务。一旦双方配合出现断裂或者不够顺畅的时候，说话者需要具备良好的心理素质，乐观开朗，心胸开阔，尊重个体差异，包融过激言辞，谅解不当行为。日常交流中要求学生以自己为参考，比对其他同学的说话方式，引导学生自我反思、自我观察、自我分析、自我评价、自我总结，完善性格、健全心理也是提高学生口语交际水平的重要途径。

5. 规范使用体态语言。伴随说话的就是动作与表情，鼓励学生适当运用眼神、动作、表情、手势等体态语言作为辅助工具，增加口语表达的多样性与生动性。体态作为无声语言，正确运用可以达到无声胜有声的境界，进而建立和谐的人际关系。

眼睛是心灵的窗户，眼神交流是说话沟通的前奏，目光真诚，友善笃定，眼波流转，安详宁静，一般情况两眼平视前方，不要闪烁不定到处乱扫，不要紧盯或者凝视对方，也不要上下打量，更不要黯淡无光故意避开他人视线，需要注意把握眼光接触的频率与方式。平视、正视表示理解、喜欢，俯视表示宽容、爱护，仰视表示尊敬、期待，眼神的千变万化能够体现心灵深处的喜怒哀乐。

面带微笑，拉近彼此的心理距离，相互获得好感信任，营造融洽欢快的交流氛围，展现乐观向上的精神风貌。笑容应当自然坦荡，有所控制，笑出感情，笑出气质，切忌勉强做作，过于夸张，献媚讨好，甚至笑得不合时宜，令听众感到莫名其妙。微笑要与心理感受、说话内容同步，信任的眼神、赞许的目光、会心的微笑都会使得说话摇曳生姿，妙趣横生。

着装干净清爽，走姿稳健，不要含胸、驼背、弯腰，不要摇头晃脑，左顾右盼。站姿挺拔，挺胸抬头，直腰收腹，双肩舒展，双臂下垂，双腿靠拢，呈现积极自然的放松状态，不能松懈，更不能僵直，端庄大方，坐姿文雅，入座要慢，不要发出声音，端坐不靠，手臂自然平放于桌上或者双手抚膝，不要有拘束感、局促感。

手势力求简洁、高雅、端正，符合生活美学，恰如其分地运用手指、手掌、拳头、手臂等的位置、动作幅度、紧张程度表达不同的思想感情。掌握手势语言的内涵和情感，手势适量简练，宁缺毋滥，要与心理节奏、全身状态、口头语言协调。

谈话的时候可以带有自身感情，文字语言传递信息，有声语言传递感觉，肢体语言传递态度，要有意识地去掉口头禅，声音悦耳，富于变化，话不在多，关键是要讲好讲对，条件允许的情况下多说赞美肯定的话，懂得真诚赞美对方本身就是美德。如与陌生人谈话，应当选择双方都感兴趣的话题，要为对方预留思考空间，不能以自我为中心，时刻关注听者，通过观察对方的反应及时调节自己的语速、节奏甚至内容、态度，讲完一个重点略作停顿，询问是否清楚明白，避免出现夸耀、显摆、压制、迎合心理，适时中止无效话题避免尴尬，同时根据双方的情绪选择继续谈话或者结束交流，时刻把握整个交际进程，重视口语交际中的文明态度和语言修养。用心表达，坦诚沟通，简单真实地展现自我，才能赢得对方的信任，带来高质量的谈话效果。

六、说的标准

高超的口语表达能力就是口才，口才是智力水平、思维习惯、文化修养、品格情操的综合反映，是衡量人才的必要尺度，我国古代就有“一言可以兴邦，一言可以丧邦”的说法，更有“一人之辩，重于九鼎之宝；三寸之舌，强于百万之师”的实例，足见口才具有举足轻重的作用。何为有口才？王东、高永华在《口才艺术》一书中指出达到如下六条即可：一是规范性，准确贴切，符合要求；二是集中性，重点突出，观点明确；三是连贯性，思路清晰，条理分明；四是得体性，适应语境，分寸恰当；五是艺术性，生动优美，蕴藉深邃；六是机变性，反应快捷，得心应口。良好的口才可以让人在不同场合进行有效的会话和自然的答问，是事业成功、人际和睦、生活幸福、精神愉快的重要素质。

口才是包括个性、气质、思想、情感、观察、想象、思维、记忆、逻辑、修辞、表演、交际、知识经验、情绪控制、应变能力、自我认知以及为人处世在内的综合能力，是智慧的集中反映，《三国演义》中诸葛亮舌战群儒，就堪称通过非凡口才展现个人魅力的经典案例。

名家名篇

诸葛亮舌战群儒　鲁子敬力排众议

次日，至馆驿中见孔明，又嘱曰：“今见我主，切不可言曹操兵多。”孔明笑曰：“亮自见机而变，决不有误。”肃乃引孔明至幕下。早见张昭、顾雍等一班文武二十余人，峨冠博带，整衣端坐。孔明逐一相见，各问姓名。施礼已毕，坐于客位。

张昭等见孔明丰神飘洒，器宇轩昂，料道此人必来游说。张昭先以言挑之曰：“昭乃江东微末之士，久闻先生高卧隆中，自比管、乐，此语果有之乎？”孔明曰：“此亮平生小可之比也。”昭曰：“近闻刘豫州三顾先生于草庐之中，幸得先生，以为如鱼得水，思欲席卷荆襄。今一旦以属曹操，未审是何主见？”孔明自思张昭乃孙权手下第一个谋士，若不先难倒他，如何说得孙权？遂答曰：“吾观取汉上之地，易如反掌。我主刘豫州躬行仁义，不忍夺同宗之基业，故力辞之。刘琮孺子，听信佞言，暗自投降，致使曹操得以猖獗。今我主屯兵江夏，别有良图，非等闲可知也。”

昭曰：“若此，是先生言行相违也。先生自比管、乐。管仲相桓公，霸诸侯，一匡天下；乐毅扶持微弱之燕，下齐七十余城：此二人者，真济世之才也。先生在草庐之中，但笑傲风月，抱膝危坐。今既从事刘豫州，当为生灵兴利除害，剿灭乱贼。且刘豫州未得先生之前，尚且纵横寰宇，割据城池。今得先生，人皆仰望。虽三尺童蒙，亦谓彪虎生翼，将见汉室复兴，曹氏即灭矣。朝廷旧臣，山林隐士，无不拭目而待，以为拂高天之云翳，仰日月之光辉，拯民于水火之中，措天下于衽席之上，在此时也。何先生自归豫州，曹兵一出，弃甲抛戈，望风而窜。上不能报刘表以安庶民，下不能辅孤子而据疆土，乃弃新野，走樊城，败当阳，奔夏口，无容身之地。是豫州既得先生之后，反不如其初也。管仲、乐毅，果如是乎？愚直之言，幸勿见怪！”

孔明听罢，哑然而笑曰：“鹏飞万里，其志岂群鸟能识哉？譬如人染沉疴，当先用糜粥以饮之，和药以服之；待其腑脏调和，形体渐安，然后用肉食以补之，猛药以治之，则病根尽去，人得全生也。若不待气脉和缓，便投以猛药厚味，欲求安保，诚为难矣。吾主刘豫州，向日军败于汝南，寄迹刘表，兵不满千，将止关、张、赵云而已：此正如病势尫羸已极之时也。新野山僻小县，人民稀少，粮食鲜薄，豫州不过暂借以容身，岂真将坐守于此耶？夫以甲兵不完，城郭不固，军不经练，粮不继日，然而博望烧屯，白河用水，使夏侯惇，曹仁辈心惊胆裂：窃谓管仲、乐毅之用兵，未必过此。至于刘琮降操，豫州实出不知，且又不忍乘乱夺同宗之基业，此真大仁大义也。当阳之败，豫州见有数十万赴义之民，扶老携幼相随，不忍弃之，日行十里，不思进取江陵，甘与同败，此亦大仁大义也。寡不敌众，胜负乃其常事。昔高皇数败于项羽，而垓下一战成功，此非韩信之良谋乎？夫信久事高皇，未尝累胜。盖国家大计，社稷安危，是有主谋。非比夸辩之徒，虚誉欺人，坐议立谈，无人可及，临机应变，百无一能，诚为天下笑耳。”这一篇言语，说得张昭并无一言回答。

座上忽一人抗声问曰：“今曹公兵屯百万，将列千员，龙骧虎视，平吞江夏，公以为何如？”孔明视之，乃虞翻也。孔明曰：“曹操收袁绍蚁聚之兵，劫刘表乌合之众，虽数百万不足惧也。”虞翻冷笑曰：“军败于当阳，计穷于夏口，区区求救于人，而犹言不惧，此真大言欺人也！”孔明曰：“刘豫州以数千仁义之师，安能敌百万残暴之众？退守夏口，所以待时也。今江东兵精粮足，且有长江之险，犹欲使其主屈膝降贼，不顾天下耻笑。由此论之，刘豫州真不惧操贼者矣！”虞翻不能对。

座间又一人问曰：“孔明欲效仪、秦之舌，游说东吴耶？”孔明视之，乃步骘也。孔明曰：“步子山以苏秦、张仪为辩士，不知苏秦、张仪亦豪杰也。苏秦佩六国相印，张仪两次相秦，皆有匡扶人国之谋，非比畏强凌弱，惧刀避剑之人也。

君等闻曹操虚发诈伪之词，便畏惧请降，敢笑苏秦、张仪乎?”步骘默然无语。

忽一人问曰：“孔明以曹操何如人也?”孔明视其人，乃薛综也。孔明答曰：“曹操乃汉贼也，又何必问?”综曰：“公言差矣。汉传世至今，天数将终。今曹公已有天下三分之二，人皆归心。刘豫州不识天时，强欲与争，正如以卵击石，安得不败乎?”孔明厉声曰：“薛敬文安得出此无父无君之言乎！夫人生天地间，以忠孝为立身之本。公既为汉臣，则见有不臣之人，当誓共戮之，臣之道也。今曹操祖宗叨食汉禄，不思报效，反怀篡逆之心，天下之所共愤。公乃以天数归之，真无父无君之人也！不足与语！请勿复言！”薛综满面羞惭，不能对答。

座上又一人应声问曰：“曹操虽挟天子以令诸侯，犹是相国曹参之后。刘豫州虽云中山靖王苗裔，却无可稽考，眼见只是织席贩屦之夫耳，何足与曹操抗衡哉!”孔明视之，乃陆绩也。孔明笑曰：“公非袁术座间怀桔之陆郎乎?请安坐，听吾一言！曹操既为曹相国之后，则世为汉臣矣。今乃专权肆横，欺凌君父，是不惟无君，亦且蔑祖，不惟汉室之乱臣，亦曹氏之贼子也。刘豫州堂堂帝胄，当今皇帝，按谱赐爵，何云无可稽考?且高祖起身亭长，而终有天下。织席贩屦，又何足为辱乎?公小儿之见，不足与高士共语!”陆绩语塞。

座上一人忽曰：“孔明所言，皆强词夺理，均非正论，不必再言。且请问孔明治何经典?”孔明视之，乃严畯也。孔明曰：“寻章摘句，世之腐儒也，何能兴邦立事?且古耕莘伊尹，钓渭子牙，张良、陈平之流，邓禹、耿弇之辈，皆有匡扶宇宙之才，未审其生平治何经典；岂亦效书生，区区于笔砚之间，数黑论黄，舞文弄墨而已乎?”严畯低头丧气而不能对。

忽又一人大声曰：“公好为大言，未必真有实学，恐适为儒者所笑耳。”孔明视其人，乃汝阳程德枢也。孔明答曰：“儒有君子小人之别。君子之儒，忠君爱国，守正恶邪，务使泽及当时，名留后世；若夫小人之儒，惟务雕虫，专工翰墨，青春作赋，皓首穷经，笔下虽有千言，胸中实无一策。且如扬雄以文章名世，而屈身事莽，不免投阁而死，此所谓小人之儒也。虽日赋万言，亦何取哉!”程德枢不能对。众人见孔明对答如流，尽皆失色。

时座上张温、骆统二人，又欲问难。忽一人自外而入，厉声言曰：“孔明乃当世奇才，君等以唇舌相难，非敬客之礼也。曹操大兵临境，不思退敌之策，乃徒斗口耶!”众视其人，乃零陵人，姓黄，名盖，字公覆，现为东吴粮官。当时黄盖谓孔明曰：“愚闻多言获利，不如默而无言。何不将金石之论为我主言之，乃与众人辩论也?”孔明曰：“诸君不知世务，互相问难，不容不答耳。”于是黄盖与鲁肃引孔明入。

——摘引自罗贯中著《三国演义》(第四十三回)，时代文艺出版社，2019 年，第 221～223 页诸葛亮足智多谋，“隆中决策”展现战略眼光，“火烧博望”展现军事谋略，“舌战群儒”展现雄辩才能，堪称《三国演义》的灵魂人物。

官渡之战曹操打败袁绍，挟天子以令诸侯，统一北方，实力大增，野心膨胀，率军南下，此时刘备新败，退守夏口，面对曹军压境的危急局势，东吴恐惧慌乱，群臣意见不一，周瑜、鲁肃力主抗战，张昭、虞翻等更多谋臣主张投降，且投降派占上风，原因一是双方力量悬殊，无法抵抗曹操。“曹操拥百万之众，借天子之名，以征四方，拒之不顺。且主公大势可以拒操者，长江也。今操既得荆州，长江之险，已与我共之矣，势不可敌。”原因二是投降曹操可以免受战乱之苦，保存实力获得更大利益。“如降操，则东吴民安，江南六郡可保矣。”面对战、和困境，孙权犹豫不决，正当此时胆识过人的诸葛亮前来东吴劝说孙刘联盟抗曹。江东谋士见来者不善，满怀恶意轮番攻击诸葛亮，诸葛亮知己知彼，随机应变，引经据典，妙语连珠，利用高超的语言技能以一己之力成功打败东吴整个谋士团队，呈现一场精彩纷呈的辩论盛会。

东吴谋士张昭、虞翻、步骘、薛综、陆绩、严畯、程德枢等人先后发难，众人分别围绕志向、胆识、忠孝、学识、才干展开论争，诸葛亮不急不躁，不卑不亢，沉着应战，对答如流。当首先出场谈锋甚锐的第一谋士张昭无言而退后，东吴群臣明显处于劣势，于是众多谋士立即转变方式，或避重就轻，或转移话题，或道德绑架，或恐吓指责，企图扭转局面，诸葛亮随机应变，风趣幽默，各个击破，一一化解。由于诸葛亮此行的主要任务是建立孙刘联盟共同抵御曹操，因此虽然辩论稳占上风，但是诸葛亮并没有穷追猛打，而是从容温和，进退有度，留足余地。在这场唇枪舌战之中，投降派目光短浅，畏首畏尾，诸葛亮高屋建瓴，洞察全局，以过人的智慧、宽广的胸怀、出众的口才不辱使命，全胜而归。

七、说的魅力

由于个性有别，心理相异，口语表达因人而殊。有人思绪万千，激情澎湃；有人委婉含蓄，意味深长；有人轻松自如，游刃有余；有人机智诙谐，耐人寻味；有人淳朴平实，浑然天成；有人口若悬河，妙语连珠。可以说，各有各的魅力，各有各的精彩。

同样是说，学术会议、电影旁白、正式会谈、聊天对话的措辞用语千差万别，风格迥异，即使面对同样的事物，不同人物也要适当调整表达内容和表达方式，不断提高应对能力来体现语言的无穷魅力。例如同样是介绍玉米，艺术语言与生活语言各有千秋，《舌尖上的中国》用严谨朴实的语言介绍产地、历史、生长环境、制作方法、食用方式。而东方甄选直播间则用饱含感情的语言描绘玉米的口感、味道以及附着在玉米之中的温馨的童年记忆。

《舌尖上的中国》第四集《家常》

家，生命开始的地方，人的一生都走在回家的路上。在同一屋檐下，他们生火、做饭，用食物凝聚家庭、慰藉家人。平淡无奇的锅碗瓢盆里，盛满了中国式的人生，更折射出中国式伦理。人们成长、相爱、别离、团聚。家常美味，也是人生百味。

太行山，中国东部的地理分界线。地质运动造就的峡谷，裸露着10亿年前的石英岩。山谷相连，耕地稀少。赵小有和小儿子必须抓紧时间，在白露前完成收割。玉米是唯一种植的粮食，夏季的高温，让它们过早成熟。悬崖边缘的这块土地，总计1000平方米，种植玉米，全年能带来2000元收入。5公里外的祖屋，老伴程荣花的工作同样艰巨。这种来自南美的谷物，在中国有400年的种植历史。重达300公斤的石碾，将玉米研磨成粉，以便制作食物。小儿媳挖来土豆，大儿媳也赶回帮厨。在婆婆的调度下，她们要给全家人做一顿午餐。玉米粉需要加入白面增加黏性，以前白面珍贵，只能用树皮替代。就是用这样的方法，这样的心思，程荣花养活了全家。

秋收是大事，全家人都要出力。这条孤悬于崖壁上的隧道，使村庄与世界相连，全村人徒手开凿，用了整整30年。玉米面糊和上韭菜段，做成焦香可口的小凹馍，最能讨全家老少喜欢。运用杠杆原理把面团挤压成长条，北方人称它为饸饹。饸饹床架在灶沿上，面条成形后直接入锅。只要把谷物研磨成粉，每一个山西人都是制作面食的天才。

——摘引自纪录片《舌尖上的中国第二季》(第四集的家常)

《东方甄选》直播间

回忆起那些无忧无虑背着书包回到家里头，着急忙慌地把书包放在凳子上，一溜烟跑到巷子里，跑了一整个下午。没有那么多的作业要写，也没有那么多人的情绪要照顾，没有那么多的烦心事要处理，也没有那么多的痛苦要焦虑，你玩了一整晚回来，有时候妈妈看你玩得太累了，把你喊回来，锅里煮出了自己家地里摘出来的玉米，香气扑鼻，你用筷子戳着拿在手上边啃边跑，你跑的时候背后的阳光温暖，洋洋洒洒落在地上，它在你面前投下了跟你一样大小的影子，你边跑边追，嘴里头那口玉米淡淡的回甘味，扑鼻的香。

好多年后，你时常记得在仲夏夜的风里，你们坐在院子里乘凉，夜风袭来，树叶沙沙作响，天空偶尔飞来两只不知名的鸟，你一个手里拿着筷子戳着的玉米棒子在啃，一个手里还贪心的抱着水井里刚取出来的冰镇的西瓜。大人们在忙着说他们的事情，有时候低声细语，有时候开怀大笑。你不关心，那个时候人间的事情你还没有经历，你无忧无虑得像个孩子。好多年后你回忆起来，其实那个玉米的味道你记不太清楚了，但你清楚记得是那些仲夏的夜里头，繁星点缀，树叶沙沙作响，微风吹过。你年轻，那时候你头也不疼，颈椎也不疼，也不会在失眠的夜里头辗转反侧，也不会在睡醒的早晨感觉头昏脑涨。那时候，你爸妈身体还很健康，他们年轻，平安喜乐，爷爷奶奶也陪在你身边，你其实不是想玉米，你在想当年的自己啊！我感觉到这个玉米还是挺让我回忆过去的，我是一个念旧的人，我是一个容易敏感的人，所以也正因为敏感，才能从生活中捕捉到原本你们所忽略的细节，那些细节其实更让人贴心，更让人安心，更让人暖心，也最终让人放心，那就是人间烟火呀。

——摘引自东方·甄选直播间直播内容

两段话语均以玉米为中心，《舌尖上的中国》倾向精致的艺术语言，东方甄选倾向温馨的生活语言，追求不同，节目效果不尽相同。但是二者相通的是流淌其中的故乡的记忆，激荡其间的家的味道。《舌尖上的中国》娓娓道来从容淡定地叙说着一方水土，一地美食，一群凡人……东方甄选没有歇斯底里的叫卖吆喝，也没有马不停蹄的催促下单，只有精神的丰满与内心的充盈……其实感动万千听众的不仅是语言，更是蕴含在语言中的深情。

本章参考文献

[1] 中华人民共和国教育部. 义务教育语文课程标准（2022年版）[M]. 北京：北京师范大学出版社，2022.

[2] 叶圣陶. 叶圣陶语文教育论集 [M]. 北京：教育科学出版社，2015.

[3] 刘伯奎. 青年口才训练系统 [M]. 郑州：河南人民出版社，1997.

[4] 孙海燕，刘伯奎. 口才训练十五讲 [M]. 北京：北京大学出版社，2004.

[5] 黄兰，唐涤非，唐树芝. 口才与演讲 [M]. 北京：高等教育出版社，2015.

[6] 阳慧. 语言教学中影响口语交际的原因及对策分析 [J]. 湘潭师范学院学报（社会科学版），2007 (3)：232-234.

[7] 张利. 谈大学生口语能力的培养 [J]. 辽宁税务高等专科学校学报，1991 (1)：40-41.

[8] 林煌天. 中国翻译辞典 [M]. 武汉：湖北教育出版社，1997.

拓展阅读

作者介绍：汪曾祺（1920—1997），江苏高邮人，1939年考入西南联大中文系，师从沈从文。著名小说家、散文家、戏剧家，曾任北京京剧团编剧，有《范进中举》《芦荡火种》（后改名为《沙家浜》）等。短篇小说成就最高，集中表现民间生活的淳朴自然。文字简洁质朴，不乏幽默典雅，充满写意的旷达，洋溢浓郁的乡土气息。代表作品《受戒》《大淖记事》。

闻一多（1899—1946），原名闻家骅，湖北蕲水人。中国现代诗人、学者、民主战士。1912年考入清华学校，1922年赴美留学，历任武汉大学、青岛大学、清华大学、西南联合大学教授。代表作品诗集《红烛》《死水》。学术著作《离骚解诂》《楚辞校补》《神话与诗》《唐诗杂论》等。

闻一多先生上课

汪曾祺

我在读西南联大时，闻先生先后开过三门课：楚辞、唐诗、古代神话。

楚辞班人不多。闻先生点燃烟斗，我们能抽烟的也点着了烟（闻先生的课可以抽烟的），闻先生打开笔记，开讲："痛饮酒，熟读《离骚》，乃可以为名士。"闻先生的笔记本很大，长一尺有半，宽近一尺，是写在特制的毛边纸稿纸上的。字是正楷，字体略长，一笔不苟。他写字有一特点，是爱用秃笔。别人用过的废笔，他都收集起来，秃笔写篆楷蝇头小字，真是一个功夫。我跟闻先生读一年《楚辞》，真读懂的只有两句"袅袅兮秋风，洞庭波兮木叶下"。也许还可加上几句："成礼兮会鼓，传葩兮代舜，春兰兮秋菊，长毋绝兮终古。”

闻先生教古代神话，非常“叫座”。不单是中文系的、文学院的学生来听讲，连理学院、工学院的同学也来听。工学院在拓东路，文学院在大西门，听一堂课得穿过整整一座昆明城。闻先生讲课“图文并茂”。他用整张的毛边纸墨画出伏羲、女娲的各种画像，用按钉钉在黑板上，口讲指画，有声有色，条理严密，文采斐然，高低抑扬，引人入胜。闻先生是一个好演员。伏羲女娲，本来是相当枯燥的课题，但听闻先生讲课让人感到一种美，思想的美，逻辑的美，才华的美。听这样的课，穿一座城，也值得。

——摘引自汪曾祺著《一辈古人》，北京十月文艺出版社，2012 年，第 279～281 页

作者介绍：许渊冲（1921—2021），江西南昌人，精通英、法等多种语言文字，北京大学教授，著名翻译家。1938 年考入西南联合大学外文系，师从叶公超、闻一多、陈梦家、刘文典、冯友兰、吴宓等学术大家，1944 年考入清华大学外国文学研究所，1983 年起任北京大学教授。毕生从事中、英、法文学翻译，译有司汤达《红与黑》、福楼拜《包法利夫人》、普鲁斯特《追忆似水年华》、罗曼·罗兰《约翰·克里斯多夫》、《诗经》《楚辞》《汉魏六朝诗一百五十首》《唐诗三百首》《宋词三百首》《李白诗选一百首》《苏东坡诗词新译》《西厢记》等中外名著。提出文学翻译十论：一是诗词翻译的“三美”论（意美、音美、形美）；二是文学翻译的“三似”新论（形似、意似、神似）；三是诗词翻译的“三化”论（深化、等化、浅化）；四是诗词翻译的“三之”论（知之、好之、乐之）；五是直译与意译新论；六是文化竞赛论；七是发挥译语优势论；八是诗词翻译以创补失论；九是诗词翻译的创新论；十是文学翻译理论是艺术。此外总结《译诗八论》（译者一也，依也，异也，易也，意也，艺也，益也，怡也）。许渊冲是目前中国唯一能在古典诗词和英法韵文之间进行互译的翻译家，被誉为“诗译英法唯一人”，2014 年荣获国际翻译界最高奖项之一的“北极光”杰出文学翻译奖，是首位获此殊荣的亚洲翻译家。

西南联大名师剪影

许渊冲

朱光潜虽然没有来联大，朱自清却是联大中国文学系主任。早在 1924 年，两位朱先生就在上虞春晖中学同事，朱自清教国文，朱光潜教英文。1931 年我在小学六年级时读过朱自清的《背影》。但我喜欢的不是这篇描写父子真情、朴实无华的课文，而是更能打动幼小心灵的那一篇《匆匆》。“燕子去了，有再来的时候；杨柳枯了，有再青的时候；桃花谢了，有再开的时候。但是，聪明的，你告诉我，我们的日子为什么一去不复返呢?”我在作文中模仿了这几句，结果得到了 95 分。可见我小时候就喜欢比喻和对仗，这为我后来的诗词翻译打下了基础。关于比喻，我读到过朱先生谈《诗经》“比、兴、赋”时说的，“比”可以古比今，以仙比俗，以物比人，以艳情比政治。这也增加了我对古诗的了解。

1938 年来联大后，居然在“大一国文”课堂上，亲耳听到朱先生讲《古诗十九

首》，这真是乐何如之！记得他讲《行行重行行》一首时说：“胡马依北风，越鸟巢南枝”两句，是说物尚有情，何况于人？是哀念游子漂泊天涯，也是希望他不忘故乡。用比喻替代抒叙，诗人要的是暗示的力量；这里似乎是断了，实际是连着。他又说“衣带日已缓”与“思君令人瘦”是一样的用意，是就结果显示原因，也是暗示的手法；“带缓”是结果，“人瘦”是原因。这样回环往复，是歌谣的生命——有些歌谣没有韵，专靠这种反复来表现那强烈的情感。最后“弃捐勿复道，努力加餐饭”两句，解释者多半误以为说的是诗中主人自己，其实是思妇含恨的话：“反正我是被抛弃了，不必再提吧，你只保重自己好了！”——朱先生说得非常精彩。后来我把这首诗译成英文，把“依北风”解释为“不忘北国风光”，就是根据朱先生的讲解。

其实，这一年度的“大一国文”真是空前绝后的精彩。中国文学系的教授，每人授课两个星期。我这一组上课的时间是每星期二、四、六上午十一时到十二时，地点在昆华农校三楼大教室。清华、北大、南开的名教授，八仙过海，各显神通。如闻一多讲《诗经》，陈梦家讲《论语》，许骏斋讲《左传》，刘文典讲《文选》，唐兰讲《史通》，罗庸讲“唐诗”，浦江清讲“宋词”，魏建功讲《狂人日记》，等等。真是老师各展所长，学生大饱耳福。

记得1939年5月25日，闻一多讲《诗经·采薇》。他说：“昔我往矣，杨柳依依。今我来思，雨雪霏霏。”是千古名句，写出了士兵战时的痛苦，达到了情景交融的境界。他讲时还摸着抗战开始时留下的胡子，流露出无限的感慨。朱光潜在《诗论》中也讲过《采薇》。他说：“这四句诗如果译为现代的散文，则为：‘从前我去时，杨柳还正在春风中摇曳；现在我回来，已是雨雪天气了。’原诗的意义虽大致还在，它的情致却不知走向何处去了。义存而情不存，就因为译文没有保留住原文的音节。实质与形式本来平行一致，译文不同原诗，不仅在形式，实质亦并不一致。比如‘在春风中摇曳’译‘依依’就是勉强，费词虽较多而含蓄却较少。‘摇曳’只是呆板的物理，‘依依’却含有浓厚的人情。诗较散文难翻译，就因为诗偏重音而散文偏重义，义易译而音不易译。”

闻先生宏观的综合，朱先生微观的分析，对我帮助很大。我后来把这四句诗译成英、法文时，就不但是写景，还要传情；不但存义，还要存音。所以我把原文的四个字译成英、法文的四个音节，并尽可能押韵。译完之后，觉得无论情义音形，都胜过了现代散体译文，并且证明了我的“三美论”提得不错。如果译文能使读者“知之、好之、乐之”，那就算不辜负闻、朱二先生的教诲了。

1939年2月28日，陈梦家先生讲《论语·先进篇》。讲到“莫春者，春服既成，冠者五六人，童子六七人，浴乎沂，风乎舞雩，咏而归”，他挥动双臂，长袍宽袖，有飘飘欲仙之概，使我们知道了孔子还有热爱自由生活的一面。有一个中文系同学开玩笑地问我：“孔门弟子七十二贤人，有几个结了婚？”我不知道，他就自己回答说：“冠者五六人，五六得三十，三十个贤人结了婚；童子六七人，六七四十二，四十二个没结婚；三十加四十二，正好七十二个贤人，《论语》都说过了。”“五六”二字一般指“五或六”，有时也可指“五乘六”——从科学观点看，这太含糊；从艺术观点看，这却成了谐趣。

这段谐趣，后来陶渊明还把它写入《时运》诗中：

延目中流，（春服既成，放眼中流。）

悠想清沂。（遥想当年，浴乎清沂。）

童冠齐业，（冠者五六，童子六七。）

闲咏以归。（风乎舞雩，闲咏而归。）

这就是说：春天的衣服做好了，穿上新衣，走到沂水；想起当年五六个二十几岁的、六七个十几岁的同学，同在清清的沂水河中游泳，在舞雩台上沐浴春风，然后唱着歌曲回来。这样享受山水之乐，从2500年前的曾皙，到1500年前的陶潜，再到几十年前赣江之滨的青年学子，不是一脉相承的吗？

——摘引自许渊冲著《许渊冲百岁自述》，华文出版社，2021年，第58～61页

第三章 听——观察+理解

一、听的概念

听，即培养学生辨别语音、理解语意、品评话语的能力。作为重要的交际形式，听是在记忆、推理、判断、综合、概括、想象的基础上吸收、分析、理解外界信息，进行积极思考的过程。

能听、会听是基本要求，也是适应快节奏生活的需要，更是民族素质提升的体现。听得真，听得好，可以减少误解，增进友谊，能够形成如见其人的效果。听最常见的问题是听不清，听不懂，知识的吸收和技能的培养受到严重影响的同时导致提高理解能力和表达能力成为空谈。听是一项参与性活动，善于倾听，包括听见和理解两个层次，有效倾听需要听众积极参与和彼此互动，形成良好的学习氛围。

二、听的态度

1. 心态开放，认真倾听，尊重理解对方，不要随意插话。保持平等尊重的心态，保持心理高度的警觉，集中注意力迅速抓住主要内容，随时关注谈话重点，根据话语、表情、手势等理解对方的观点和意图，能够体会话语的内涵、外延。倾听是一种主动的过程，需要站在对方的立场，并且愿意客观、公正地考虑别人的看法，适时做出积极反应，不用自己的价值观去指责或评判对方的想法甚至打断对方的讲话，诚恳礼貌对待，愉快友好交流。

2. 保持视线接触，减少肢体语言，点头微笑即可。全神贯注，认真倾听，切忌东张西望，眼神交流需要注意场合，控制时间。点头或者微笑表示赞同，耐心、平静、顺遂地听完所有讲话，切勿中途草率做出论断。善于倾听、懂得沟通需要先听后讲，多听少讲，时刻表示兴趣。

3. 积极参与讨论，控制情绪波动。倾听是一个双向互动的过程，如果听众存在不当的肢体语言，或者眼神中流露出不良情绪，会让说话一方感到紧张不安，从而不能完全地表述自己的观点和看法。如果说话者态度冷漠，言语乏味，会让听众产生怀疑、困惑、失望、沮丧甚至愤怒等负面情绪。因此在倾听过程中互相尊重、彼此理解非常重要，尽量保持专注，出现疑问、异议时应于恰当时间询问，期待对方真诚回应，避免产生消极情绪。

三、听的类型

卡内基训练曾将倾听者分为七类：忧心者、神游者、打岔者、漠然者、好斗者、分析者、投入者。忧心者一心多用；神游者一脸茫然；打岔者随时插话；漠然者毫不关心；好斗者争强好胜，心怀敌意，态度粗鲁，反驳指责；分析者提供无效解决方案；投入者是最高水平的倾听。倾听是一种连续不断的过程，无人能够做到每时每刻都全身心投入，随着时间的推移注意力会发生变化，听众习惯关注某一字词，某一句子，某一话题，甚至是某一语调，然后不由自主地分心，最终听众会在专心倾听、选择性倾听、分心之间徘徊，如此循环往复完成倾听全程。丹尼尔·戈尔曼指出分心有两种情况：感觉干扰（周围事物造成的分心）和情绪干扰（你对周围事物的内心活动以及个人看法造成的分心）。感觉干扰来自周围事物，嘈杂喧闹的环境会令听众无法集中精力，也会让讲话者失去说话兴致，甚至怀疑听众的诚意。因此选择合适的谈话环境是摆脱感觉干扰的重要途径。情绪干扰来自个人感受，听众心情抑郁很难专心倾听，分享对方喜怒哀乐更是奢求，因此遇事应冷静沉着，培养自身观察能力，自行掌握判断标准，缓解焦虑压力，避免过度思维，学会摆脱无聊无谓的人事纠纷，控制情绪波动，积极乐观面对生活。

四、听的收获

1. 获取信息。在人类的各种交往方式中，一般用在听、说、读、写上的时间比率大约为：听40%，说35%，读16%，写9%，由此可见，听是我们了解事情、获取信息最主要的方式，实际收获取决于听的水平。听是一种有效的学习方法，通过倾听学习对方在谈话之中表现出来的智慧、学识、技巧等优点。良好的倾听，不仅需要耳朵，更需要头脑和心灵，不仅需要技巧，更需要态度和诚意。

例如清代蒲松龄创作《聊斋志异》时，为了搜集材料，经常在街头路边摆上茶水，请人讲述有趣的故事和见闻，此事邹弢《三借庐笔谈·蒲留仙写书》中有详细记载："蒲留仙先生《聊斋志异》，用笔精简，寓意处全无迹相，盖脱胎于诸子，非仅抗于左史、龙门也。相传先生居乡里，落拓无偶，性尤怪僻。为村中童子师，食贫自给，不求于人。作此书时，每临晨携一大磁罂，中贮苦茗，具淡巴菰一包，置行人大道旁。下陈芦衬，坐于上，烟茗置身畔。见行道者过，必强执与语，搜奇说异，随人所知。渴则饮以茗，或奉以烟；必令畅谈乃已。偶闻一事，归而粉饰之。如是二十余寒暑，此书方告蒇，故笔法超绝。"蒲松龄准备烟茶，聆听路人闲谈，广泛收罗来自民间的异闻传说，回家修饰润色，平时搜求和集中整理互相结合，最终完成文言小说巅峰之作《聊斋志异》。蒲松龄也曾自述《聊斋志异》的创作过程："才非干宝，雅爱搜神；情类黄州，喜人谈鬼。闻则命笔，遂以成篇。"明确指出在认真倾听的同时仔细记录，凸显笔记的重要性，时至今日，"倾听＋笔记"依然是良好的学习习惯，如遇上课、开会、报告、讲座等特定场合，笔记成为辅助倾听的必要手段。笔记首先可以帮助我们迅速抓住重点，明确目标，理清思路，其次可以强化记忆效果，储备更多知识。同时一边听讲一边做笔记能够充分体现听众对说话者的认可与重视。笔记是将口头材料转化为文字材料的过程，更加可靠，更易掌握，经常使用，获益匪浅。再如司马迁创作《史记》时，他奔赴各地走访名人后代，渡江北上抵达淮阴之后，听淮阴父老乡亲讲述韩信的生平经历，并且亲自前往韩信母亲的坟茔考察，对韩信有了全面的认识。抵达鲁国都城之后，司马迁参观城北泗上孔子墓地，听当地百姓讲述孔子的影响以及鲁人的风俗，参观庙堂、车服、礼器等孔子遗物，对孔子产生无限的崇敬之情。南行经过孟尝君故城，父老告诉司马迁孟尝君好客养士，不分好歹一概收容，作奸犯科、亡命藏身之人多达六万余家，令司马迁真切体会到孟尝君的好客自喜名不虚传。再向南来到彭城，听到许多关于曹参、萧何、刘邦等闻所未闻的故事，获知大量历史人物的逸闻轶事。司马迁游历大好河山，接触广大人民群众，搜集一手资料，默默倾听，细细观察，最终写成"究天人之际，通古今之变，成一家之言"的《史记》。

2. 发现问题。听众需要综合说话者的隐性话语和显性话语，思考对方想要表达的真正意蕴，从而获得准确、全面、有用的信息。倾听过程中应当及时归纳总结主要内容，力求听得准，记得清，尽量避免错听、漏听、误听，剔除背景知识，筛选边缘信息，理解、分析、判断说话者是否言之有理，是否存在描述混乱，不够清晰的地方，是否需要进一步解释，论述是否正确，是否有亮点，是否有参考价值，是否有进一步探究和拓展的可能，要在倾听的基础上分享、吸收、接纳、质疑。如果认同，则需要借鉴对方充实自己，丰富知识储备，提高认知水平。如果不认同，可以在下课之后或者中场休息等合适时机提出问题并发表不同意见，适当的提问可以引导话题，存在异议之处双方共同解决，使得信息更加全面深入，说话者虚心接受，修正观点，听众一丝不苟，解决困惑。新问题的提出和讨论会深化对话，甚至生成新的对话、新的交流，新的观点可能改变谈话双方原有的对事物的固有看法，知己知彼，共同进步。

不同层次的听，效果大相径庭，学会倾听才能高效沟通，优秀的听众能够提高谈话效率，改善人际关系，通过倾听和反馈可以了解对方的性格、习惯、爱好等，可以给说话者留下印象或产生好感，从而增进彼此的可信度和影响力。

3. 说的基础。听是说的基础，说是听的目的。倾听能够收集资料，获得信息，最终通过分析消化转为个人观点或者说话论据，为进一步的深入交流提供条件。听如此重要，教师应该如何提高学生的倾听能力？

（1）充分挖掘材料，利用听广播，看电视，观演讲等方式感悟汉语的魅力，培养学生的良好习惯。

（2）利用课文录音，组织学生配乐诗朗诵，为学生创设良好的学习环境，引导熏陶学生，激发倾听的兴趣，模仿的欲望。

（3）创设交流机会。鼓励学生阅读世界名著，分组分角色扮演人物，促使学生根据语音、语调的变化听出话外音、言外义，达到听得进，听得懂，听得好的目的。

听得懂，说得好，可能得到难以估量的发展机遇。如《红楼梦》中丫鬟红玉就以完美复述工作任务、语言利索明朗、态度细致周到，一举获得精明强干的王熙凤的赏识与认可，因而脱离困境，改变命运。

名家名篇

滴翠亭杨妃戏彩蝶 埋香冢飞燕泣残红

二人正说着，只见文官、香菱、司棋、待书等上亭子来了。二人只得掩住这话，且和他们顽笑。

只见凤姐儿站在山坡上招手叫，红玉连忙弃了众人，跑至凤姐跟前，堆着笑问："奶奶使唤作什么事？"凤姐打谅了一打谅，见他生的干净俏丽，说话知趣，因笑道："我的丫头今儿没跟进我来。我这会子想起一件事来，要使唤个人出去，不知你能干不能干，说的齐全不齐全？"红玉笑道："奶奶有什么话，只管吩咐我说去。若说的不齐全，误了奶奶的事，凭奶奶责罚就是了。"凤姐笑道："你是那位小姐房里的？我使你出去，他回来找你，我好替你说的。"红玉道："我是宝二爷房里的。"凤姐听了笑道："嗳哟！你原来是宝玉房里的，怪道呢。也罢了，等他问，我替你说。你到我们家，告诉你平姐姐：外头屋里桌子上汝窑盘子架儿底下放着一卷银子，那是一百六十两，给绣匠的工价，等张材家的来要，当面秤给他瞧了，再给他拿去。再里头床头间有一个小荷包儿，拿了来。"

红玉听说撤身去了，回来只见凤姐不在这山坡子上了。因见司棋从山洞里出来，站着系裙子，便赶上来问道："姐姐，不知道二奶奶往那里去了？"司棋道："没理论。"红玉听了，抽身又往四下里一看，只见那边探春宝钗在池边看鱼。红玉上来陪笑问道："姑娘们可知道二奶奶那去了？"探春道："往你大奶奶院里找去。"红玉听了，才往稻香村来，顶头只见晴雯、绮霰、碧痕、紫绡、麝月、待书、入画、莺儿等一群人来了。

晴雯一见了红玉，便说道："你只是疯罢！院子里花儿也不浇，雀儿也不喂，茶炉子也不爖，就在外头逛。"红玉道："昨儿二爷说了，今儿不用浇花，过一日浇一回罢。我喂雀儿的时候，姐姐还睡觉呢。"碧痕道："茶炉子呢？"红玉道："今儿不该我爖的班儿，有茶没茶别问我。"绮霰道："你听听他的嘴！你们别说了，让他逛去罢。"红玉道："你们再问问我逛了没有。二奶奶使唤我说话取东西的。"说着将荷包举给他们看，方没言语了。

大家分路走开。晴雯冷笑道："怪道呢！原来爬上高枝儿去了，把我们不放在眼里。不知说了一句话半句话，名儿姓儿知道了不曾呢，就把他兴的这样！这一遭半遭儿的算不得什么，过了后儿还得听呵！有本事从今儿出了这园子，长长远远的在高枝儿上才算得！"一面说着去了。

这里红玉听说，不便分证，只得忍着气来找凤姐儿。到了李氏房中，果见凤姐儿在这里和李氏说话儿呢。红玉上来回道："平姐姐说，奶奶刚出来了，他就把银子收了起来，才张材家的来讨，当面称了给他拿去了。”说着将荷包递了上去，又道：“平姐姐教我回奶奶：才旺儿进来讨奶奶的示下，好往那家子去。平姐姐就把那话按着奶奶的主意打发他去了。”凤姐笑道：“他怎么按我的主意打发去了？”红玉道：“平姐姐说：我们奶奶问这里奶奶好。原是我们二爷不在家，虽然迟了两天，只管请奶奶放心。等五奶奶好些，我们奶奶还会了五奶奶来瞧奶奶呢。五奶奶前儿打发了人来说，舅奶奶带了信来了，问奶奶好，还要和这里的姑奶奶寻两丸延年神验万全丹。若有了，奶奶打发人来，只管送在我们奶奶这里。明儿有人去，就顺路给那边舅奶奶带去的。”

话未说完，李氏道：“嗳哟哟！这些话我就不懂了，什么‘奶奶’‘爷爷’的一大堆。”凤姐笑道：“怨不得你不懂，这是四五门子的话呢。”说着，又向红玉笑道：“好孩子，难为你说的齐全。别像他们扭扭捏捏的蚊子似的。嫂子不知道，如今除了我随手使的几个丫头老婆之外，我就怕和他们说话。他们必定把一句话拉长了作两三截儿，咬文咬字，拿着腔儿，哼哼唧唧的，急的我冒火，他们那里知道！先时我们平儿也是这么着，我就问他：难道必定装蚊子哼哼就是美人了？说了几遭，才好些儿了。”李宫裁笑道：“都像你泼皮破落户才好。”凤姐又道：“这一个丫头就好。方才两遭，说话虽不多，听那口声就简断。”说着又向红玉笑道：“你明儿服侍我去罢。我认你作女儿，我一调理，你就出息了。”

红玉听了，扑哧一笑。凤姐道：“你怎么笑？你说我年轻，比你能大几岁，就作你的妈了？你还作春梦呢！你打听打听，这些人头比你大的大的，赶着我叫妈，我还不理。今儿抬举了你呢！”红玉笑道：“我不是笑这个，我笑奶奶认错了辈数了。我妈是奶奶的女儿，这会子又认我作女儿。”凤姐道：“谁是你妈？”李宫裁笑道：“你原来不认得他？他是林之孝之女。”凤姐听了十分诧异，说道：“哦！原来是他的丫头。”又笑道：“林之孝两口子都是锥子扎不出一声儿来的。我成日家说，他们倒是配就了的一对夫妻，一个天聋，一个地哑。那里承望养出这么个伶俐丫头来！你十几岁了？”红玉道：“十七岁了。”又问名字，红玉道：“原叫红玉的，因为重了宝二爷，如今只叫红儿了。”

凤姐听说将眉一皱，把头一回，说道：“讨人嫌的很！得了玉的益似的，你也玉，我也玉。”因说道：“既这么着，肯跟，我还和他妈说，‘赖大家的如今事多，也不知这府里谁是谁，你替我好好的挑两个丫头我使’，他一般答应着。他饶不挑，倒把这女孩子送了别处去。难道跟我必定不好？”李氏笑道：“你可是又多心了。他进来在先，你说话在后，怎么怨的他妈！”凤姐道：“既这么着，明儿我和宝玉说，叫他再要人，叫这丫头跟我去。可不知本人愿意不愿意？”红玉笑道：“愿意不愿意，我们也不敢说。只是跟着奶奶，我们也学些眉眼高低，出入上下，大小的事也得见识见识。”刚说着，只见王夫人的丫头来请，凤姐便辞了李宫裁去了。红玉回怡红院去，不在话下。

——摘引自曹雪芹著《红楼梦》（第二十七回），人民文学出版社，1982 年，第 365～368 页贾府尚未婚配的丫鬟，依照出身、性格、才能、姿色等多重要素，划分为各种等级，并且依照秩序侍奉不同身份地位的主人，承担不同类型的工作，红玉作为贾宝玉怡红院中的粗使丫鬟，负责洒扫，受尽欺凌，如果循规蹈矩，按部就班地生活下去必将前途渺茫，命运凄凉。然而举步维艰的红玉没有选择逆来顺受，而是积极争取。当王熙凤因为身边未带丫鬟而在山坡招手之时，在场所有丫鬟包括地位较高的司棋、待书等人都忙于闲聊毫无反应，唯有红玉立即跑上前去笑问："奶奶使唤作什么事?"但是由于地位低微遭到凤姐质疑，红玉立即表态："奶奶有什么话，只管吩咐我说去。若是说的不齐全，误了奶奶的事，凭奶奶责罚就是了。"热情大胆、机警敏捷的红玉主动出击，为自己赢得展现非凡才能的机会。随后红玉凭借缜密的逻辑思维与清晰伶俐的口齿将所见所闻完美复述，在王熙凤面前大放异彩，最终由贾宝玉的低等丫鬟变为王熙凤的得力助手，实现人生逆袭。

红玉作为边缘人物，纵然容貌出众，才华过人，乖巧伶俐，依旧沉沦底层，饱受排挤，困顿苦闷。但是精明理性的红玉并未就此气馁，而是抓住机会，努力改变命运，仅仅通过偶然的一次办事回话便迎来人生转折，犹如绕口令般的经典回话语惊四座，她出类拔萃的倾听技巧，令人惊异的记忆能力，干净利落的口语表达，再加上在泼辣凌厉的主人面前没有丝毫的畏惧心态，对答如流，进退有度，胆识、魄力非同一般，最终获得凤姐赏识得到重用，突破传统走出属于自己的道路。红玉利用生存智慧最大限度地实现人生价值，最终摆脱大观园"千红一哭，万艳同悲"的凄苦命运。

五、听的魅力

苏格拉底曾说："自然赋予我们人类一张嘴，两只耳朵，也就是让我们多听少说。"认真倾听，可以收获知音。据《列子》记载："伯牙善鼓琴，钟子期善听。伯牙鼓琴，志在登高山，钟子期曰：'善哉，峨峨兮若泰山!'志在流水，钟子期曰：'善哉，洋洋兮若江河!'伯牙所念，钟子期必得之。伯牙游于泰山之阴，卒逢暴雨，止于岩下，心悲，乃援琴而鼓之。初为霖雨之操，更造崩山之音。曲每奏，钟子期辄穷其趣，伯牙乃舍琴而叹曰：'善哉，善哉，子之听夫!志想象犹吾心也，吾于何逃声哉?'"高山流水，倾听成就一段佳话。认真倾听，可以化解误会。据《吕氏春秋》记载："孔子穷乎陈蔡之间，藜羹不斟，七日不尝粒。昼寝，颜回索米，得而爨之，几熟。孔子望见颜回攫其甑中而食之。选间，食熟，谒孔子而进食，孔子佯装为不见之。孔子起曰：'今者梦见先君，食洁而后馈。'颜回对曰：'不可，向者煤炱入甑中，弃食不祥，回攫而饭之。'孔子叹曰：'所信者目也，而目犹不可信；所恃者心也，而心犹不足恃。弟子记之，知人固不易矣。'故知非难也，孔子之所以知人难也。"颜回的朴实无华，孔子耐心倾听，亲自验证眼见并不为实的特殊情况，消除隔阂，收获好感。同理，无效倾听，不懂也不肯追问，结局则难以预测。据《韩非子·喻老》记载："扁鹊见蔡桓公，立有间，扁鹊曰：'君有疾在腠理，不治将恐深。'桓侯曰：'寡人无疾。'扁鹊出，桓侯曰：'医之好治不病以为功!'居十日，扁鹊复见，曰：'君之病在肌肤，不治将益深。'桓侯不应。扁鹊出，桓侯又不悦。居十日，扁鹊复见，曰：'君之病在肠胃，不治将益深。'桓侯又不应。扁鹊出，桓侯又不悦。居十日，扁鹊望桓侯而还走。桓侯故使人问之，扁鹊曰：'疾在腠理，汤熨之所及也；在肌肤，针石之所及也；在肠胃，火齐之所及也；在骨髓，司命之所属，无奈何也。今在骨髓，臣是以无请也。’居五日，桓侯体痛，使人索扁鹊，已逃秦矣。桓侯遂死。”学会倾听，及时改正错误，认真倾听全部，精彩才不会错过，才会获得美满的人生。

倾听是一门艺术，一种修养，一种学问。善于倾听，是成熟的标志，是智慧的表现。有效倾听，准确回应，尊重他人，倾听，是有待开发的潜能。

本章参考文献

[1] 美国卡内基训练机构. 倾听 [M]. 周芳芳，译. 北京：中信出版社，2020.

[2] 孙海燕，刘伯奎. 口才训练十五讲 [M]. 北京：北京大学出版社，2004.

[3] 屈波. 写作与沟通 [M]. 西安：西北大学出版社，2019.

[4] 丹尼尔·戈尔曼. 专注 [M]. 杨春晓，译. 北京：中信出版社，2015.

[5] 胡文娟，等. 大学生就业指导 [M]. 济南：济南出版社，2005.

拓展阅读

沈从文（1902—1988），原名沈岳焕，生于湖南凤凰，现代著名作家，历史文物研究家，京派小说代表人物。代表作品：小说《边城》《龙朱》《长河》，散文《湘西》《湘行散记》。1928 年被胡适聘请为上海中国公学讲师，先后任青岛大学、西南联大、北京大学教授，1988 年于北京逝世。

沈从文先生第一次登台讲课，从着装仪容到授课内容均有充分准备，甚至为显庄重包车前往学校，然而上课之后，由于紧张慌乱在讲台呆站十分钟，随后虽然鼓起勇气开口，但是仅用十分钟便讲完一小时资料，作为听众的上海中国公学学生在目睹老师的窘态之后依然表现出满满的包容与接纳。

作者介绍：凌宇（1945— ）湖南龙山人，苗族。1970 年毕业于华东师范大学中文系，1978 年考入北京大学，师从中国现代文学学科创始人之一的王瑶先生，获文学硕士学位，1981 年至今在湖南师范大学从事教学科研工作，博士生导师，20 世纪 80 年代即以研究沈从文著称，从湘西地域文化角度解读沈从文及其作品，著有《从边城走向世界》《沈从文传》。

摘星人：沈从文传

凌宇

1928 年，当沈从文仍在生活困境里挣扎时，徐志摩曾写信给他说：“还是去北京吧，北京不会因为你而米贵的。”

沈从文没有因此重返北京。后来，他又对徐志摩谈及自己想进上海美术专科学校，跟刘海粟学绘画的念头。徐志摩说：“还念什么书，去教书吧！”

其时，胡适正担任上海中国公学校长，由徐志摩介绍，胡适同意聘用沈从文为中国公学讲师，主讲大学部一年级现代文学选修课。沈从文以小学毕业的资历，竟被延揽为大学的教师，这即便在当时，也不能不说是一种大胆而开明的决断。

第一次登台授课的日子终于来临了。沈从文既兴奋，又紧张。在这之前，他做了认真而充分的准备，估计资料足供一小时使用而有余。从法租界的住所去学校时，他还特意花了八块钱，租了一辆包车。第一次以教师身份跨进大学的门，不能显得太寒酸！按预先约定的条件，讲一个钟头的课，只有六块钱的报酬，结果自然是赔本！

当时，沈从文在文坛上已初露头角，在社会上也已小有名气。因此，来听课的学生极多。今天又是第一堂课，还有一些并不听课，只是慕名而来，以求一睹尊容的学生，故教室里早已挤得满满的了。他们中已有不少人读过沈从文的小说，听到一些有关他的传闻，因而上课之前，教室里有人小声议论着沈从文的长相、性格、文章和为人。——他们知道沈从文是行伍出身，小说里又不乏湘西地域荒蛮、民气强悍的描写，在他们的头脑里，遂不时浮现出想象中的沈从文的形象：一个身材魁伟、浓眉大眼，充溢着阳刚之气的男子汉。

然而，当沈从文低着头，急匆匆走上讲台，与学生对面时，眼前这个真实的沈从文，却与他们想象中的沈从文判若两人：一件半新不旧的蓝布长衫罩着一副瘦小的身躯，眉目清秀如女子，面容苍白而少血色；一双黑亮有神的眼睛稍许冲淡了几分身心的憔悴。

他站在讲台上，抬眼望去，只见黑压压一片人头，心里陡然一惊，无数条期待的目光，正以自己为焦点汇聚，形成一股强大而灼热的力量，将他要说的第一句话堵在嗓子眼里。同时，脑子里“嗡”的一声炸裂，原先想好的话语一下子都飞迸开去，留下的只是一片空白。上课前，他自以为成竹在胸，既未带教案，也没带任何教材。这一来，他感到仿佛浮游在虚空中，失去了任何可供攀援的依凭。

一分钟过去了，他未能发出声来；五分钟过去了，他仍然不知从何说起。……众目睽睽之下，他竟呆呆地站了近十分钟！

起始，教室里还起着人声；五分钟过后，教室里的声浪逐渐低了下去；到这时，满教室鸦雀无声！沈从文的紧张无形中传播开去，一些女学生也莫名地替沈从文紧张起来，有的竟低下头去；在她们中间，有一位刚从预科升入大学部一年级的学生，名叫张兆和，时年十八，面目秀丽，身材窈窕，性格平和文静，学生中公认为中国公学的校花，因肤色微黑，沈从文后来称之为“黑凤”。这时，她见沈从文行状狼狈，一颗心也憋得极紧，怦怦直跳，血潮直朝脸上涌去，竟不敢抬头再看沈从文……——这些心地善良而富同情心的年轻女性啊！

这十分钟的经历，在沈从文的感觉里，甚至比他当年在湘川边境翻越棉花坡还要漫长和艰难。但他终于完成了这次翻越。他慢慢平静下来，原先飞散的话语又开始在脑子里聚拢组合。……他好容易开了口。这第一句出去，就像冲破了强敌的重围，大队人马终于决城而出。他一面急促地讲述，一面在黑板上抄写授课提纲。

然而，他又一次事与愿违。预定一小时的授课内容，不料在忙迫中，十多分钟便把要说的话全说完了。他再次陷入窘迫。最终，他只得拿起粉笔，在黑板上写道：

我第一次上课，见你们人多，怕了。

下课后，学生们议论纷纷。消息传到教师中间，有人说：“沈从文这样的人也来中公上课，半个小时讲不出一句话来！”这议论又传到胡适的耳里，胡适却不觉窘迫，竟笑笑说："上课讲不出话来，学生不轰他，这就是成功。"

——摘引自凌宇著《摘星人：沈从文传》，湖南文艺出版社，2018年，第248～250页

沈从文先生在西南联大

汪曾祺

沈先生的讲课，可以说是毫无系统。前已说过，他大都是看了学生的作业，就这些作业讲一些问题。他是经过一番思考的，但并不去翻阅很多参考书。沈先生读很多书，但从不引经据典，他总是凭自己的直觉说话，从来不说亚里斯多德怎么说、福楼拜怎么说、托尔斯泰怎么说、高尔基怎么说。他的湘西口音很重，声音又低，有些学生听了一堂课，往往觉得不知道听了一些什么。沈先生的讲课是非常谦抑，非常自制的。他不用手势，没有任何舞台道白式的腔调，没有一点哗众取宠的江湖气。他讲得很诚恳，甚至很天真。但是你要是真正听"懂"了他的话，——听"懂"了他的话里并未发挥罄尽的余意，你是会受益匪浅，而且会终生受用的。听沈先生的课，要像孔子的学生听孔子讲话一样："举一隅而三隅反"。

沈先生教写作，写的比说的多，他常常在学生的作业后面写很长的读后感，有时会比原作还长。这些读后感有时评析本文得失，也有时从这篇习作说开去，谈及有关创作的问题，见解精到，文笔讲究。一个作家应该不论写什么都写得讲究。这些读后感也都没有保存下来，否则是会比《废邮存底》还有看头的。可惜！

沈先生教创作还有一种方法，我以为是行之有效的，学生写了一个作品，他除了写很长的读后感之外，还会介绍你看一些与你这个作品写法相近似的中外名家的作品看。记得我写过一篇不成熟的小说《灯下》，记一个店铺里上灯以后各色人的活动，无主要人物、主要情节，散散漫漫。沈先生就介绍我看了几篇这样的作品，包括他自己写的《腐烂》。学生看看别人是怎样写的，自己是怎样写的，对比借鉴，是会有长进的。这些书都是沈先生找来，带给学生的。因此他每次上课，走进教室里时总要夹着一大摞书。

——摘引自汪曾祺著《一辈古人》，北京十月文艺出版社，2012年，第260～267页

第四章 写——体验+实践

一、写的概念

写是运用语言文字、符号图表描述具体事物，介绍客观世界，传递信息知识，表达思想感情，实现沟通交流的具有创造性的、智慧的、复杂的脑力劳动过程，主要记录人类在生产、生活、劳动、工作中通过不断探索、总结、继承、改革、创新所获得并积累的物质财富、精神财富。

写是个人综合能力的集中表现，将所见、所闻、所想、所做通过一定手段记录保存，可以锻炼逻辑思维，排解焦虑情绪，丰富精神生活，也可以提升眼界格局，实现层次跃迁。

二、写的必要

读、说、听、写四项基本技能中，写的难度最大，读与写的关系最为密切，读是写的基础，写是读的升华，只写不读会陷入肤浅陈旧、毫无头绪、才思枯竭、词不达意的困境。只读不写极易出现两种认识上的偏差：一是认为写作极难，需要天赋，只有职业作家才有必要经常创作，作家都是天才，自己不论如何努力也不会有所成就，因此妄自菲薄，索性不写。二是认为写作极易，简单搜索资料，粘贴复制、拼凑梳理即可成文，自视甚高。当阅读达到一定程度就会逐渐发现即使是千古名作也存在瑕疵，即使是著名诗人也写过平庸乏味的诗歌，更不要说本来水平一般但是机缘巧合流传至今的作品，再加世事变迁，审美变化，部分具有明显时代特征的作品在如今的评价体系中显得落伍，甚至幼稚，于是就会觉得作家也不过如此，名著也有各种问题，幻想自己如果动笔必是杰作，超越大众就在转瞬之间。以上两种观点较为常见也较为有害，因为不肯动笔，阅读体验与写作经历始终隔着一层，没有足够的写作训练，认识永远停留在表面，无视积累与摸索，认为写作轻而易举，可以一蹴而就，无法体会写作中的艰难与苦痛，更无法接受写作中的失败与曲折。著名学者朱光潜先生曾经指出写作必须落到实处，必须反复练习。

朱光潜（1897—1986），字孟实，现当代学者、作家、美学家、文艺理论家、翻译家，代表作品有《悲剧心理学》《西方美学史》《谈美》《文艺心理学》等，译著黑格尔《美学》、柏拉图《文艺对话集》。

研究文学只阅读决不够，必须练习写作，世间有许多人终身在看戏、念诗、读小说，却始终不动笔写一出戏、一首诗或是一篇小说。这种人容易养成种种错误的观念。自视太低者以为写作需要一副特殊的天才，自问既没有天才，纵然写来写去，总写不到名家的那样好，倒不如索性不写为妙。自视过高者以为自己已经读了许多作品，对于文学算是内行，不写则已，写就必与众不同，于是天天在幻想将来写出如何伟大的作品，目前且慢些再说。这两种人阅读愈多，对于写作就愈懒惰，所以有人把学问看成写作的累，以为学者与文人根本是两回事。这自然又是一个错误的观念。

只阅读而不写作的人还另有一种误解，以为自己写起来虽是平庸，看旁人的作品却有一副高明的眼光，这就是俗语所谓“眼高手低”。一般职业的批评家欢喜拿这话头来自宽自解。我自己在文艺批评中鬼混了一二十年，于今深知在文艺方面手眼必须一致，眼低者手未必高，手低者眼也未必高。你自己没有亲身体验过写作的甘苦，对于旁人的作品就难免有几分隔靴搔痒。很显著的美丑或许不难看出，而于作者苦心经营处和灵机焕发处，微言妙趣大则源于性情学问的融会，小则见于一字一句的选择与安排，你如果不曾身历其境，便难免忽略过去。克罗齐派美学家说，要欣赏莎士比亚，你须把你自己提升到莎士比亚的水准。他们理应补充一句说：你无法把自己提升到莎士比亚的水准，除非你试过他的工作。莎士比亚的朋友本·琼森说得好：“只有诗人，而且只有第一流诗人，才配批评诗。”你如果不信这话，你试想一想：文学批评虽被认为一种专门学问，古今中外有几个自己不是写作者而成为伟大的批评家？我只想到亚理斯多德一个人，而他对于希腊诗仍有不少的隔膜处。

——摘引自朱光潜著《谈文学》，译林出版社，2020 年，第 44～45 页

虽然读和写关系密切，但是读得多并不代表写得好，只有亲自创作，反复实践，才会感同身受，产生共鸣，走入作家的情感世界，发现细微之处的精妙，体会布局构思的高明，提高个人的鉴赏水平，对写作产生浓厚兴趣。写是作者学问、技巧、眼界、胸怀、观察力、感受力、想象力等多个方面的综合展现，写作本领的习得需要通过大量的阅读和反复的训练才能逐渐掌握，正如巴金所说：“只有写，你才会写。”余华也曾强调：“写作的捷径只有一个字，就是写，写个二三十年，写作就变成了你的生活。人都想走捷径，就跟学英文一样，我问朋友有没有捷径，对方告诉我，只有一个方法，就是背单词，越笨的人有时学得反而越好，就是因为他肯下功夫。”对于写，纸上谈兵无济于事，寻找捷径更是白费力气，反复练习才会熟能生巧。只有写，多写，才能会写，写好。

三、写的优势

因为社会分工的细化以及社会交往的需要，写作能力在日常生活中的地位日益重要，各行各业、各色人等、各个阶段几乎都无法完全脱离写而存在，学生时代的作文、日记、论文、申论、观后感、读后感、演讲稿、个人简历、调查报告，工作时期的公文、通知、请示、报告、合同、协议、文案、假条、计划、总结，生活之中的广告、新闻、信件、贺词、对联、博客、微博、微信等，无一不需要动手写，可以说，写作是工作和生活不可或缺的组成部分，直接或间接的影响学习成绩和工作效率。虽然大部分人将来不会以写作为生，也不会发表作品，但是掌握写作方法，懂得写作技巧，可以更好地表达自己的想法，让别人更好地理解自己的需求，减少误会，节约时间，日常交往会更加顺畅，更加和谐。文字精彩，描述生动，自己也会更加愉悦，喜欢写作也是喜欢自己的一个重要组成部分。

1. 加强记忆。听、说是短时记忆，转瞬即逝，极难跨越时间限制，但是写可以将短期记忆转化为长久记忆，有利于提高学习效率和工作质量。写是将见闻、经历整理、归纳、提炼、定型的过程，因此会比听、说、读在大脑中留下更为深刻的印象。日常生活中应当养成时刻动笔的习惯，突然需要的时候不仅可以借助回忆还可以借助笔记，迅速建立新旧知识链接，完成创新。例如清末杰出思想家、文学家龚自珍，他在《与吴虹生书》中讲述《己亥杂诗》的创作过程："弟去年出都日，忽破诗戒，每作诗一首，以逆旅鸡毛笔书于帐簿纸，投一破簏中，往返九千里，至腊月二十六日抵海西别墅，发簏数之，得纸团三百十五枚，盖作诗三百十五首也。中有留别京国之诗，有关津乞食之诗，有忆虹生之诗，有过袁浦纪奇遇之诗。刻无抄胥，然必欲抄一全分寄君读之，则别来十阅月之心迹，乃至一坐卧、一饮食，历历如绘。"龚自珍辞官南归历时 8 个月，行程 9000 里，途中有所感悟立即写下，南来北往，旅行见闻，积累成篇，共计 315 首，一年之后回想当初写作缘由，以及起居、饮食、友朋、奇遇如在眼前，魂牵梦绕，令人难以忘怀，汇聚诗歌，成为千古名作。又如元代学者陶宗仪，避乱隐居，因家境贫寒，于躬耕陇亩之际随时捡拾树叶记录亲身经历或者异闻传说，"遇事肯綮，摘叶书之，贮一破盎，去则埋于树根，人莫测焉。如是者十载，遂累盎至十数。一日，尽发其藏，俾门人小子，萃而录之，得凡若干条，合三十卷，题曰《南村辍耕录》。"多年之后整理共得材料五百八十五条，成书三十卷，二十余万字，包括天文地理、典章制度、风土民俗、诗词歌赋、书法绘画、交通、文物、医药、宗教等，史料价值较高。甚至文豪列夫·托尔斯泰都说"身边永远要带着铅笔和笔记本，读书和谈话时碰到的一切美妙的地方和话语，都把它记下来"。遗忘不可避免，勤做记录可以加强记忆，积累素材，为创作奠定坚实基础。当今社会条件便捷，智能手机可以随时记录保存，写作练习可以随时开始。

2. 倒逼读书。写是一个输入—消化—输出的过程，写需要遵从内心，认真表达，抒发感情，还原生活。但是常会遭遇才思枯竭的危险，作品千篇一律，毫无新意，搜肠刮肚，绞尽脑汁依然一无所获，陷入瓶颈之后可以暂停写作，重新读书寻找出路，以读促写，以写促读，读写结合，读书是输入信息的重要方式，也是走出困境的有效方法。通过读不断接触新知识，掌握新技能，才能维持长期、稳定、高质量、高水平的输出。输入的信息可能是亲身经历，也可以借鉴他人。亲身经历是最直接、最稳当，最具感染力、说服力、最能揭示个人生活现实的材料，但是作为个人，受限于学识经历、经济状况、地理位置，无法时时、处处、事事亲自体验，个人经历真实但是狭窄，深刻未必正确。而“艺术来源于生活，但是高于生活”，丰富多彩的个人生活是自然表达的基础，但是大部分经历不能直接体验，只能通过读书借鉴他人，此时间接经验成为必要补充。书本知识可以开阔眼界，丰富人生，为写作打开全新的视角，还可以省去探索过程，通过阅读与不同时空的人事交流，方便快捷地看到不曾见过的景色，体会未曾听过的故事，感受不曾有过的经历。当个人经验与书本知识一致时，能够带来学识的积累与扩大，当个人经验与书本知识不一致时，能够带来思维的改造和变化。通过持久的写作不断总结规律，发现自己的缺陷，倒逼读书，个人经历结合书本知识，直接经验融合间接经验，弥补短板，提升自我。

如果积累不多，练习不够，不论是看到蓝天白云、青山绿水、名山大川，还是感到兴高采烈、沮丧失落、抑郁痛苦，一般人大概率无法用简洁的语言确切地表达心意，同样的美景、同样的心情在不同人的笔下有着天壤之别，面对黄河，“十五观奇书”的李白会说：“君不见，黄河之水天上来，奔流到海不复回！”面对长江，“读书破万卷”的杜甫会说：“无边落木萧萧下，不尽长江滚滚来。”面对西湖，“发愤识遍天下字，立志读尽人间书”的苏轼会说：“欲把西湖比西子，淡妆浓抹总相宜。”开心的时候孟郊会说：“春风得意马蹄疾，一日看尽长安花。”困窘的时候王安石会说：“君不见咫尺长门闭阿娇，人生失意无南北。”悲愤的时候陆游会说：“塞上长城空自许，镜中衰鬓已先斑。”优美动人的诗句可以战胜时间，打败距离，获得尊重，赢得敬仰，穿越时空，感动后人。同理，才疏学浅、言辞匮乏的人无论是表达自己心情还是与别人沟通总会出现书不尽言、言不尽意的局面。例如《三国演义》中的张飞，忠烈威猛，万人莫敌，但是作为一介武夫，张飞行事莽撞，言语冒失，三顾茅庐之时面对诸葛亮的反复考验，张飞大怒，“他如不来，我只用一条麻绳缚将来！”“等我去屋后放一把火，看他起不起！”险些坏了大事。张飞屠夫出身，面对各种情况表达能力都很有限，尤其是在刘备、关羽、张飞三人桃园结义的经典片段中，拥有同一个梦想的三人却有完全不同的表达能力，刘、关二人应对自如，张飞笨嘴拙舌，小说与影视作品已有多次展现，侧重各不相同，读者、观众感受也千差万别。

名家名篇

宴桃园豪杰三结义　斩黄巾英雄首立功

当日见了榜文，慨然长叹，随后一人厉声言曰：“大丈夫不与国家出力，何故长叹？”玄德回视其人：身长八尺，豹头环眼，燕颔虎须，声若巨雷，势如奔马。玄德见他形貌异常，问其姓名。其人曰：“某姓张，名飞，字翼德。世居涿郡，颇有庄田，卖酒屠猪，专好结交天下豪杰。恰才见公看榜而叹，故此相问。”玄德曰：“我本汉室宗亲，姓刘，名备。今闻黄巾倡乱，有志欲破贼安民；恨力不能，故长叹耳。”飞曰：“吾颇有资财，当招募乡勇，与公同举大事，如何？”

玄德甚喜，遂与同入村店中饮酒。正饮间，见一大汉，推着一辆车子，到店门首歇了；入店坐下，便唤酒保：“快斟酒来吃，我待赶入城去投军。”玄德看其人：身长九尺，髯长二尺；面如重枣，唇若涂脂；丹凤眼，卧蚕眉：相貌堂堂，威风凛凛。玄德就邀他同坐，叩其姓名。其人曰：“吾姓关，名羽，字长生，后改云长，河东解良人也。因本处势豪倚势凌人，被吾杀了；逃难江湖，五六年矣。今闻此处招军破贼，特来应募。”玄德遂以己志告之。云长大喜，同到张飞庄上，共议大事。飞曰：“吾庄后有一桃园，花开正盛；明日当于园中祭告天地，我三人结为兄弟，协力同心，然后可图大事。”玄德、云长齐声应曰：“如此甚好。”

次日，于桃园中备下乌牛白马祭礼等项，三人焚香再拜而说誓曰：“念刘备、关羽、张飞，虽然异姓，既结为兄弟，则同心协力，救困扶危；上报国家，下安黎庶；不求同年同月同日生，只愿同年同月同日死。皇天后土，实鉴此心。背义忘恩，天人共戮！”誓毕，拜玄德为兄，关羽次之，张飞为弟。

——摘引自罗贯中著《三国演义》(第四十三回)，
时代文艺出版社，2019 年，第 3 页

《三国演义》是历史演义的开山之作，四大名著之一，作者罗贯中生逢乱世，有志图王，奈何霸业未成，退守之后结合自身经历以及历史事件撰写《三国演义》，用摇曳多姿的语言塑造了光芒四射的人物，刘备的儒雅、关羽的沉稳、张飞的鲁莽表露无遗。中央电视台拍摄《三国演义》连续剧时进行了合理改编，由于长篇小说通过文字吸引读者，但是影视作品需要激烈的戏剧冲突，典型的人物形象吸引观众，因此连续剧主要利用对话凸显刘、关、张三人的性格特征。刘、关、张三人一见如故，刘备、关羽颇通文墨，所以语言能够准确表达个人意愿，但是张飞卖酒杀猪为生，遇到知音，满腔热情却无法恰当言说，借此营造幽默的氛围，产生强烈的感染力。

刘备：为图大事，我漂流半生，苦苦寻找志同道合之人，直到今日，淘尽狂沙始见真金，天可怜见，将二位英雄赐与刘备，备欲同你二人结拜为生死弟兄，不知二位意下如何？

张飞：俺早有此意！三人一条心，黄土变成金。有你带着俺，大事定能成功啊！

关羽：关某虽一介武夫，亦颇知忠义二字。正所谓择木之禽得栖良木，择主之臣得遇明主，关某平生之愿足矣。从今往后，关某之命即是刘兄之命，关某之躯即为刘兄之躯，但凭驱使，绝无二心！

张飞：俺也一样！

关羽：某誓与兄患难与共，终身相伴，生死相随！

张飞：俺也一样！

关羽：有渝此言，天人共戮之！

张飞：俺也一样！

桃园结义，知己相逢，刘备引经据典，言谈之间充满文化气息，关羽信手拈

来，一片丹心，只有书到用时方恨少的张飞表现“捉急”，目瞪口呆之余只能再三附和，在刘备的铺垫与关羽的衬托下屡次脱口而出“俺也一样!”让人捧腹的同时令人信服。

3. 提高能力。写是通过书面语言与他人、社会进行对话交流的一种方式，是一个不断思考、不断提升的过程，由于写具有延时性，因此可以考虑充分，从容下笔，可以锻炼理解能力、表达能力、归纳能力、批判能力、逻辑思维，久而久之会全面提高个人素质。由于人类实践的社会性、丰富性、继承性，直接经验需要通过写作整理、加工、补充，间接经验需要通过动笔转化、吸收、继承，所有未被消化接受的间接经验，只以知识存在，理性、抽象，远离生活，无法利用。写作可以整合直接经验与间接经验，将身边的、周围的，发散的、变化的、驳杂的想法落到实处，从理论到实践，再从实践回到理论，表达喜怒哀乐，直击内心深处。坚持写作，笔耕不辍可以养成深度表达、简明流畅的习惯。写对现实生活最大的帮助就是提高语言组织能力和沟通说话水平，由于写作的积累，能够随时建立知识链接，诗词歌赋、名言警句脱口而出，不论是复杂的局面还是纠结的感情都能用精练准确的语言概括，节约时间，减少误会，顺畅沟通，增进理解。

4. 改善心理。写作是一种良好的自我宣泄途径。现实世界中并不是每一种感情都有人体会，每一类需求都有人理解，每一个想法都有人肯定，每一个梦想都有人支持，因此极易产生孤单、寂寞甚至愤怒、失落情绪，挥之不去，无法排遣，此时可以通过写作说出心里话，将各种无法言说的忧伤和无人体会的愤懑诉诸笔端，借助写作暂时摆脱一切束缚，敞开心扉，坦诚面对自己，认真审视最深的感情和最真的想法。一边书写，一边宣泄情绪，嬉笑怒骂，激扬文字，将个人的愉快、纠结、痛苦、郁闷等各种心绪记录渲染，利用文字定格美好，回味欢乐，抑制冲动，舒缓焦虑，释放压力，让生活充满自由、生机、趣味和诗意，最终解决心理危机，远离浮躁，增强自信，丰富精神生活，缓解不良情绪，改善精神状态。

写作是对往事进行再思索、再总结、再梳理的过程，那些难以忘怀的人物、印象深刻的事件、情绪波动的感触、激动落泪的场景都可以通过写作自我倾诉、自我和解，满足内心最高层次的需求。善于写作的人更适应社会需要，文字被称赞的时候，能获得巨大的满足感和成就感。让我们通过写作努力做个内心充盈，灵魂高贵，快乐博学的人。

5. 经济收益。自媒体的蓬勃发展让写作成为一种可以让普通人获得经济收益的有效渠道，微信、微博、QQ、头条、抖音等为个人的公共表述提供时空自由，业余写手、网络写手不断涌现，高点击率甚至会引导消费，创造财富，个别写手一夜成名，火爆热闹的局面吸引更多的青年投入写作。部分平台出于经济利益考虑，频繁发布、展现新鲜事物、新鲜体验，介绍家乡，推广远方，使得身在家乡的人能看到远方的山水和美食，身在远方的人能看到家乡的烟火和市井。个体表达的开放使得人们获得经验、知识更加便利，但是由于水平参差不齐，有的文章未经加工或者加工粗糙，错字、别字、病句随处可见，有的文章因为作者视角不同，专业不同，传递的信息未必严谨正确。自媒体流行可能为作者带来经济收益的同时也对读者提出更高要求，选择更加海量，理解更加重要，作者与读者同时提高文化素养、认知水平尤为重要。

四、写作要素

写作是一项可以通过训练习得的技能，长期投入时间，反复多次练习，掌握收集资料、谋篇布局、整理加工、稿件修改等多个环节的方法与技巧，就能驾驭整个写作流程。写作是一种爱好，一种习惯，多观察、多思考、多动笔、多练习。写作是知识储备、生活经验、认知能力、表达能力的系统整合，也是语文素养的综合体现。

1. 主题。主题是作者在描述事物、分析问题、反映生活、抒发感情的过程中整篇文章想要传达的基本观点或者表现的中心思想。选择主题应当通观全局，运用新思想、新观念反映新事物、新现象、新变化、新情况，探寻本质，提炼内涵，切忌生搬硬套，抱残守缺。主题是文章的灵魂，对全文起统帅作用，一部作品价值大小与主题选择密切相关，清代著名文学家李渔曾说："古人作文一篇，定有一篇之主脑；主脑非他，即作者立言之本意也。"主题对于文章的写作有决定性的指导作用，材料的选择，详略的处理，段落的安排，语言的运用都受主题支配。因此下笔之前就应当确定主题，思考框架，列好提纲，围绕中心，不要偏题，一旦开始写作不要遇到知识盲区、难点问题无法继续、无从解决就立即换题，频繁换题只会浅尝辄止，最终导致一无所获。主题繁杂，写作容易陷入混乱，因此选择主题需要缩小范围，力求集中单一，不能过于宽泛，不能四面出击，仔细琢磨，挖掘小事、细节中蕴含的深刻意义与潜在影响，大胆写，反复写，聚焦重点，表达具体，写出个人感受。

2. 结构。结构是指文章的组织与布局，即文章的部分与部分，部分与整体之间的先后顺序与内在联系。具体而言是指如何开头，如何结尾，何为主，何为次，哪里详，哪里略，怎样烘托铺垫，怎样起承转合，最终形成一个有机、完整、统一的整体。结构需要紧扣主题展开，主题确定"写什么"，结构确定"如何写"，通过选取最典型、最真实、最生动、最妥帖、最具说服力和创造力的材料证明主题，交代清楚时间、地点、人物，事件的起因、经过、结果，精准把握节奏进度和感情基调，注意文章的严密性、完整性、连贯性、灵活性，努力做到前后呼应，逻辑清晰。安排结构应当着重考虑开头和结尾，层次和段落，过渡和照应。开头和结尾是文章的核心与精华，开头点题，吸引读者，激起兴趣，打动观众，结尾强化关键内容，深化主旨，照应全文，回味无穷。层次和段落决定文章展开的方法和步骤，不同的写作需要不同的排列顺序。要善于运用过渡句，注意条理性和连续性，过渡是层次或段落之间的衔接，发挥承上启下的作用。照应显示连贯通畅的效果，前有交代，伏笔暗示，后有呼应，渲染应笔。开头有铺垫，结尾有着落，层次分明，浑然一体。

3. 语言。遣词造句合乎语法规则，语言干净利落、形象生动，句子成分完整合乎逻辑，多角度、多层次、高效、精准地组织文字反映思维成果，天然纯熟、无斧凿痕地描述见闻、感受。表达方式一般包括记叙、议论、说明、抒情、描写五种。记叙是记录具体的人物生平、经历、活动，事情的起因、经过、结果等。说明是运用知识性语言简明通俗的解说事物的特征、形状、性质、关系、成因、功用等。议论是针对某个问题、某件事情进行分析评论并能直接表达个人观点立场、态度主张。议论包括论点、论据、论证三个要素，追求以理服人，具有较强的主观色彩。抒情是表现个人感情或做出情感评价。包括直接抒情、间接抒情两种。描写是具体细致地描摹人、事、物的情态、状貌，通过视觉、听觉、嗅觉、味觉、触觉感知世界，营造如闻其声，如见其人，如临其境的氛围。描写对象包括人物描写与环境描写。其中人物描写包括肖像、心理、行动、语言刻画，环境描写包括自然环境、社会环境、场面描写。记叙是最基本、最常见、最主要的表达方式，一般有顺序、倒叙、插叙、补叙、平叙等多种方式。写作讲求行云流水，是长期任务，天天写，天天练，我手写我心，相同的一句话，都会有一万种表达方式，因此同等情况下不同的人写作水平千差万别。

五、写的培养

写作是生活品质、个人修养的表现，用心观察，深度思考，满怀热情，积极表达，鼓起勇气大胆写作，体验自由表达的愉悦，享受书香生活的乐趣。

写作是个长期努力的艰苦过程，在课堂教学中应该引导学生关注现实，热爱生活，乐于动笔，善于表达。鼓励学生讲真话、实话，心里话，不说假话、大话、空话、套话、废话，努力为学生的创作提供有利条件和广阔空间，引导学生通过调查、访谈等多种途径搜集生活材料，注重培养学生观察、思考、评价的能力，紧抓取材、构思、起草、加工等环节，促使学生在实践中学会写作，重视引导学生在自我修改与相互修改中提高写作能力。

目前写作教学面临两个问题——命题和字数，这也是多数考试对于写作的基本要求。命题写作需要学生在限定时间内迅速回忆、搜索、寻找、整理已经掌握的知识，挖掘已有知识与命题材料之间的关系，经过缜密思考合理安排，紧扣题目，重新组合，顺利下笔，完成输出。命题写作是围绕材料进行再创作而不是跟着材料乱走甚至跑题偏离方向。写作也不是凑数，字数只是引导写作更加详细具体，而非空话连篇，敷衍塞责。文章好坏与长短无关，冗长拖沓，为文造情，令人生厌。写作需要具有社会洞察力和理论穿透力，写作教学应当贴近学生实际，大胆创新，为学生提供自我表现的机会，激发写作兴趣，提高写作效率。克服命题限制与字数障碍，全情投入，不懂就学，不会就问，多积累，多动笔，多练习，不断推敲，反复修改，最终形成一篇立意鲜明，内容具体，中心明确，条理清晰，结构合理，详略得当，并且书写规范工整，格式、标点正确的文章。另外，写作水平低下的人更易出现言语粗鄙，表达苍白，谈吐庸俗，毫无风度等现象，因此提高写作能力是语文教学的重中之重，要想写得快，写得好，就要写得勤，写得多。

1. 善于观察，捕捉灵感。观察是有目的、有计划地运用感官进行系统周密的分析考察的积极的思维活动，需要将主观情感投入到所观察的事物之中，细致挖掘凡人小事的光芒与深意，使得个人情思与关注事物之间产生微妙的反映与被反映的关系。灵感具有突发性与短暂性，源自想象力，行走坐卧之间突然灵光乍现，思如泉涌，文不加点，一气呵成，堪称写作的神来之笔。由于灵感转瞬即逝，因此弥足珍贵，应当善于捕捉并及时利用，灵感袭来立即书写记录，不要迟疑犹豫。写作需要热爱生活，关心生活，自由观察，随时体验，充分利用吃饭、休息、逛街、游玩、排队、乘车等时间，留意活动在公园、商店、景区、农贸市场、村庄、农田中的小商小贩、农夫农妇、行人游客的外貌、表情、衣着、动作，神态、语言……感受生活中的烟火气息，体会生命中的酸甜苦辣，发现司空见惯的职业与人群的闪光点与动人处。生活中不是缺少美而是缺少发现，闲暇时间甚至可以观察云朵的聚散与天色的流转，动态与静态的转换，风、霜、雪、雨的不同，春、夏、秋、冬的变化，远看、近看、仰视、俯视、平视，视角不同，体验各异，同时调动视觉、听觉、嗅觉、触觉，善于观察，用心发现，任何事物都有表象与实质，准确深入的观察能力需要雄厚的知识储备和完美的逻辑思维，仔细观察全貌，审视发展过程，探寻全部与局部以及局部之间的联系，由此及彼，由表及里，由浅到深，透过现象看到本质。善于观察才能把握机遇，才能激发灵感，打破无话可说、无情可抒的写作困境。

2. 时刻记录，及时整理。平时遇到好的素材应及时记录收藏，尽早建立个人资料库。读书遇到优秀片段立即摘抄，条件不具备时，如无纸笔或者时间紧迫可以拍照留存，另外，电脑中的收藏夹，手机中的备忘录，微信中的收藏功能，都能随时随地存放素材。业余时间整理分类，养成良好习惯。唐代著名诗人李贺，天资聪颖，后世誉为“诗鬼”。代表作品有《雁门太守行》《金铜仙人辞汉歌》等。李贺写诗刻苦勤奋，日积月累，终成大家，据李商隐记载李贺“恒从小奚奴，骑駏驴，背一古破锦囊，遇有所得，即书投囊中。及暮归，太夫人使婢受囊出之，见所书多。辄曰：‘是儿要当呕出心始已耳。’上灯，与食。长吉从婢取所书，研墨叠纸足成之，投他囊中。非大醉及吊丧日率如此，过亦不复省。”李贺每天都背着锦囊骑驴外出，有所感悟立即写下投入囊中，晚上回家研磨备纸，将白天所得零散诗句整理成篇，除非醉酒或者吊丧，李贺日日如此，母亲感叹李贺作诗可谓呕心沥血。李贺能够写出“黑云压城城欲摧”“雄鸡一声天下白”“天若有情天亦老”等妇孺皆知的名句与其时刻记录的习惯不无关系。此外还有宋代文学家梅尧臣，据《孙公谈圃》记载“昔与杜挺之、梅圣俞同舟溯汴，见圣俞吟诗，日成一篇，众莫能和，因密伺圣俞如何作诗，盖寝食游观，未尝不吟讽思索也。时时于座上忽引去，奋笔书一小纸，内算袋中。同舟窃取而观，皆诗句也。或半联，或一字。他日作诗，有可用者入之。或云：‘作诗无古今，惟造平淡难。’乃算袋中所书也。”梅尧臣不论吃饭、睡觉还是游览无时无刻不在思考，偶有所得就会突然离开座位，奋笔疾书写成纸条放入算袋，朋友偷偷打开算袋观看，里面全是诗句，有的只有半联，有的只有一个字。遇到写诗就按需取用，因此梅尧臣能够迅速成篇，博学多闻的友人都不能及时唱和。李贺的锦囊、梅尧臣的算袋是他们成为伟大诗人的重要帮助，可见时刻记录、随时积累的重要性。

3. 推敲语句，字斟句酌。文章写成之后，通读全篇之后作者需要重新审视主题是否清晰，中心是否明确，过渡是否流畅，逻辑是否严密，层次是否清晰，内容是否充实，标点是否正确，在整体认识全文的基础之上取舍、替换、删减、增补、调整，提升文学水准。古往今来的文学大家无不如此，如洪迈《容斋随笔》记载王安石创作《泊船瓜洲》一诗的艰苦过程：“王荆公绝句云：‘京口瓜洲一水间，钟山只隔数重山。春风又绿江南岸，明月何时照我还。’吴中士人家藏其草，初云‘又到江南岸’，圈去到字，注曰不好，改为过，复圈去而改为入，旋改为满，凡如是十许字，始定为绿。”仅“春风又绿江南岸”中的“绿”字，王安石先后思考置换“到”“过”“入”“满”等十多个字，最终确定为“绿”，成为千古绝唱。又据惠洪《冷斋夜话》记载：“白乐天每作诗，问曰解否？妪曰解，则录之；不解，则易之。”白居易写好诗歌读给老妪听，如果听不懂立即修改，因此形成平易通俗的风格。再如何光远《鉴戒录》记载苦吟诗人贾岛："忽一日于驴上吟得：'鸟宿池边树，僧敲月下门。'初欲著'推'字，或欲著'敲'字，炼之未定，遂于驴上作'推'字手势，又作'敲'字手势，不觉行半坊。观者讶之，岛似不见。时韩吏部愈权京尹，意气清严，威振紫陌，经第三对呵唱，岛但手势未已，俄为宦者推下驴，拥至尹前，岛方觉悟。顾问欲责之，岛具对：'偶得一联，吟安一字未定，神游诗府，致冲大官，非敢取尤，希垂至鉴。'韩立马良久，思之，谓岛曰：'作敲字佳矣。'遂与岛并辔语笑，同入府署，共论诗道，数日不厌，因与岛为布衣之交。"贾岛沉浸诗中，无法自拔，冲撞韩愈，二人相遇可谓知己相逢，韩愈居然认真思考帮忙修改，使得诗歌动静相宜，境界全出。

文章写成之后需要经过修改、加工、润色再到最终定稿的过程，锤炼主题，删除枝蔓，夯实基础，取舍材料，期间作者需要深入思考，同时听取他人意见，逐步完善。此时还可以重新考虑题目，在写作过程中题目是不断变化的，定下题目开始写作，脱稿之后可能会修改甚至重新拟定题目，题目要简明新颖，具有高度概括力，切忌笼统空泛，老生常谈，或者不知所云，故弄玄虚，合适且极具吸引力的题目能够起到画龙点睛的作用，也能给读者留下深刻印象。

生活之中面对同样场景，如何才能反映现实？如何才能打动读者？这就是对作家生活阅历，思想水平，知识储备，审美情趣等综合素质的全面考察。例如常人历经无数次的烈日烤炙、狂风暴雨，即使有深刻印象也无法恰当记录，但是老舍先生却能写得酣畅淋漓，且看他是如何关注细节，写出了作为社会最底层的祥子在恶劣的环境中艰难生存的血泪人生。

老舍（1899—1966），原名舒庆春，字舍予，生于北京，满族，著名作家、戏剧家，杰出的语言大师。关注市民生活，代表作有《月牙儿》《断魂枪》《骆驼祥子》《四世同堂》等。因其话剧《龙须沟》获得"人民艺术家"的称号，《茶馆》是中国当代戏剧史上的经典之作。《在烈日和暴雨下》选自长篇小说《骆驼祥子》。

名家名篇

在烈日和暴雨下

六月十五那天，天热得发了狂。太阳刚一出来，地上已像下了火。一些似云非云，似雾非雾的灰气低低的浮在空中，使人觉得憋气。一点风也没有。祥子在院中看了看那灰红的天，打算去拉晚儿——过下午四点再出去；假若挣不上钱的话，他可以一直拉到天亮：夜间无论怎样也比白天好受一些。

他一声没出，喝了瓢凉水，走了出去。

街上的柳树，像病了似的，叶子挂着层灰土在枝上打着卷；枝条一动也懒得动的，无精打采的低垂着。马路上一个水点也没有，干巴巴的发着些白光。便道上尘土飞起多高，与天上的灰气联接起来，结成一片毒恶的灰沙阵，烫着行人的脸。处处干燥，处处烫手，处处憋闷，整个的老城像烧透的砖窑，使人喘不出气。狗趴在地上吐出红舌头，骡马的鼻孔张得特别的大，小贩们不敢吆喝，柏油路化开；甚至于铺户门前的铜牌也好像要被晒化。街上异常的清静，只有铜铁铺里发出使人焦躁的一些单调的叮叮当当。拉车的人们，明知不活动便没有饭吃，也懒得去张罗买卖：有的把车放在有些阴凉的地方，支起车棚，坐在车上打盹；有的钻进小茶馆去喝茶；有的根本没有拉出车来，而来到街上看看，看看有没有出车的可能。那些拉着买卖的，即使是最漂亮的小伙子，也居然甘于丢脸，不敢再跑，只低着头慢慢的走。每一口井台都成了他们的救星，不管刚拉了几步，见井就奔过去；赶不上新汲的水，便和驴马们同在水槽里灌一大气。还有的，因为中了暑，或是发痧，走着走着，一头栽在地上，永不起来。

连祥子都有些胆怯了！拉着空车走了几步，他觉出由脸到脚都被热气围着，连手背上都流了汗。可是，见了座儿，他还想拉，以为跑起来也许倒能有点风。他拉上了个买卖，把车拉起来，他才晓得天气的厉害已经到了不允许任何人工作的程度。一跑，便喘不过气来，而且嘴唇发焦，明知心里不渴，也见水就想喝。不跑呢，那毒花花的太阳把手和脊背都要晒裂。好歹的拉到了地方，他的裤褂全裹在了身上。拿起芭蕉扇搧搧，没用，风是热的。他已经不知喝了几气凉水，可是又跑到茶馆去。两壶热茶喝下去，他心里安静了些。茶由口中进去，汗马上由身上出来，好像身上已是空膛的，不会再藏储一点水分。他不敢再动了。

坐下了好久，他心中腻烦了。既不敢出去，又没事可作，他觉得天气仿佛成心跟他过不去。不，他不能服软。他拉车不止一天了，夏天这也不是头一遭，他不能就这么白白的"泡"一天。想出去，可是腿真懒得动，身上非常的软，好像洗澡没洗痛快那样，汗虽出了不少，而心里还不畅快。又坐了会儿，他再也坐不住了，反正坐着也是出汗，不如爽性出去试试。

一出来，才晓得自己的错误。天上那层灰气已散，不甚憋闷了，可是阳光也更厉害了许多：没人敢抬头看太阳在哪里，只觉得到处都闪眼，空中，屋顶上，墙壁上，地上，都白亮亮的，白里透着点红；从上至下整个的像一面极大的火镜，每一条光都像火镜的焦点，晒得东西要发火。在这个白光里，每一个颜色都刺目，每一个声响都难听，每一种气味都混含着由地上蒸发出来的腥臭。街上仿佛已没了人，道路好像忽然加宽了许多，空旷而没有一点凉气，白花花的令人害怕。祥子不知怎么是好了，低着头，拉着车，极慢的往前走，没有主意，没有目的，昏昏沉沉的，身上挂着一层粘汗，发着馊臭的味儿。走了会儿，脚心和鞋袜粘在一块，好像踩着块湿泥，非常的难过。本来不想再喝水，可是见了井不由的又过去灌了一气，不为解渴，似乎专为享受井水那点凉气，由口腔到胃中，忽然凉了一下，身上的毛孔猛的一收缩，打个冷战，非常舒服。喝完，他连连的打嗝，水要往上漾！

走一会儿，坐一会儿，他始终懒得张罗买卖。一直到了正午，他还觉不出饿来。想去照例的吃点什么，看见食物就要恶心。胃里差不多装满了各样的水，有时候里面会轻轻的响，像骡马似的喝完水肚子里光光光的响动。

正在午后一点的时候，他又拉上个买卖。这是一天里最热的时候，又赶上这一夏里最热的一天，可是他决定去跑一趟。刚走了几步，他觉到一点凉风，就像在极热的屋里由门缝进来一点凉气似的。他不敢相信自己；看看路旁的柳枝，的确是微微的动了两下。街上突然加多了人，铺户中的人争着往外跑，都攥着把蒲扇遮着头，四下里找："有了凉风！有了凉风！凉风下来了！"大家几乎要跳起来嚷着。路旁的柳树忽然变成了天使似的，传达着上天的消息："柳条儿动了！老天爷，多赏点凉风吧！"

还是热，心里可镇定多了。凉风，即使是一点点，给了人们许多希望。几阵凉风过去，阳光不那么强了，一阵亮，一阵稍暗，仿佛有片飞沙在上面浮动似的。风忽然大起来，那半天没有动作的柳条像猛的得到什么可喜的事，飘洒的摇摆，枝条都像长出一截儿来。一阵风过去，天暗起来，灰尘全飞到半空。尘土落下一些，北面的天边见了墨似的乌云。祥子身上没了汗，向北边看了一眼，把车停住，上了雨布，他晓得夏天的雨是说来就来，不容工夫的。

刚上好了雨布，又是一阵风，黑云滚似的已遮黑半边天。地上的热气与凉风搀合起来，夹杂着腥臊的干土，似凉又热；南边的半个天响晴白日，北边的半个天乌云如墨，仿佛有什么大难来临，一切都惊慌失措。车夫急着上雨布，铺户忙着收幌子，小贩们慌手忙脚的收拾摊子，行路的加紧往前奔。又一阵风。风过去，街上的幌子，小摊，与行人，仿佛都被风卷了走，全不见了，只剩下柳枝随着风狂舞。

云还没铺满了天，地上已经很黑，极亮极热的晴午忽然变成黑夜了似的。风带着雨星，像在地上寻找什么似的，东一头西一头的乱撞。北边远处一个红闪，像把黑云掀开一块，露出一大片血似的。风小了，可是利飕有劲，使人颤抖。一阵这样的风过去，一切都不知怎好似的，连柳树都惊疑不定的等着点什么。又一个闪，正在头上，白亮亮的雨点紧跟着落下来，极硬的砸起许多尘土，土里微带着雨气。大雨点砸在祥子的背上几个，他哆嗦了两下。雨点停了，黑云铺满了天。又一阵风，比以前的更厉害，柳枝横着飞，尘土往四下里走，雨道往下落；风，土，雨，混在一处，联成一片，横着竖着都灰茫茫冷飕飕，一切的东西都被裹在里面，辨不清哪是树，哪是地，哪是云，四面八方全乱，全响，全迷糊。风过去了，只剩下直的雨道，扯天扯地的垂落，看不清一条条的，只是那么一片，一阵，地上射起了无数的箭头，房屋上落下万千条瀑布。几分钟，天地已经分不开，空中的河往下落，地上的河横流，成了一个灰暗昏黄，有时又白亮亮的，一个水世界。

祥子的衣服早已湿透，全身没有一点干爽地方；隔着草帽，他的头发已经全湿。地上的水过了脚面，已经很难迈步；上面的雨直砸着他的头与背，横扫着他的脸。他不能抬头，不能睁眼，不能呼吸，不能迈步。他像要立定在水中，不知道哪是路，不晓得前后左右都有什么，只觉得透骨凉的水往身上各处浇。他什么也不知道了，只心中茫茫的有点热气，耳边有一片雨声。他要把车放下，但是不知放在哪里好。想跑，水裹住他的腿，他就那么半死半活的，低着头一步一步的往前曳。坐车的仿佛死在了车上，一声不出的任着车夫在水里挣命。

雨小了些，祥子微微直了直脊背，吐出一口气："先生，避避再走吧！"

"快走！你把我扔在这儿算怎么回事？"坐车的跺着脚喊。

祥子真想硬把车放下，去找个地方避一避。可是，看看身上，已经全往下流水，他知道一站住就会哆嗦成一团。他咬上了牙，蹚着水不管高低深浅的跑起来。

刚跑出不远，天黑了一阵，紧跟着一亮，雨又迷住他的眼。

拉到了，坐车的连一个铜板也没多给。祥子没说什么，他已顾不过命来。

雨住一会儿，又下一阵儿，比以前小了许多。祥子一气跑回了家。抱着火，烤了一阵，他哆嗦得像风雨中的树叶。

——摘引自老舍著《骆驼祥子》，人民文学出版社，1955 年，第 171～176 页

骆驼祥子是军阀混战时期的人力车夫，作为一名破产的青年农民，他勤劳、淳朴、善良，身强力壮，充满活力，希望通过劳动改变命运过上美好生活。祥子的奋斗目标就是拥有一辆属于自己的车，然而三起三落的买车经历将他一次又一次地抛入命运的漩涡，屡次失败却又屡次倔强地重新开始。《在烈日和暴雨下》是祥子不怕吃苦、自食其力的真实再现，再寻常不过的一阵风、一场雨迫使祥子在烈日和暴雨下苦苦挣扎，苦苦煎熬，最终祥子战胜了风却被雨击倒。老舍先生运用比喻、拟人、夸张、排比等修辞手法渲染环境的恶劣，从视觉、听觉、嗅觉、味觉、触觉方面描写烈日、暴雨的威力，写自然环境更在写内心活动与生存状态，凸显社会底层劳苦大众的悲惨命运。文采飞扬，语言鲜活，高超的写作功力值得学习借鉴。

写是站在自己的角度认识世界，感受世界，优美的文字可以抚慰忧伤和痛苦，激发斗志和潜能，孕育梦想和希望，有文字，有情怀，就有诗和远方。写可以随时随地开始，在自律而漫长的历程中记录成长的脚印，感受独处的美妙，开启幸福的旅程。

本章参考文献

［1］ 董洁. 教师应该和能够做到的［M］. 北京：北京教育出版社，2018.
［2］ 孟伟. 媒体写作与语言艺术［M］. 北京：中国广播影视出版社，2019.
［3］ 夏秀，于瑞桓，陈晓洁. 新编大学写作［M］. 青岛：中国海洋大学出版社，2018.
［4］ 许洁虹. 管理学教程［M］. 广州：中山大学出版社，2010.

拓展阅读

作者介绍：路遥（1949—1992），原名王卫国，陕西榆林人，当代著名作家，1973 年进入延安大学中文系学习，开始文学创作。1980 年发表《惊心动魄的一幕》，获得第一届全国优秀中篇小说奖。1982 年发表《人生》，获得全国优秀中篇小说奖。1991 年完成长篇巨著《平凡的世界》，获得第三届茅盾文学奖。

作家的劳动

路遥

对生活应该永远抱有热情。对生活无动于衷的人是搞不成艺术创作的。艺术作品

都是激情的产物。如果你自己对生活没有热情，怎么能指望你的作品去感染别人？当然，这种热情绝不是那种简单的感情冲动，它必须接受成熟的思想和理智的指导。尤其是在投入艺术创造的具体过程中，应该用冷静的方式来处理热烈的感情，就像铁匠的锻造工作一样，得把烧红的铁器在水里蘸那么几下。不管怎样，作家没有热情是不行的，尤其是在个人遭到不幸的时候，更需要对生活抱有热情。

应该有自我反省的精神，如果说，一个人的进取精神是可贵的，那么，一个人的自我反省精神也许更为可贵。尤其是搞创作的人，这是一个最重要的品质。一个对自己经常抱欣赏态度的作家是不会有什么出息的，应该经常检讨自己，要有否定自己的勇气。有些人否定别人很勇敢，但没有自我否定的力量，而且对别人出自诚心的正确批评也接受不了，总爱让别人抬举自己。人应该自爱，但不要连自己身上的疮疤也爱。要想成就自己的事业，就要不断地进行自我检讨，真诚地听取各种人的批评意见；即使别人的批评意见说得不对，也要心平气静地对待。好作品原子弹也炸不倒，不好的作品即使是上帝的赞赏也拯救不了它的命运。这个真理不要光拿来教育别人，主要教育自己为好。

——摘引自路遥著《作家的劳动》，雷达主编、李文琴编选：《路遥研究资料》，山东文艺出版社，2006 年，第 7～8 页

作者介绍：冯骥才（1942—　），祖籍浙江宁波，生于天津，当代作家、画家、艺术家。代表作品《高女人和她的矮丈夫》。《雕花烟斗》荣获 1979 年全国优秀短篇小说奖，《啊！》获得第一届全国优秀中篇小说奖，《神鞭》荣获第三届全国优秀中篇小说奖。

我心中的文学

冯骥才

一个作家应当具备哪些素质？

想象力、发现力、感受力、洞察力、捕捉力、判断力，活跃的形象思维和严谨的逻辑思维；尽可能庞杂的生活知识和尽可能全面的艺术素养；要巧、要拙、要灵、要韧，要对大千世界充满好奇心，要对千形万态事物所独具的细节异常敏感，要对形形色色人的音容笑貌、举止动念，抓得又牢又准；还要对这一切，最磅礴和最细微的，有形和无形的、运动和静止的、清晰繁杂和朦胧一团的，都能准确地表达出来。笔头有如湘绣艺人的针尖，布局有如拿破仑摆阵；手中仿佛真有魔法，把所有无生命的东西勾勒得活灵活现。还要感觉灵敏、情感饱满、境界丰富。作家内心是个小舞台，社会舞台的小模型，生活的一切经过艺术的浓缩，都在这里重演，而且它还要不断变幻人物、场景、气氛和情趣。作家的能力最高表现为，在这之上，创造出崭新的、富有典型意义和审美价值的人物。

——摘引自冯骥才著《冯骥才散文精选》，长江文艺出版社，2015 年，第 110～111 页

作者介绍：海明威（1899—1961），美国著名小说家，“迷惘的一代”文学的代表人物，1954 年获得诺贝尔文学奖。作品有长篇小说《太阳照样升起》《永别了，武器》《丧钟为谁而鸣》以及中篇小说《老人与海》。

海明威谈创作

问：你说好的创作与坏的创作有区别，是什么意思？

海明威：好的创作是真正的创作。如果某人创造一篇故事，忠实于他所了解的生活的知识，而且写得有意思，那么，他创造的东西会是真实的。如果他不知道人们怎么思想、怎么行动，他运气好也许会解救他于一时，或者他可以幻想。但如果老是写他不了解的东西，他会发现自己在说假话。他说了几次假话之后，无法再诚实地写作了。

问：那么想象呢？

海明威：好作家除了诚实之外，必须具备这个条件，他从经验中汲取的东西越多，他的想象越真实。如果他想象得真实，人们以为他叙述的东西都是真正发生过的，以为他是在做报道呢。

问：那它同报道有什么区别呢？

海明威：报道的东西人们记不住。你写当天发生的事情，因为及时，人们凭自己的想象能够想见。一个月之后，过时了，你的叙述没有味道了，人们在头脑里见不到它，也记不住。但是，如果你是创造，而不是描写，你可以写得完整，坚实，把它写活。不管是好是坏，你是创造出来的。这是创作，不是描述。真实到什么程度，要看你的创作能力，看你用进去的知识。

问：再谈写作的技术问题。

海明威：什么意思？用铅笔还是打字机？你开始写作品的时候，心里很兴奋，而读者并不兴奋。你想你不如用打字机吧，方便多了，你越打越来劲。后来你明白了，创作的目的全在于向读者传达一切：每一种感觉、视觉、感情、地点和情绪。要做到这一点，必须把你写的东西进行加工。如果你用铅笔写，你可以看到三遍不同的稿子，看读者会不会领会你要他领会的内容。先是你读一遍（用铅笔写的稿子），打好了，又有一次加工的机会，第三遍是修改校样。先用铅笔写，多给你三分之一的机会修改。这也使流动性拉长，你修改起来容易一些。

问：一天应当写多少？

海明威：必须在写得顺利的时候停笔，别去想它，也别操心，等第二天写的时候再说。这样，你的潜意识始终在活动。反过来，如果你有意识地去想它，为它操心，反而把它窒息掉了，你还没有动笔，头脑就疲乏了。如果你开了一个头就操心第二天能不能写下去，这就好比你操心的是一件无法躲避的事，那是怯懦的表示。你就得写下去。所以，操心是没有意义的。写小说必须知道这一点。小说难写，难在完成。

问：你每天动笔之前读多少（旧稿）呢？

海明威：最好的办法是每天把前两天写的稿子从头读一遍，边读边改，然后接着往下写。如果太长，不能天天做到这一点，那你就往回读两三章；然后每个星期从头读一遍。这样你能做到一气呵成。

问：当一个作家应当读什么书？

海明威：他应当读托尔斯泰的《战争与和平》和《安娜·卡列尼娜》，马里厄特船长的《密息曼·依赛先生》、《费兰克·马尔威》和《彼得·辛普尔》，福楼拜的《包法利夫人》和《情感教育》，托马斯·曼的《布登勃洛克一家》，乔伊斯的《都柏林人》和《大伟人约瑟夫·安特鲁斯传》，司汤达的《红与黑》和《巴尔马修道院》，陀斯妥耶夫斯基的《卡拉玛卓夫兄弟》和他别的两部小说，马克·吐温的《哈克贝利·费恩》，斯蒂芬·克莱恩的《海上扁舟》和《蓝色的旅馆》，乔治·莫尔的《欢呼与永别》，叶芝的《自传》，莫泊桑所有的好作品，吉卜林所有的好作品，屠格涅夫所有的好作品，W. H. 赫得逊的《时过境迁》，亨利·詹姆斯的短篇，尤其是《莫维斯夫人》和《螺丝拧》、(长篇)《贵妇人画像》、《美国人》。

问：这些作品全得读吗？

海明威：全得读，而且还要读得更多。否则你不知道应该超过什么。

问：应该超过是什么意思？

海明威：你写前人已经写过的东西，那是没有用处的，除非你能够超过它。我们这个时代的作家要做的事情是写出前人没有写过的作品，或者说，超过死人写的东西。说明一位作家写得好不好，唯一的办法是同死人比。活着的作家多数并不存在。他的名声是批评家创造出来的。批评家永远需要流行的天才，这种人的作品既完全看得懂，赞扬他也感到保险，可是等这些捏造出来的天才一死，他们就不存在了。一个认真的作家只有同死去的作家比高低，这些作家他知道是优秀的。这好比长跑运动员争的是计时表上的时间，而不仅仅是要超过同他一起赛跑的人。他要是不同时间赛，他永远不会知道他可以达到什么速度。

问：作家怎么训练自己？

海明威：你看今天发生的事。如果我们见了一条鱼，你要看准了，看每个人是如何反应的。你如果在鱼跳的时候兴奋起来，你就回想一下，使你产生这种感觉的具体动作是什么。是钓丝从水面上升起来，是它象琴弦似得绷紧，水开始滴下来，还是它跳的时候猛撞泼水的动作。回忆一下声响，说了些什么话。找到产生感情的东西；找到使你激动的行动。然后写下来，要写清楚，叫读者也看得见，能产生与你同样的感觉。这是手的训练。然后你换一换，钻到别人的脑袋里去。如果我冲着你大叫，你就尽量揣摩我在想什么，你的感觉是什么。对于一个人来说，事情总有该如此和不该如此两个方面。作为一个人，你知道谁是谁非。你得下一个判断，付之实行。作为一个作家，你不应当不判断。你应当明白这一点。别人说话的时候，你要听全。别想你自己要说什么。多数人从来不听人家说话。他们也不观察。你进了一间屋子，出来的时候应当明了你在屋子里见到的一切东西，而且不能满足于这一点。如果那间屋子使你产生某种感觉，你应当弄清楚，是什么东西使你产生这种感觉。你试一试，锻炼锻炼。你到城里去，站在戏院门口，看从计程车或者从汽车里出来的人各有什么不同的表现。练习的方法有一千种。

——摘引自董衡巽编选《海明威谈创作》，生活·读书·新知三联书店，1985 年，第 79～86 页。

拓展阅读

学文例话：如何做个好学生？如何做个好老师？

香菱学诗

且说香菱见了众人之后，吃过晚饭，宝钗等都往贾母处去了，自己便往潇湘馆中来。此时黛玉已好了大半，见香菱也进园来住，自是欢喜。香菱因笑道："我这一进来了，也得了空儿，好歹教给我作诗，就是我的造化了。"黛玉笑道："既要作诗，你就拜我作师。我虽不通，大略也还教得起你。"香菱笑道："果然这样，我就拜你作师。你可不许腻烦的。"

黛玉道："什么难事，也值得去学！不过是起、承、转、合，当中承、转是两副对子，平声对仄声，虚的对实的，实的对虚的，若是果有了奇句，连平仄虚实不对都使得的。"香菱笑道："怪道我常弄一本旧诗偷空儿看一两首，又有对的极工的，又有不对的，又听见说'一三五不论，二四六分明。'看古人的诗上亦有顺的，亦有二四六上错了的，所以天天疑惑。如今听你一说，原来这些格调规矩竟是末事，只要词句新奇为上。"黛玉道："正是这个道理。词句究竟还是末事，第一立意要紧。若意趣真了，连词句不用修饰，自是好的，这叫做'不以词害意'。"

香菱笑道："我只爱陆放翁的诗'重帘不卷留香久，古砚微凹聚墨多'，说的真有趣！"黛玉道："断不可看这样的诗。你们因不知诗，所以见了这浅近的就爱，一入了这个格局，再学不出来的。你只听我说，你若真心要学，我这里有《王摩诘全集》，你且把他的五言律读一百首，细心揣摩透熟了，然后再读一二百首老杜的七言律，次再李青莲的七言绝句读一二百首。肚子里先有了这三个人作了底子，然后再把陶渊明、应玚，谢、阮、庾、鲍等人的一看。你又是一个极聪敏伶俐的人，不用一年的工夫，不愁不是诗翁了！"香菱听了，笑道："既这样，好姑娘，你就把这书给我拿出来，我带回去夜里念几首也是好的。"

黛玉听说，便命紫鹃将王右丞的五言律拿来，递与香菱，又道："你只看有红圈的都是我选的，有一首念一首。不明白的问你姑娘，或者遇见我，我讲与你就是了。"香菱拿了诗，回至蘅芜苑中，诸事不顾，只向灯下一首一首的读起来。宝钗连催他数次睡觉，他也不睡。宝钗见他这般苦心，只得随他去了。

一日，黛玉方梳洗完了，只见香菱笑吟吟的送了书来，又要换杜律。黛玉笑道："共记得多少首？"香菱笑道："凡红圈选的我尽读了。"黛玉道："可领略了些滋味没有？"香菱笑道："领略了些滋味，不知可是不是，说与你听听。"黛玉笑道："正要讲究讨论，方能长进。你且说来我听。"

香菱笑道："据我看来，诗的好处，有口里说不出来的意思，想去却是逼真的。有似乎无理的，想去竟是有理有情的。"黛玉笑道："这话有了些意思，但不知你从何处见得？"香菱笑道："我看他《塞上》一首，那一联云：'大漠孤烟直，长河落日圆。'想来烟如何直？日自然是圆的。这'直'字似无理，'圆'字似太俗。合上书一想，倒像是见了这景的。若说再找两个字换这两个，竟再找不出两个字来。再还有'日落江湖白，潮来天地青'，这'白''青'两个字也似无理。想来，必得这两个字才形容得尽，念在嘴里倒像有几千斤重的一个橄榄。还有'渡头余落日，墟里上孤烟'，这'余'字和'上'字，难为他怎么想来！我们那年上京来，那日下晚便湾住船，岸上又没有人，只有几棵树，远远的几家人家作晚饭，那个烟竟是碧青，连云直上。谁知我昨日晚上读了这两句，倒像我又到了那个地方去了。"

正说着，宝玉和探春也来了，也都入坐听他讲诗。宝玉笑道："既是这样，也不用看诗。会心处不在多，听你说了这两句，可知'三昧'你已得了。"黛玉笑道："你说他这'上孤烟'好，你还不知他这一句还是套了前人来的。我给你这一句瞧瞧，更比这个淡而现成。"说着便把陶渊明的"暧暧远人村，依依墟里烟"翻了出来，递与香菱。香菱瞧了，点头叹赏，笑道："原来'上'字是从'依依'两个字上化出来的。"宝玉大笑道："你已得了，不用再讲，越发倒学杂了。你就作起来，必是好的。"探春笑道："明儿我补一个柬来，请你入社。"香菱笑道："姑娘何苦打趣我，我不过是心里羡慕，才学着顽罢了。"

探春黛玉都笑道："谁不是顽？难道我们是认真作诗呢！若说我们真成了诗，出了这园子，把人的牙还笑倒了呢。"宝玉道："这也算自暴自弃了。前日我在外头和相公们商议画儿，他们听见咱们起诗社，求我把稿子给他们瞧瞧。我就写了几首给他们看看，谁不真心叹服。他们都抄了刻去了。"探春黛玉忙问道："这是真话么？"宝玉笑道："说慌的是那架上的鹦哥。"黛玉探春听说，都道："你真真胡闹！且别说那不成诗，便是成诗，我们的笔墨也不该传到外头去。"宝玉道："这怕什么！古来闺阁中的笔墨不要传出去，如今也没有人知道了。"说着，只见惜春打发了入画来请宝玉，宝玉方去了。

香菱又逼着黛玉换出杜律来，又央黛玉探春二人："出个题目，让我诌去，诌了来，替我改正。"黛玉道："昨夜的月最好，我正要诌一首，竟未诌成，你竟作一首来。十四寒的韵，由你爱用那几个字去。"

香菱听了，喜的拿回诗来，又苦思一回作两句诗，又舍不得杜诗，又读两首。如此茶饭无心，坐卧不定。宝钗道："何苦自寻烦恼。都是颦儿引的你，我和他算帐去。你本来呆头呆脑的，再添上这个，越发弄成个呆子了。"香菱笑道："好姑娘，别混我。"一面说，一面作了一首，先与宝钗看。宝钗看了笑道："这个不好，不是这个作法。你别怕臊，只管拿了给他瞧去，看他是怎么说。"香菱听了，便拿了诗找黛玉。

黛玉看时，只见写道是：

月挂中天夜色寒，清光皎皎影团团。
诗人助兴常思玩，野客添愁不忍观。
翡翠楼边悬玉镜，珍珠帘外挂冰盘。
良宵何用烧银烛，晴彩辉煌映画栏。

黛玉笑道："意思却有，只是措词不雅。皆因你看的诗少，被他缚住了。把这首丢开，再作一首，只管放开胆子去作。"

香菱听了，默默的回来，越性连房也不入，只在池边树下，或坐在山石上出神，或蹲在地下抠土，来往的人都诧异。李纨、宝钗、探春、宝玉等听得此信，都远远的站在山坡上瞧看他。只见他皱一回眉，又自己含笑一回。

宝钗笑道："这个人定要疯了！昨夜嘟嘟哝哝直闹到五更天才睡下，没一顿饭的工夫天就亮了。我就听见他起来了，忙忙碌碌梳了头就找颦儿去。一回来了，呆了一日，作了一首又不好，这会子自然另作呢。"宝玉笑道："这正是'地灵人杰'，老天生人再不虚赋情性的。我们成日叹说可惜他这么个人竟俗了，谁知到底有今日。可见天地至公。"宝钗笑道："你能够像他这苦心就好了，学什么有个不成的。"宝玉不答。

只见香菱兴兴头头的又往黛玉那边去了。探春笑道："咱们跟了去，看他有些意思没有。"说着，一齐都往潇湘馆来。只见黛玉正拿着诗和他讲究。众人因问黛玉作的如何。黛玉道："自然算难为他了，只是还不好。这一首过于穿凿了，还得另作。"

众人因要诗看时，只见作道：

非银非水映窗寒，试看晴空护玉盘。

淡淡梅花香欲染，丝丝柳带露初干。

只疑残粉涂金砌，恍若轻霜抹玉栏。

梦醒西楼人迹绝，余容犹可隔帘看。

宝钗笑道："不像吟月了，月字底下添一个'色'字倒还使得，你看句句倒是月色。这也罢了，原来诗从胡说来，再迟几天就好了。"

香菱自为这首妙绝，听如此说，自己扫了兴，不肯丢开手，便要思索起来。因见他姊妹们说笑，便自己走至阶前竹下闲步，挖心搜胆，耳不旁听，目不别视。一时探春隔窗笑说道："菱姑娘，你闲闲罢。"香菱怔怔答道："'闲'字是十五删的，你错了韵了。"众人听了，不觉大笑起来。宝钗道："可真是诗魔了。都是颦儿引的他!"黛玉道："圣人说，'诲人不倦'，他又来问我，我岂有不说之理。"李纨笑道："咱们拉了他往四姑娘房里去，引他瞧瞧画儿，叫他醒一醒才好。"

说着，真个出来拉了他过藕香榭，至暖香坞中。惜春正乏倦，在床上歪着睡午觉，画缯立在壁间，用纱罩着。众人唤醒了惜春，揭纱看时，十停方有了三停。香菱见画上有几个美人，因指着笑道："这一个是我们姑娘，那一个是林姑娘。"探春笑道："凡会作诗的都画在上头，快学罢。"说着，顽笑了一回。

各自散后，香菱满心中还是想诗。至晚间对灯出了一回神，至三更以后上床卧下，两眼鳏鳏，直到五更方才朦胧睡去了。一时天亮，宝钗醒了，听了一听，他安稳睡了，心下想："他翻腾了一夜，不知可作成了？这会子乏了，且别叫他。"正想着，只听香菱从梦中笑道："可是有了，难道这一首还不好?"宝钗听了，又是可叹，又是可笑，连忙唤醒了他，问他："得了什么？你这诚心都通了仙了。学不成诗，还弄出病来呢。"一面说，一面梳洗了，会同姊妹往贾母处来。

原来香菱苦志学诗，精血诚聚，日间做不出，忽于梦中得了八句。梳洗已毕，便忙录出来，自己并不知好歹，便拿来又找黛玉。刚到沁芳亭，只见李纨与众姊妹方从王夫人处回来，宝钗正告诉他们说他梦中作诗说梦话。众人正笑，抬头见他来了，便都争着要诗看。

话说香菱见众人正说笑，他便迎上去笑道："你们看这一首。若使得，我便还学；若还不好，我就死了这作诗的心了。"说着，把诗递与黛玉及众人看时，只见写道是：

精华欲掩料应难，影自娟娟魄自寒。

一片砧敲千里白，半轮鸡唱五更残。
绿蓑江上秋闻笛，红袖楼头夜倚栏。
博得嫦娥应自问，缘何不使永团圆！

众人看了笑道："这首不但好，而且新巧有意趣。可知俗语说'天下无难事，只怕有心人。'社里一定请你了。"香菱听了心下不信，料着是他们瞒哄自己的话，还只管问黛玉宝钗等。

——摘引自曹雪芹著《红楼梦》（第四十八至四十九回），人民文学出版社，1982 年，第 645～653 页

香菱学诗是《红楼梦》中曹雪芹浓墨重彩，满怀感情描绘的一幕，完美展现师生的良性互动。

作为学生：香菱

香菱本为姑苏望族甄士隐独女，出身书香门第，锦衣玉食，天资聪颖，无奈红颜薄命，幼年被拐，受尽虐待。学诗堪称生命之光，香菱获得机会醉心艺术，流连诗歌体味美好，这是对其坎坷凄苦生活的弥补，更是隐藏在灵魂深处的真情流露。

1. 主动学习，态度诚恳。香菱作为侍妾，终日伴随薛蟠左右，服侍照料，烦琐忙碌，生活如此苟且居然能够挤出时间读书，"怪道我常弄一本旧诗偷空儿看一两首"，可见香菱偷偷读书、默默用功许久，对于诗歌有着发自肺腑的热爱，对于精神有着超凡脱俗的追求。香菱这种主动学习，刻苦勤奋的品格与周围女性形成鲜明对比。作为婢女，晴雯等人满足于温饱，略有空闲就会聚众打牌。作为小姐，迎春等人养尊处优，教育环境良好却未曾下过功夫，贤良淑德就是其最大意义，王熙凤甚至干脆利落地表示："我又不作诗作文，只不过是个俗人罢了。"诸人面对舞文弄墨的诗意生活无动于衷，所以当香菱机缘巧合进入大观园，小心翼翼提出学诗的愿望时，薛宝钗立即指出作诗并非香菱本职工作，简直就是得陇望蜀。没有得到回应的香菱没有纠缠，没有沮丧，毫不气馁，忙好分内之事便迫不及待地来找林黛玉，态度真诚，语言恳切，"我这一进来了，也得了空儿，好歹教给我作诗，就是我的造化了！"黛玉要求拜师，香菱立即行动，获得成功。对于作诗，别人或视为雕虫小技，用来附庸风雅，或视为旁枝末节，无需努力习得，只有香菱将其作为人生大事，执着和热爱远超众人，勤奋专注，兴致勃勃，自觉自主地克服困难，创造条件，努力实现预定目标。

2. 勤奋刻苦，全心投入。香菱在得到黛玉指点之后开始废寝忘食地深入阅读，"香菱拿了诗，回至蘅芜苑中，诸事不顾，只向灯下一首一首的读起来。宝钗连催他数次睡觉，他也不睡。宝钗见他这般苦心，只得随他去了。"香菱读罢王维诗集，急不可耐地来找黛玉，"一日，黛玉方梳洗完了，只见香菱笑吟吟的送了书来，又要换杜律。黛玉笑道：'共记得多少首？'香菱笑道：'凡红圈选的我尽读了。'"黛玉刚刚梳洗完毕香菱已经来到，可能的情况就是香菱夜以继日地读书，夜间已经完成但是不便打扰，只好挨到天亮估计黛玉洗漱完毕立即前来，可见香菱的一丝不苟与竭尽全力。拿到杜甫诗集之后，香菱"又苦思一回作两句诗，又舍不得杜诗，又读两首。如此茶饭无心，坐卧不定。"首次尝试作诗失败之后，香菱一门心思全在诗歌上面，如

痴如醉，几乎达到走火入魔的程度。“香菱听了，默默的回来，越性连房也不入，只在池边树下，或坐在山石上出神，或蹲在地下抠土，来往的人都诧异。李纨、宝钗、探春、宝玉等听得此信，都远远的站在山坡上瞧看他。只见他皱一回眉，又自己含笑一回。宝钗笑道：‘这个人定要疯了！昨夜嘟嘟哝哝直闹到五更天才睡下，没一顿饭的工夫天就亮了。我就听见他起来了，忙忙碌碌梳了头就找颦儿去。一回来了，呆了一日，作了一首又不好，这会子自然另作呢。’”思考是学习不可或缺的组成部分，香菱一会儿莫名其妙地发呆，一会儿无缘无故地抠土，又是蹙眉，又是傻笑，完全沉浸在学习的世界无法自拔。二次作诗依然未能达到预期之后，香菱“便自己走至阶前竹下闲步，挖心搜胆，耳不旁听，目不别视。一时探春隔窗笑说道：‘菱姑娘，你闲闲罢。’香菱怔怔答道：‘闲字是十五删的，你错了韵了。’众人听了，不觉大笑起来。宝钗道：‘可真是诗魔了。’”香菱白天沉溺写诗，夜间做梦依然是在写诗，“香菱满心中还是想诗。至晚间对灯出了一回神，至三更以后上床卧下，两眼鳏鳏，直到五更方才朦胧睡去了。一时天亮，宝钗醒了，听了一听，他安稳睡了，心下想：‘他翻腾了一夜，不知可作成了？这会子乏了，且别叫他。’正想着，只听香菱从梦中笑道：‘可是有了，难道这一首还不好？’宝钗听了，又是可叹，又是可笑，连忙唤醒了他，问他：‘得了什么？你这诚心都通了仙了。学不成诗，还弄出病来呢。’”香菱这种一旦认定就全身心投入，百折不挠，勇往直前，不达目的誓不罢休的精神得到大观园姐妹们的赞叹和佩服。

3. 积极实践，摸索改进。香菱一丝不苟地完成阅读计划之后马上投入实践，并能克服畏惧心理请教各位老师积极改进。香菱“又央黛玉探春二人：‘出个题目，让我诌去，诌了来，替我改正。’黛玉道：‘昨夜的月最好，我正要诌一首，竟未诌成，你竟作一首来。十四寒的韵，由你爱用那几个字去。’”香菱“一面说，一面作了一首，先与宝钗看。宝钗看了笑道：‘这个不好，不是这个作法。你别怕臊，只管拿了给他瞧去，看他是怎么说。’香菱听了，便拿了诗找黛玉。”香菱第一次作诗不得要领，在明确知道写的不好的情况下依然再次请教黛玉，希望得到修改意见。然后马不停蹄创作第二首，“只见香菱兴兴头头的又往黛玉那边去了。”得到的回复依然是重写，“香菱自为这首妙绝，听如此说，自己扫了兴，不肯丢开手，便要思索起来。”初学者由于既不了解学科全貌又很难体会隐含的奥秘，因此极易陷入自卑或者自负的泥潭，部分学生走到这步开始妄自菲薄，或者乱走弯路或者直接放弃，但是香菱却是越挫越勇，“不肯丢开手，便要思索起来。”一气呵成的动作，二话不说的勇气，抓紧时间立即重新开始，第三首诗竟为梦中所得的神作，“原来香菱苦志学诗，精血诚聚，日间做不出，忽于梦中得了八句。梳洗已毕，便忙录出来，自己并不知好歹便拿来又找黛玉。”正好众人都在，香菱满怀信心，大方得体地出示作品，丝毫没有因为担心被嘲笑或被否定的畏畏缩缩，“话说香菱见众人正说笑，他便迎上去笑道：‘你们看这一首。若使得，我便还学；若还不好，我就死了这作诗的心了。’”得到姐妹一致称赞，探春还真诚邀请香菱加入诗社，此时香菱因为连续多日竭尽全力，心情紧张，精神焦虑，突然之间得到肯定，看到曙光，瞬间产生强烈的质疑与困惑，“香菱听了心下不信，料着是他们瞒哄自己的话，还只管问黛玉宝钗等。”写出佳作自己却不相信，是香菱虚心的真实反映。

作为老师：黛玉

林黛玉是贾敏与林如海独女，自幼饱读诗书，才华横溢。因为母亲亡故进京投奔外祖母家，开始寄人篱下的生活，形成多疑多虑的性格。平日孤高自傲，目下无尘，多愁善感。作为朋友，林黛玉尖酸刻薄、爱耍小性儿，冷嘲热讽得罪众人，但是作为教师，林黛玉尊重学生，热情大方，有灵性、有耐性、更有悟性，不囿于陈规陋习，不困于主仆差别，循循善诱，高屋建瓴，知无不言，言无不尽，表现极其优秀，堪称楷模。

1. 深入浅出归纳创作规律，打消学生畏难心理。林黛玉学识渊博，将高深复杂的创作原则、写作规律阐述得简单明了，迅速缩短教与学之间的距离。诗歌尤其近体诗对于字数、句数、平仄、对仗、押韵等均有严格要求，不易理解，极难掌握，但是黛玉深入浅出，三言两语就打消了初学者的畏难心理，拨开迷雾，抹去神秘，"什么难事，也值得去学！不过是起、承、转、合，当中承、转是两副对子，平声对仄声，虚的对实的，实的对虚的，若是果有了奇句，连平仄虚实不对都使得的。"用极简的语言将极难的规矩要求和盘托出，强调创作重在神来之笔，对于形式主义有着清醒认识，如果诗句足够优秀，完全可以跳出一切条条框框，突破束缚，形成个人风格。香菱笑道："怪道我常弄一本旧诗偷空儿看一两首，又有对的极工的，又有不对的，又听见说'一三五不论，二四六分明。'看古人的诗上亦有顺的，亦有二四六上错了的，所以天天疑惑。如今听你一说，原来这些格调规矩竟是末事，只要词句新奇为上。"黛玉通俗易懂的话语解决了香菱自学过程之中积蓄已久的困惑迷茫，放下了思想包袱，增强了学习信心。她在肯定香菱的个人理解之后补充说道："正是这个道理，词句究竟还是末事，第一立意要紧。若意趣真了，连词句不用修饰，自是好的，这叫作'不以词害意'。"再次强调创新，立意鲜明，寓意深刻，感情为本，词句是末。林黛玉饱读诗书，水平一流，善于保护学生的好奇心和求知欲，对香菱写作的指导精准到位，一气呵成。

2. 制订循序渐进的阅读计划，重点关注经典作家作品。面对香菱高涨的作诗热情，黛玉把控节奏，制订计划，有序读书，"你只听我说，你若真心要学，我这里有《王摩诘全集》，你且把他的五言律读一百首，细心揣摩透熟了，然后再读一二百首老杜的七言律，次再李青莲的七言绝句读一二百首。肚子里先有了这三个人作了底子，然后再把陶渊明、应玚，谢、阮、庾、鲍等人的一看。"首先确定书目、顺序、数量，王维的五言律诗一百首，杜甫的七言律诗一二百首，李白的七言绝句一二百首，完成之后再读陶渊明、应玚、谢灵运、阮籍、庾信、鲍照等人作品。从类型来看，黛玉的指点极其专业，完全符合南宋著名诗论家严羽《沧浪诗话》中的观点："律诗难于古诗，绝句难于八句，七言律诗难于五言律诗，五言绝句难于七言绝句。"由点及面，由易到难，引导香菱在比较阅读中进一步感受创作技巧。从风格来看，王维诗歌空明宁静，意境优美，体现山水田园的闲适惬意。杜甫诗歌沉郁顿挫，境界阔大，全面反映社会人生。李白诗歌清新飘逸，任性随意，变化多端。依次精读"诗佛""诗圣""诗仙"的经典作品，先理解诗情画意，再明白功力深厚，再体会浑然天成，可以强化独特感悟，提升审美能力。阅读计划已经定好，但是香菱无书可读，黛玉"便命紫鹃将王右丞的五言律拿来，递与香菱，又道：‘你只看有红圈的都是我选的，有一首念一首。’”黛玉体谅香菱的尴尬处境，将经过自己详细选择标注的书籍借与香菱，切实解决香菱的实际困难。而画了红圈的作品更是重中之重，黛玉在给出必读书目之后，再从必读书目中选出必读诗篇，便于学生走出选择困境，迅速进入阅读状态。

3. 培养纯正的文学意识，提高学生的诗歌鉴赏能力。香菱处于起步阶段，基础薄弱，易走弯路，当香菱说出喜好陆游《书室明暖，终日婆娑其间，倦则扶杖至小园，戏作长句》之后，黛玉立即表示读书不能为表象所迷，要树立正确的榜样，“断不可看这样的诗。你们因不知诗，所以见了这浅近的就爱，一入了这个格局，再学不出来的。”指出语言直白、意境浅豁的诗歌不必学习，立意高远，守正出奇，感情充沛才是重点，盛唐诗歌当仁不让成为最佳典范，正如严羽所言：“夫学诗者，以识为主。入门须正，立志须高，以汉魏晋盛唐为诗，不作开元、天宝以下人物。若自退屈，即有下劣诗魔入其肺腑之间，由立志之不高也。行有未至，可加工力。路头一差，愈骛愈远，由入门之不正也。”在黛玉的精心指导下，香菱作诗三首，逐步体会作诗诀窍。香菱的第一首作品稚嫩笨拙，堆砌辞藻，只有客观事物，没有真情实感，黛玉及时点拨，笑道：“意思却有，只是措词不雅。皆因你看的诗少，被他缚住了。把这首丢开，再作一首，只管放开胆子去作。”黛玉肯定香菱诗歌中心明确，表达清晰，但是未能做到含蓄蕴藉，缺乏新意，拼凑痕迹明显，并且指出根本原因是读书太少，积累不够，鼓励学生抛开成见，大胆创新。香菱的第二首诗歌情景交融，通过月色清冷、暗香浮动烘托孤寂心境，但是偏题严重，文字华美，过于注重技巧，有牵强附会之嫌。黛玉说道：“自然算难为他了，只是还不好。这一首过于穿凿了，还得另作。”及时肯定进步，增加创新的信心和勇气，同时指出香菱所作形式主义倾向明显，依然未能抓住核心。香菱的第三首诗歌是梦中所得，意象紧凑，典故恰当，感情充沛，尤其“一片砧敲千里白，半轮鸡唱五更残”化用李白“长安一片月，万户捣衣声”了无痕迹，将思念之情衬托得更加浓烈，受到众人的肯定与赞赏。黛玉的多次指导为香菱提供表现机会和展示空间，几经周折香菱终于体验到成功的喜悦。三首诗歌完整展现黛玉悉心指导与香菱逐渐领悟的良性师生互动过程，香菱的写作能力与审美能力大幅提升。

4. 以学生为中心，开展启发式教学，讨论贯穿始终。教师可以根据教学进度和学生的掌握程度及时抛出问题，鼓励学生说出个人想法，肯定优点，指出不足，在坚定学习信心的基础上不断巩固教学效果。林黛玉作为数一数二的才女，对于身份低微的香菱没有丝毫鄙视，始终充满爱心，彼此尊重，平等对话，和谐交流，当香菱提出学诗请求时，黛玉立即鼓励道：“你又是一个极聪敏伶俐的人，不用一年的工夫，不愁不是诗翁了！”首先肯定香菱的资质能力，然后预判学习时间，从难度、长度两方面打消顾虑。黛玉了解学生，以香菱为中心，鼓励提问，发现问题所在，建议随时随地请教，“不明白的问你姑娘，或者遇见我，我讲与你就是了。”香菱作为婢女需要处理各类琐事，时间既不自由也不充裕，但是香菱与宝钗一起生活，因此黛玉直接建议香菱有空可以请教宝钗，如果时间允许可以问自己，黛玉考虑可谓周到，时刻站在香菱的立场为香菱打算。香菱读罢王维诗集之后，黛玉问道：“可领略了些滋味没有？”当香菱小心翼翼的说出想法之后，黛玉笑道：“正要讲究讨论，方能长进。你且说来我听。”师生讨论才是学生找准努力方向的基石。“这话有了些意思，但不知你从何处见得?”在黛玉的启发式教学下，香菱的回答逐步深入，甚至能够结合个人经历说出诗歌绝妙之处，当香菱沉醉在王维的名句中无法自拔的时候，黛玉及时指出王维诗句乃是化用陶渊明诗歌，巧妙串联理论知识的同时揭示创作诗歌需要推陈出新，脱胎换骨，善于利用前人成果，点铁成金为己所用，会有意想不到的收获。香菱随后化用李白诗句的动机当源于此。当香菱提出想要作诗的时候，黛玉道：“昨夜的月最好，我正要诌一首，竟未诌成，你竟作一首来。十四寒的韵，由你爱用那几个字去。”黛玉平素风花雪月，一副不食人间烟火的仙子形象，但是做教师却迅速转换角色，从未脱离实际，更不故弄玄虚，凡事均从日常生活入手，选择月亮作为吟咏对象，要求香菱自己揣摩，自己思考，培养学生仔细观察、用心体会的基本素质。林黛玉有智慧，有才情，又有名师气概，点明要诀，深度思考，读诗、论诗、写诗、讲诗、评诗，着眼于学生的可持续发展，使得学生对学习充满信心，触类旁通，厚积薄发，对教师充满信任，云淡风轻之中展示教学的精深奥妙。

香菱学诗的外部机缘

“大观园中宽松自由的氛围”＋“诗情画意的生活”＋“才华横溢的朋友”共同发挥环境育人的积极作用。香菱作为薛家婢女，亲眼目睹宝钗的才情与智慧，耳濡目染对于诗歌的兴趣早已萌发，再加香菱本来冰雪聪明，只因地位低下忙于日常服侍，不敢诉说也不能诉说，一旦进入大观园摆脱羁绊以后，立即要求学习写诗。此前在探春的主持下已经成立“海棠诗社”，诗社成员包括贾宝玉、林黛玉、薛宝钗、史湘云、迎春、探春、惜春、李纨等人，几乎集结整个大观园中所有写诗高手，并且已在秋爽斋成功举办活动，写诗、赛诗、评诗、论诗的氛围已经形成。香菱的加入受到大家欢迎，当她陷入困惑的时候，宝玉三番四次鼓励，“你就作起来，必是好的。”探春更是说：“明儿我补一个柬来，请你入社。”香菱摒弃一切凡尘俗物的纠缠倾尽全力作诗之后，宝玉赞叹道：“这正是‘地灵人杰’，老天生人再不虚赋情性的。我们成日叹说可惜他这么个人竟俗了，谁知到底有今日，可见天地至公。”香菱学会作诗之后，大家诚心邀请她加入大观园多姿多彩的活动中，为香菱巩固学习成果，展示个人才华提供舞台。

宝玉便说：“雅坐无趣，须要行令才好。”众人有的说行这个令好，那个又说行那个令好。黛玉道：“依我说，拿了笔砚将各色全都写了，拈成阄儿，咱们抓出那个来，就是那个。”众人都道妙。即拿了一副笔砚花笺。香菱近日学了诗，又天天学写字，见了笔砚便图不得，连忙起座说：“我写。”大家想了一回，共得十来个，念着，香菱一一的写了。搓成阄儿，掷在一个瓶中间。（第六十二回）

香菱遇到锻炼机会，当仁不让立即参与，勇气可嘉，实力强劲。香菱成为婢女之中唯一会认字、会写诗的人，水平甚至超越自幼教育条件良好却无意用功的迎春、惜春。

底下宝玉可巧和宝钗对了点子。宝钗覆了一个“宝”字，宝玉想了一想，便知是宝钗作戏指自己所佩通灵宝玉而言，便笑道：“姐姐拿我作雅谑，我却射着了。说出来姐姐别恼，就是姐姐的讳‘钗’字就是了。”众人道：“怎么解?”宝玉道：“他说‘宝’，底下自然是‘玉’了。我射‘钗’字，旧诗曾有‘敲断玉钗红烛冷’，岂不射着了。”湘云说道：“这用时事却使不得，两个人都该罚。”香菱忙道：“不止时事，这也有出处。”湘云道：“‘宝玉’二字并无出处，不过是春联上或有之，诗书纪载并无，算不得。”香菱道：“前日我读岑嘉州五言律，现有一句说：‘此乡多宝玉’，怎么你倒忘了？后来又读李义山七言绝句，又有一句，‘宝钗无日不生尘’，我还笑说他两个名字都原来在唐诗上呢。’”众人笑说：“这可问住了，快罚一杯。”湘云无语，只得饮了。（第六十二回）

史湘云作为大观园中一流诗人，实力与林黛玉不相上下，而初学者香菱引经据典居然能将才华横溢的史湘云说得心悦诚服，进步之大令人惊异。而且在行酒令中香菱对岑参和李商隐的诗句信手拈来，而此二人并不在林黛玉指定的阅读书目之中，可以推测香菱的学习脚步并未因为取得一定进步就立即停歇，而是继续努力，可见香菱对诗歌的热爱程度。香菱如痴如醉，全情投入诗歌，其后在与史湘云谈论诗歌之时又提及韦应物、温庭筠等人，涉猎广泛，见解独到，几乎囊括有唐一代所有优秀的诗人，完全沉浸在艺术王国，与美好的自己重新相逢。

如今香菱正满心满意只想作诗，又不敢十分罗唣宝钗，可巧来了个史湘云。那史湘云又是极爱说话的，那里禁得起香菱又请教他谈诗，越发高了兴，没昼没夜高谈阔论起来。宝钗因笑道：“我实在聒噪的受不得了。一个女孩儿家，只管拿着诗作正经事讲起来，叫有学问的人听了，反笑话说不守本分的。一个香菱没闹清，偏又添了你这么个话口袋子，满嘴里说的是什么：怎么是杜工部之沉郁，韦苏州之淡雅，又怎么是温八叉之绮靡，李义山之隐僻。放着两个现成的诗家不知道，提那些死人做什么！”湘云听了，忙笑问道：“是那两个？好姐姐，你告诉我。”宝钗笑道：“呆香菱之心苦，疯湘云之话多。”湘云香菱听了，都笑起来。（第四十九回）

学习到底苦不苦？

在薛宝钗看来，很苦而且没有必要。

薛宝钗作为大家闺秀，温厚贤淑，冷静克制，世故练达，处处以礼教道德规范现实生活，对于女子的才华横溢并不认同，曾经训诫林黛玉：“咱们女孩儿家不认字的倒好，就连作诗写字等事，原不是你我分内之事，你我只该做些针黹纺织的事才是。”因此宝钗反对香菱学诗，侍妾忙于杂务，学习纯属多余，“何苦自寻烦恼，都是颦儿引的你，我和他算帐去。你本来呆头呆脑的，再添上这个，越发弄成个呆子了。”宝钗指出机灵的丫鬟忙于满足物质生活，只有呆萌的香菱却在追求精神生活，并且屡次调侃香菱的勤勉奋斗，“这个人定要疯了”，“可真是诗魔了。都是颦儿引的他”，“你这诚心都通了仙了。学不成诗，还弄出病来呢”……在薛宝钗看来，香菱学诗就是不务正业，自讨苦吃，无法改变处境，无法实现价值，宝钗代表主流观点，这也是为何贾、史、王、薛四大家族经济实力雄厚，教育条件优越，但是依然出现王熙凤、贾迎春这样不通文墨的贵族女子。

在香菱看来，很好而且非常快乐。

香菱的人生因为被辗转拐卖而一塌糊涂，入住大观园追随林黛玉学诗是香菱一生之中最快乐、最充实、最闪光的岁月。在处处都弥漫着安逸享乐气息、时时都暗涌着机关算尽权谋的贾府，突然出现一位憨厚纯真、志趣高尚，抛却功名利禄，越过物欲横流，执着追求诗歌和远方的姑娘，不得不说这是曹雪芹的神来之笔。香菱的青春在学诗的过程中闪现耀眼光芒，不论命运如何，依然向往美好，通过学诗战胜苟且的现实，照亮凄惨的命运。香菱聪慧天真，率性而为，学诗期间却表现得单纯幼稚，呆头呆脑，这是因为香菱生命中美好的潜质被激发，压抑多年终于得到释放的机会，焕发出诗性的灵光和智慧，最终达到物我两忘的最高境界。正如脂砚斋的评价："细想香菱之为人也，根基不让迎、探，容貌不让凤、秦，端雅不让纨、钗，风流不让湘、黛，贤惠不让袭、平，所惜者青年罹祸，命运乖蹇，足为侧室。且虽曾读书，不能与林、湘辈并驰于海棠之社耳。"香菱作为大观园中唯一一位识字写诗的婢女，身上流淌着书香门第的血液，刻苦学诗是对幼年时光的弥补，更是隐藏在灵魂深处的高贵。香菱学诗不是闲情逸致，也不是附庸风雅，是执着顽固的自我回归。

写作与沟通是项终身技能，学习、工作、交际、消遣均可利用，写作与沟通更是实践过程，不能仅靠天赋，也不能全靠突击，短期之内经过培训获得秘方、找到窍门突飞猛进的情况并不存在。写作与沟通的学习效果具有明显的稳定性与滞后性，没有捷径，不能速成，需要依赖长久的训练和领悟，勤写、多练才是提高水平的最佳途径。

写作与沟通能力是多种素质的综合运用，与现实世界、精神世界密切相关，熟练掌握写作沟通技巧无论是表达自己的思想还是归纳别人的观点都能恰到好处，人人都可以愉快沟通，畅快写作。写作可以建立自信，治愈自我，获得更多的个人空间，可以自由、快乐、优雅地生活。沟通可以增进了解，维持友谊，达成共识，最终双赢。聪明的人懂得说，高明的人懂得听，智慧的人懂得读，博学的人懂得写，让我们以充实、旺盛、快乐、平静的精神风貌学会求知，学会做事，学会共处，学会生存。

下编

主题与范例

写作与沟通能力的强弱，与人文素养的高低息息相关，大学生写作与沟通不仅传递读、说、听、写四项基本技能的理念和方法，而且注重人文素养的培养和训练。知识的广度决定着思想的深度和视野的高度，通过不同主题与范例的学习，学生会在每一次课堂中体会跨学科的思维碰撞，点燃跨领域的知识火花，进而提升人文视野，增强思辨能力，潜移默化地锤炼写作思维和沟通技巧。

为了兼备广度、深度与趣味，大学生写作与沟通精心设计了古代生活、青铜器、茶与茶文化、世界遗产在杭州、司马迁与《史记》、中国传统建筑、《诗经》动植物书写、西南联大等八个主题。让学生在知识的海洋里涉猎未知的领域，探寻广阔的世界。

古代生活主题聚焦唐代百姓的衣食住行，通过一次时空之旅，一朝梦回盛世大唐；青铜器主题系统介绍青铜器的特色、历史、种类等，通过一方青铜，探索中国悠远文明；茶与茶文化主题以茶为媒，通过神奇的东方树叶，品味非遗的文化魅力；杭州蕴蓄了中国人无数的诗情画意，世界遗产在杭州主题立足城市人文，感受杭城风雅；读史使人明智，司马迁与《史记》主题立足历史，鉴古通今；诗意栖居，从建筑开始，中国传统建筑主题以匠心独运的建筑艺术，解码独树一帜的东方营建美学；《诗经》动植物书写主题关注名物，多识于鸟兽草木之名；西南联大主题再现教育奇迹，揭开中国高等教育史上悲壮而璀璨的篇章。

八个主题，穿越传统与现代，贯通过去与未来，人文之旅，从这里开始。

第五章 古代生活

中华大地，疆域辽阔，山川秀美，蜿蜒曲折的黄河，奔流不息的长江，阡陌纵横的田野，连绵起伏的山峦……中华文明，源远流长，博大精深，气势磅礴的万里长城，雄伟壮丽的宫殿园林，群星闪耀的诸子百家，精彩绝伦的四大名著……先民在广袤的土地上居住、劳动、收获、繁衍，先贤在浩渺的时空中阅读、思考、写作、传承，共同缔造上下五千年的灿烂辉煌。

中国古代社会从先秦到明清，时间跨度大，涉及内容多，全面介绍极易顾此失彼，因此“古代生活”主题聚焦唐朝，立足浙江，介绍唐人的衣、食、住、行以及融合旅游、创作、宗教、文化为一体的浙东唐诗之路，借此酌古准今，了解普通百姓的平凡人生。对于古代的历史发展、政治事件、文学潮流，现在的我们了然于胸，对于古人的服饰妆容、饮食起居、娱乐行踪，现在的我们模糊不清，让我们共同走进“古代生活”主题，穿越时空，梦回大唐！

一、衣

（一）男装

1. 幞头。包裹头部的软巾，多用罗纱制成，细薄轻明。从帝王将相到平民百姓日常生活都裹幞头。沈括在《梦溪笔谈》中对于幞头的裹法有详细记载：“幞头，一谓之‘四脚’，乃四带也。二带系脑后垂之；二带反系头上，令曲折附顶，故亦谓之‘折上巾’。”幞头脚是指系在脑后两根带子的剩余部分，有软硬和长短之分，就软硬而言，初唐多为软脚，晚唐多为硬脚，就长短而言，尊贵脚长，士庶脚短。

2. 袍衫。袍，秋冬穿着；衫，春夏穿着。袍衫均为圆领窄袖，衣长过膝。

3. 靴鞋。多穿乌皮六合靴，六合靴是用七块皮子拼接而成，共有六条缝隙，因此称为六合靴。靴靿上面有带可系，靴口较宽，能够藏入书信、刀具等。

隋朝开始，官员服装的颜色与品级挂钩，高宗时期成为定制，三品以上服紫，五品以上服绯，七品以上服绿，九品以上服青。由此，标志中国官服区别官员等级的标准由汉代的冠带转化为袍带。庶民可穿黄色、白色。

（二）女装

1. 裙。较长，将裙腰系于胸上，更显修长。颜色以红、黄、绿为多。初唐有褶，称为间色裙，间色裙是指两种或者数种颜色间隔排列的裙子，条纹早期较宽，晚期变窄。初唐女装衣裙窄小，盛唐渐以丰硕为美，宽大式样开始流行。

2. 衫。衫、襦均为上衣，较短，衫轻薄，襦厚实。有大袖和窄袖两种款式。颜色大致有红、黄、绿、绯、白、青等，红衫最为常见。

3. 帔。搭在肩背上的长围巾，又称帔帛、帔子、披帛、领巾。帔的材质有绫、罗、丝、帛等，颜色以红、黄、绿为主。不同颜色的衫、裙、帔搭配，构成唐代妇女多种多样、鲜艳绚丽的服装风格。

4. 鞋。种类包括履、鞋、靴、屐等。履更常见，有高头、平头、小头之分。以制作材料为准可分为草履、锦履、帛履等。总体说来，前期穿靴、履较多，后期穿鞋较多，穿屐之人始终较少。线鞋和蒲履因为轻便颇受欢迎。另，穿男装、着胡服是唐代妇女的一种习俗，因唐代女子可以骑马，穿男裤便于纵马驰骋。

（三）妆饰

唐代妇女的发髻形式复杂多样，有高髻、椎髻、丸髻、交心髻、鸾凤髻、半翻髻、反绾髻、乐游髻、双环望仙髻、回鹘髻、归顺髻、惊鹄髻、堕马髻、倭堕髻等。

唐代女子化妆包括敷铅粉、抹胭脂、画黛眉、贴花钿、点面靥、描斜红、涂唇脂等。从上到下依次是：额黄，额头涂抹黄色染料。画眉，有细眉和阔眉两种（画眉用的颜料主要为黑色，翠眉亦曾流行，有蝴蝶眉、鸳鸯眉、柳叶眉、拂云眉、三峰眉、五岳眉、八字眉等）。花钿，又名花子、媚子（将各种花样贴于眉心，样式有圆形、菱形、月形、牛角形等，颜色以红、黄、绿为主，红色最多，绿色也叫翠钿）。面靥，又称笑靥、粉靥，用丹或墨点于双颊酒窝处（分为点饰、贴饰两种。点饰，用胭脂点染；贴饰，用金箔、翠羽等材质制成图形粘贴）。斜红，位于两鬓之间，一般绘于太阳穴部位，形如弦月，色泽鲜红。

总体看来，初唐女装比较褊狭，常着胡服、胡帽。盛唐时期衣裙渐趋肥大，出现颇具特色的蝉鬓和倭堕髻。中唐短阔的晕眉较为流行，胡服渐不多见。晚唐服饰愈加褒博，首饰也愈加繁缛。

课堂讨论

请结合唐朝的风俗习惯以及服饰妆容谈谈《虢国夫人游春图》中谁是虢国夫人。

《虢国夫人游春图》
（引自辽宁省博物馆官网）

《虢国夫人游春图》全面展现虢国夫人及其眷从盛装春游的场景，堪称卷轴仕女画中的精品。作者张萱，是开元、天宝年间著名的宫廷画师，善于描摹贵族生活，尤其擅长刻画妇女儿童，代表作品为《虢国夫人游春图》与《捣练图》。

虢国夫人为唐玄宗李隆基宠妃杨玉环的三姐，据《旧唐书》记载杨贵妃“有姊三人，皆有才貌，玄宗并封国夫人之号：长曰大姨，封韩国；三姨，封虢国；八姨，封秦国。并承恩泽，出入宫掖，势倾天下。”其中虢国夫人尤为奢侈。游春是唐代社会风俗，以每年上巳节即三月初三为盛，杜甫创作《丽人行》表现杨氏兄妹的骄横荒淫，请结合诗歌内容品鉴《虢国夫人游春图》。

丽　人　行

〔唐〕杜甫

三月三日天气新，长安水边多丽人。
态浓意远淑且真，肌理细腻骨肉匀。
绣罗衣裳照暮春，蹙金孔雀银麒麟。
头上何所有？翠微㔩叶垂鬓唇。
背后何所见？珠压腰衱稳称身。
就中云幕椒房亲，赐名大国虢与秦。
紫驼之峰出翠釜，水精之盘行素鳞。
犀箸厌饫久未下，鸾刀缕切空纷纶。
黄门飞鞚不动尘，御厨络绎送八珍。
箫鼓哀吟感鬼神，宾从杂遝实要津。
后来鞍马何逡巡？当轩下马入锦茵。
杨花雪落覆白蘋，青鸟飞去衔红巾。
炙手可热势绝伦，慎莫近前丞相嗔！

诗歌《丽人行》突出刻画虢国夫人的娇艳奢靡，批判荒淫腐朽的外戚与昏庸好色的君王。而画作《虢国夫人游春图》描摹正在行进的出游队伍，共计八马九人，服饰精美，轻薄明丽，体态婀娜，妩媚典雅，马匹健壮，步伐轻快。全画疏密有度，圆润秀劲，以少胜多，格调高雅。《虢国夫人游春图》意境清新，春意满卷。画中人物面部表情恬静淡然，洋溢着雍容自信、乐观慵懒的盛唐风貌。至于谁是虢国夫人，目前主要有三种说法：第一，首骑着男装者为虢国夫人；第二，中间并骑而行的两位是虢国夫人与韩国夫人，二人之中位于近处并看向前方的是虢国夫人；第三，最后三骑中间抱女孩者是虢国夫人。如何判断谁是虢国夫人？第一是主次位置，第二是人物服色，第三是马的装饰。

《虢国夫人游春图》中共有八位成人，其中三位女装，五位男装，此外尚有一位年龄幼小的女孩。首骑女扮男装，干练潇洒，上裹幞头，身穿圆领袍衫，绿袍遮腿，腰间系带，脚蹬乌皮六合靴，所骑马匹肥硕壮大，悬挂大红踢胸，鞍鞯花纹精美，障泥巨大，图案高贵，马鬃剪成三簇，即“三花马”。据《图画见闻志》记载：“唐开元天宝之间，承平日久，世尚轻肥，三花饰马。旧有家藏韩干画《贵戚阅马图》中有三花马；兼会见苏大参家有韩干画三花御马；晏元献家张萱画《虢国出行图》中亦有三花马。三花者剪鬣为三瓣。”可见三花是唐人对马鬣的一种修剪手法，三花马为名贵好马，是贵游标志。第二、第六骑，红衣素裳，头梳双髻，当为丫鬟。第三、第八骑，女扮男装，黑色幞头，白袍露膝，当著白色缺胯衫，应为侍从。第四、第五骑为并行艳装妇女，梳堕马髻，着襦裙、帔帛，马悬大红踢胸，身份较高，第四人转首向第五人，似在交谈，表情安详，动作娴雅，神态自若地享受明媚春光。第七骑共有两人，成年女子怀抱幼女，骑三花马，悬大红踢胸，当是贵族。张安治在《虢国夫人游春图》一文中指出：“古代画家对画面人物主次地位的安排是很认真的；从这一游春的行列看，最重要的角色应当是最后三骑当中的一位。最前单行的三骑是前驱，稍后并骑的两位服装明艳，使人的注意力被吸引得渐渐集中，最后显示主体。主角两旁的侍从一人红衫，一人白袍，和前二人一起，正像众星捧月一样，反衬出主角雍容、沉着的气派。从并骑的二女中有一人回头向她看，白袍的侍从也正注视着她，都引导观者的视线集中到她的身上，说明她是主角。并骑的两位服饰虽然漂亮，派头却差不多（发髻也和主角不同）；她们二人之间也很难分出风度的高下，要指定其中的某一人为虢国夫人是很勉强的。如果说她们是较高级的女侍、孩子的乳母或虢国夫人的女友，应当更合适些。而主角不仅服装色彩与众不同，面部肤色也较深（画面其他人物面部均用粉较多），正符合‘却嫌脂粉污颜色，淡扫蛾眉朝至尊’的说法。也符合《太真外传》杨氏姐妹都很肥硕的记载。”

到底谁是虢国夫人？学界至今众说纷纭，尚无定论，请各位同学利用所学知识结合专家意见，提出自己的看法。

二、食

唐朝商业发达，交通便利，各族各地特产食材均能汇聚中心都市，雄厚的物质基础再加善于探索、勇于尝试的强烈愿望，唐人的烹饪饮食水平获得飞速发展。

（一）主食

以面食为主，饼最常见，种类繁多，包括胡饼、汤饼、薄饼、煎饼、蒸饼等，以及不以饼称的饼类食品，如馒头、包子、饆饠等。胡饼以烤制为主，易于储存，个大耐饥，有胡饼、油胡饼、肉胡饼、胡麻饼等，深受劳动人民喜爱。饆饠是由西域传入带馅的面点，有肉馅或水果馅，比较著名的是樱桃饆饠。汤饼就是面条，夏天食用的叫冷淘，即凉面。饭主要有粟米饭（黄米饭）、稻米饭（糯米饭）、麦饭（荞麦饭、大麦饭）等，南方多吃稻米饭，北方多吃粟米饭。

（二）副食

肉食："江南诸州，乃以鱼为命；河西诸国，以肉为斋。"北方饮食以羊肉为主，地位高于鸡肉、猪肉，出于保护耕牛的目的部分士人抵制牛肉。南方饮食以鱼类水产为主。

唐代美食包罗万象，涌现"烧尾宴""樱桃宴""杏园探花宴"等诸多高级宴会。著名宴会陈列何种美食？现以"烧尾宴"为例略作介绍，"烧尾"寓意"神龙烧尾，直上青云。"中宗时期出身名门望族，生活铺张扬厉的臣子韦巨源因升职于家中设"烧尾"宴款待宾朋，席上山珍海味、飞禽家畜、主食、酱菜、糕点、羹汤一应俱全，极尽奢华。目前所见菜谱已非全貌，仅录奇异菜品，共计 58 种，食谱如下：

单笼金乳酥、曼陀样夹饼、巨胜奴、婆罗门轻高面、贵妃红、七返膏、金铃炙、御黄王母饭、通花软牛肠、光明虾炙、生进二十四气馄饨、生进鸭花汤饼、同心生结脯、见风消、金银夹花平截、火焰盏口䭔、冷蟾儿羹、唐安餤、水晶龙凤糕、双拌方破饼、玉露团、汉宫棋、长生粥、天花饆饠、赐绯含香粽子、甜雪、八方寒食饼、素蒸音声部、白龙臛、金粟平䭔、凤凰胎、羊皮花丝、逡巡酱、乳酿鱼、丁子香淋脍、葱醋鸡、吴兴连带鲊、西江料、红羊枝杖、升平炙、八仙盘、雪婴儿、仙人脔、小天酥、分装蒸腊熊、卯羹、青凉臛碎、箸头春、暖寒花酿驴蒸、水炼犊、五生盘、格食、过门香、缠花云梦肉、红罗饤、遍地锦装鳖、蕃体间缕宝相肝、汤浴绣丸。

烧尾宴工艺复杂，制作精美，凸显丰富的食材资源与高超的烹饪技术。其中"生进二十四气馄饨"是指形状、馅料各异，共计 24 种口味的馄饨，"素蒸音声部"是指用面团塑造 70 个栩栩如生的乐工歌女，以供食客观赏。肉类涉及猪、牛、羊、兔、鸡、鸭、鹅、鹌鹑、鱼、鳖、虾、蟹、鳖、蛤蜊等，烹饪方法主要有蒸、炸、烤、煮、腌制加工、凉拌生食等，囊括胡汉食俗、南北菜系，全面吸收古代烹饪精华，代表唐代餐饮发展的最高水平。

（三）酒

唐人饮酒习俗非常普遍，从繁华的城镇到偏远的乡村，大小酒肆星罗棋布，普通百姓觥筹交错，热闹非凡，文人士子聚会宴饮，名品众多，据《唐国史补》记载："酒则有郢州之富水，乌程之若下，荥阳之土窟春，富平之石冻春，剑南之烧春，河东之乾和蒲萄，岭南之灵溪、博罗，宜城之九酝，浔阳之湓水，京城之西市腔，虾蟆陵郎官清、阿婆清。又有三勒浆类酒，法出波斯。三勒者谓菴摩勒、毗梨勒、诃梨勒。"种类繁多，涵盖中外。

唐人饮酒多行酒令，以一人为录事执行酒令，称酒纠，又称"席纠"，是具体活动的组织者，亦是筵席中的核心人物，依令行事，否则受罚，执行酒令的人主要用于增添宴饮乐趣，活跃聚会气氛，提高文化品位，充实娱乐生活，沟通宾主之间的融洽关系。

1982 年出土于江苏丹徒的《论语玉烛》为研究唐代饮酒风俗和娱乐生活提供珍贵

资料。《论语》是儒家经典，记录孔子及其弟子言行，“玉烛”是酒令筹筒，内有鎏金酒令银筹五十枚，正面刻有令辞，令辞上段是《论语》文句，下段是饮酒对象、方法和饮酒量。“论语玉烛”寓教于乐，妙趣横生，是唐人行令成风的标志，可谓“一部《论语》，万人酒酣”。

“论语玉烛”五十枚酒筹令辞如下：

(1) 有朋自远方来，不亦乐乎。上客五分。

(2) 巧言令色，鲜矣仁。自饮五分。

(3) 泛爱众，而亲仁。劝意到。

(4) 与朋友交，言而有信。请人伴十分。

(5) 君子不重则不威。劝官高处十分。

(6) 恭近于礼乐，远耻辱也。放。

(7) 敏于事而慎于言。放。

(8) 贫而无谄，富而无骄。任劝两人。

(9) 为政以德，譬如北辰。官上高处十分。

(10) 管仲之器小哉。放。

(11) 择不处仁，焉得知。上下各五分。

(12) 放于利而行多怨。频得劝人酒处十分。

(13) 未曾以礼让为国乎。好争令处五分。

(14) 君子欲讷于言，而敏于行。恭默处七分。

(15) 朋友数，斯疏矣。劝主人五分。

(16) 道不行，乘桴浮于海。自饮十分。

(17) 闻一知十。劝玉烛录事五分。

(18) 敏而好学，不耻下问。律事五分。

(19) 十室之邑，必有忠信。请许两人伴。

(20) 乘肥马，衣轻裘。衣服鲜好处十分。

(21) 与尔邻里乡党乎。上下各七分。

(22) 斯人也而有斯疾也。劝大户十分。

(23) 一箪食，一瓢饮。自酌五分。

(24) 子在齐闻韶，三月不知肉味。上主人五分。

(25) 择其善者而从之。大器四十分。

(26) 苟有过，人必知之。新放盏处五分。

(27) 不在其位，不谋其政。录事五分。

(28) 学如不及，犹恐失之。自饮七分。

(29) 子罕言利与命与仁。放。

(30) 吾少也贱，故多能鄙事。录事十分。

(31) 瞻之在前，忽焉在后。来迟处五分。

(32) 君子居之，何陋之有。自饮七分。

(33) 后生可畏。少年处五分。

(34) 匹夫不可夺志也。自饮十分。

(35) 食不厌精。劝主人五分。
(36) 唯酒无量不及乱。大户十分。
(37) 夫人不言，言必有中。任劝意到。
(38) 克己复礼，天下归仁焉。在座劝十分。
(39) 出门如见大宾。劝主人五分。
(40) 己所不欲，勿施于人。放。
(41) 死生有命，富贵在天。自饮十分。
(42) 四海之内，皆兄弟也。任劝十分。
(43) 驷不及舌。多语处十分。
(44) 刑罚不中则民无所措手足。觥录事五分。
(45) 乐然后笑，人不厌其笑。劝意到。
(46) 军旅之事，未之学也。放。
(47) 陈力就列，不能者止。放。
(48) 割鸡焉用牛刀。劝律录事七分。
(49) 天何言哉，四时行焉。在座各劝十分。
(50) 恶居下流而讪上者。末座两人十分。

《论语玉烛》酒令之中的饮酒量分为五分（半杯）、七分（大半杯）、十分（一杯）、四十分（四杯）、随意饮五种。饮酒方法有饮、劝、处、放四种。饮酒内容涉及的“伴”是陪饮，“放”是免饮。“上下”指擎筹者的上家和下家。“大户”指酒量大者，“大器”指饮器大者，“录事”“律录事”“觥录事”“玉烛录事”指在执行酒令中的服务人员。唐人饮酒充满诗意，贺知章、李白、杜甫、白居易、韩愈等著名诗人都喜饮酒，留下趣闻轶事的同时亦留下佳作名篇。唐诗之中涉及酒令的诗歌极多，如李商隐《无题》：“昨夜星辰昨夜风，画楼西畔桂堂东。身无彩凤双飞翼，心有灵犀一点通。隔座送钩春酒暖，分曹射覆蜡灯红。嗟余听鼓应官去，走马兰台类转蓬。”温庭筠《新添声杨柳枝词二首·其二》：“井底点灯深烛伊，共郎长行莫围棋。玲珑骰子安红豆，入骨相思知不知。”

酒令文化博大精深，组织者、参与者均需具备较好的功底与修养，例如熟知“四书五经”、天文地理，掌握诗词歌赋、民俗俚语等，在如智力竞赛般的酒令游戏中，博古通今、才思敏捷、口齿伶俐者更易胜出。酒令使得唐代筵席秩序井然、欢乐无穷，始终洋溢着浓郁的优雅气息，对后世影响深远，作为古典小说巅峰之作的《红楼梦》对于酒令文化就有完美的展现。

名家名篇

寿怡红群芳开夜宴　死金丹独艳理亲丧

黛玉却离桌远远的靠着靠背，因笑向宝钗、李纨、探春等道：“你们日日说人夜聚饮博，今日我们自己也如此，以后怎么说人。”李纨笑道：“这有何妨。一年之中不过生日节间如此，并无夜夜如此，这倒也不怕。”

说着，晴雯拿了一个竹雕的签筒来，里面装着象牙花名签子，摇了一摇，放在当中。又取过骰子来，盛在盒内，摇了一摇，揭开一看，里面是五点，数至宝钗。宝钗便笑道："我先抓，不知抓出个什么来。"说着，将筒摇了一摇，伸手掣出一根。大家一看，只见签上画着一支牡丹，题着"艳冠群芳"四字，下面又有镌的小字一句唐诗，道是：

任是无情也动人。

又注着："在席共贺一杯，此为群芳之冠，随意命人，不拘诗词雅谑，道一则以侑酒。"众人看了，都笑说："巧得很，你也原配牡丹花。"说着，大家共贺了一杯。宝钗吃过，便笑说："芳官唱一支我们听罢。"芳官道："既这样，大家吃门杯好听的。"于是大家吃酒。芳官便唱：

寿筵开处风光好。

众人都道："快打回去。这会子很不用你来上寿，拣你极好的唱来。"芳官只得细细的唱了一支《赏花时》：

翠凤毛翎扎帚叉，闲踏天门扫落花。您看那风起玉尘沙。猛可的那一层云下，抵多少门外即天涯。您再休要剑斩黄龙一线儿差，再休向东老贫穷卖酒家。您与俺高眼向云霞。洞宾呵，您得了人可便早些儿回话；若迟呵，错教人留恨碧桃花。

才罢。宝玉却只管拿着那签，口内颠来倒去念"任是无情也动人"，听了这曲子，眼看着芳官不语。湘云忙一手夺了，掷与宝钗。宝钗又掷了一个十六点，数到探春。

探春笑道："我还不知得个什么呢。"伸手掣了一根出来，自已一瞧，便掷在地上，红了脸，笑道："这东西不好，不该行这令。这原是外头男人们行的令，许多混话在上头。"众人不解，袭人等忙拾了起来。众人看上面一枝杏花，那红字写着"瑶池仙品"四字，诗云：

日边红杏倚云栽。

注云："得此签者，必得贵婿，大家恭贺一杯，共同饮一杯。"众人笑道："我说是什么呢。这签原是闺阁中取戏的，除了这两三根有这话的，并无杂话，这有何妨。我们家已有了个王妃，难道你也是王妃不成。大喜，大喜。"说着，大家来敬。探春那里肯饮，却被史湘云、香菱、李纨等三四个人强死强活灌了下去。探春只命蠲了这个，再行别的，众人断不肯依。湘云拿着他的手强掷了个十九点出来，便该李氏掣。

李氏摇了一摇，掣出一根来一看，笑道："好极。你们瞧瞧，这劳什子竟有些意思。"众人瞧那签上，画着一枝老梅，是写着"霜晓寒姿"四字，那一面旧诗是：

竹篱茅舍自甘心。

注云："自饮一杯，下家掷骰。"李纨笑道："真有趣，你们掷去罢。我只自吃一杯，不问你们的废与兴。"说着，便吃酒，将骰过与黛玉。黛玉一掷，是个十八点，便该湘云掣。

湘云笑着，揎拳掳袖的伸手掣了一根出来。大家看时，一面画着一枝海棠，题着“香梦沉酣”四字。那面诗道是：

只恐夜深花睡去。

黛玉笑道：“‘夜深’两个字，改‘石凉’两个字。”众人便知他趣白日间湘云醉卧的事，都笑了。湘云笑指那自行船与黛玉看，又说：“快坐上那船家去罢，别多话了。”众人都笑了。因看注云：“既云‘香梦沉酣’，掣此签者不便饮酒，只令上下二家各饮一杯。”湘云拍手笑道：“阿弥陀佛，真真好签!”恰好黛玉是上家，宝玉是下家。二人斟了两杯只得要饮。宝玉先饮了半杯，瞅人不见，递与芳官，端起来便一扬脖。黛玉只管和人说话，将酒全折在漱盂内了。湘云便绰起骰子来一掷个九点，数去该麝月。

麝月便掣了一根出来。大家看时，这面上一枝荼蘼花，题着“韶华胜极”四字，那边写着一句旧诗，道是：

开到荼蘼花事了。

注云：“在席各饮三杯送春。”麝月问：“怎么讲?”宝玉愁眉，忙将签藏了，说：“咱们且喝酒。”说着，大家吃了三口，以充三杯之数。麝月一掷个十九点，该香菱。

香菱便掣了一根并蒂花，题着“联春绕瑞”，那面写着一句诗，道是：

连理枝头花正开。

注云：“共贺掣者三杯，大家陪饮一杯。”香菱便又掷了个六点，该黛玉掣。

黛玉默默的想道：“不知还有什么好的被我掣着方好。”一面伸手取了一根，只见上面画着一枝芙蓉，题着“风露清愁”四字，那面一句旧诗，道是：

莫怨东风当自嗟。

注云：“自饮一杯，牡丹陪饮一杯。”众人笑说：“这个好极。除了他，别人不配作芙蓉。”黛玉也自笑了。于是饮了酒，便掷了个二十点，该着袭人。

袭人便伸手取了一支出来，却是一枝桃花，题着“武陵别景”四字，那一面旧诗写着道是：

桃红又是一年春。

注云：“杏花陪一盏，坐中同庚者陪一盏，同辰者陪一盏，同姓者陪一盏。”众人笑道：“这一回热闹有趣。”大家算来，香菱、晴雯、宝钗三人皆与他同庚，黛玉与他同辰，只无同姓者。芳官忙道：“我也姓花，我也陪他一钟。”于是大家斟了酒，黛玉因向探春笑道：“命中该招贵婿的，你是杏花，快喝了，我们好喝。”探春笑道：“这是个什么？大嫂子顺手给他一下子。”李纨笑道：“人家不得贵婿反挨打，我也不忍的。”说的众人都笑了。

——摘引自曹雪芹著《红楼梦》(第六十三回)，人民文学出版社，1982 年，第 868～873 页

宝玉生日，群芳庆贺，无论男女长幼，无论身份贵贱，欢愉和谐，打成一片，尽情释放青春的热情纯真与幸福快乐，富丽繁华，春风得意。夜宴所行酒令为“占花

名”，花名和诗句各有寓意，巧妙隐含抽签女子的性格命运。宝钗所抽牡丹签，诗句出自唐代罗隐《牡丹花》：“似共东风别有因，绛罗高卷不胜春。若教解语应倾国，任是无情也动人。芍药与君为近侍，芙蓉何处避芳尘。可怜韩令功成后，辜负秾华过此身。”牡丹国色天香，雍容华贵，为花中之王，符合宝钗集美貌与才华于一身的豪门闺秀身份。薛宝钗端庄矜持，沉稳冷静，行止得当，藏用俱时，进退有据，刚柔有度，签文预示婚姻悲剧。探春抽得杏花签，诗句出自唐代高蟾《下第后上永崇高侍郎》：“天上碧桃和露种，日边红杏倚云栽。芙蓉生在秋江上，不向东风怨未开。”探春坚毅聪明，胆识过人，关注家族命运，具有忧患意识，敢作敢当，极具经世致用之才，签文预示探春远嫁。李纨抽得梅花签，诗句出自宋代王淇《梅》：“不受尘埃半点侵，竹篱茅舍自甘心。只因误识林和靖，惹得诗人说到今。”李纨青年守寡，犹如梅花一般耐得住风霜，守得住寂寞，宁静淡泊，墨守成规，身如槁木，心如死灰。无人陪饮，自饮一杯表明李纨独善其身，甘于清冷，安于孤独。湘云所抽海棠签，诗句出自苏轼《海棠》：“东风袅袅泛崇光，香雾空蒙月转廊。只恐夜深花睡去，故烧高烛照红妆。”湘云心直口快，乐观豁达，率真坦荡，潇洒倜傥，此时沉醉在青春的欢乐愉悦之中，对于未来的厄运毫不知晓，幸福美满转瞬即逝。麝月抽得荼蘼签，诗句出自宋代王淇《春暮游小园》：“一从梅粉褪残妆，涂抹新红上海棠。开到荼蘼花事了，丝丝天棘出莓墙。”苏轼有“荼蘼不争春，寂寞开最晚。”指出荼蘼是送春之花，表明盛极而衰，乐极生悲，良辰美景、赏心乐事就要结束。香菱抽得并蒂签，诗句出自宋代朱淑真《落花》：“连理枝头花正开，妒花风雨便相催。愿教青帝常为主，莫遣纷纷点翠苔。”预示香菱被夏金桂凌辱的悲惨人生。黛玉抽得芙蓉签，诗句出自宋代欧阳修《和王介甫明妃曲》：“狂风日暮起，飘泊落谁家？红颜胜人多薄命，莫怨东风当自嗟。”黛玉幼年丧母，寄人篱下，多愁善感，敏感脆弱，与宝玉两情相悦最终却含恨早夭，预示爱情悲剧。袭人所得桃花签，诗句出自宋代谢枋得《庆全庵桃花》：“寻得桃源好避秦，桃红又是一年春。花飞莫遣随流水，怕有渔郎来问津。”袭人犹如陶渊明笔下的《桃花源记》中人一般，贾府败亡之时躲过灾难，嫁与蒋玉函，生活富足，现世安稳。

群芳夜宴是大观园由盛而衰的转折点，也是《红楼梦》由喜转悲的转折点，女孩在欢声笑语中饮下多舛命运的苦酒，酒令在诗情画意中预示风流云散的悲惨结局，表面繁花似锦，实则凄凉迷茫，这是青春的谢幕，更是人生的无奈。

三、行

唐人生活丰富多彩，舞蹈、音乐、马球、斗鸡都是日常娱乐的重要组成部分，其中影响最大的应是漫游。唐人入仕之前多有漫游经历，所到之处多是名山大川与通都大邑。名山大川的游览可以开阔视野，亲近自然，提高审美能力，促进山水田园诗的迅速发展。浙东碧山秀水，文化鼎盛，佛寺、道观繁多，诗人喜爱漫游访道，故而浙东就成为诗人踪迹留存较多的地方，共计 451 位诗人创作诗歌 1500 余首，最终形成山水景观与诗歌文化交相辉映的“浙东唐诗之路”。

“浙东唐诗之路”1991 年 5 月由竺岳兵先生率先提出，主要包括曹娥江、剡溪、新昌、天台等地。1993 年 8 月中国唐代文学学会正式发函同意成立“浙东唐诗之路”

的专称，2019 年 11 月成立全国性的“中国唐诗之路研究会”，以浙东唐诗之路为重心，向全国诗路辐射。

唐代东部地区的交通以水路为主，从杭州渡过钱塘江来到浙东，根据水道和驿站的分布，自越州西陵驿到乐清上浦馆，是浙东唐诗之路的重要通道。但从越州向东，沿钱塘江东行到明州，也是唐代诗人经行的通道，因此，浙东唐诗之路从主要道路的分布来看，从杭州过了钱塘江进入浙东，就形成了一条干线和两条支线的格局。

“浙东唐诗之路”是融风景、文化、交通、诗歌于一体的地理空间和文化区域，曾在浙东留下诗歌的唐代文人大致可以分为以下四种类型：

（1）任职。唐代诗人在浙东任职期间游山玩水，呼朋唤友，留下妇孺皆知的名作。中唐著名诗人元稹出任浙东观察使时以文会友创作诗歌多篇。

（2）贬谪。唐人贬谪地以南方居多，往来浙东的贬谪文人大致有两类：一是贬谪浙东，如宋之问；二是贬谪岭南途经浙东，如王勃。

（3）漫游。浙东山川秀美，清丽自然，唐人流连忘返之间写下诸多千古佳作，如孟浩然的《腊月八日于剡县石城寺礼拜》、李白的《秋下荆门》、杜甫的《壮游》等。

（4）隐居。浙东青山隐隐，绿水悠悠，堪称退隐佳地，如晚唐诗人方干长期隐居于会稽镜湖。

李白、杜甫、孟浩然、高适、韦应物、刘长卿、戴叔伦、贾岛、姚合均有诗歌在诗路流传，其中以李白《梦游天姥吟留别》最为著名。

名家名篇

梦游天姥吟留别

〔唐〕李白

海客谈瀛洲，烟涛微茫信难求；越人语天姥，云霞明灭或可睹。天姥连天向天横，势拔五岳掩赤城。天台四万八千丈，对此欲倒东南倾。我欲因之梦吴越，一夜飞度镜湖月。湖月照我影，送我至剡溪。谢公宿处今尚在，渌水荡漾清猿啼。脚著谢公屐，身登青云梯。半壁见海日，空中闻天鸡。千岩万转路不定，迷花倚石忽已暝。熊咆龙吟殷岩泉，栗深林兮惊层巅。云青青兮欲雨，水澹澹兮生烟。列缺霹雳，丘峦崩摧。洞天石扉，訇然中开。青冥浩荡不见底，日月照耀金银台。霓为衣兮风为马，云之君兮纷纷而来下。虎鼓瑟兮鸾回车，仙之人兮列如麻。忽魂悸以魄动，恍惊起而长嗟。惟觉时之枕席，失向来之烟霞。世间行乐亦如此，古来万事东流水。别君去兮何时还？且放白鹿青崖间。须行即骑访名山。安能摧眉折腰事权贵，使我不得开心颜！

唐朝国力强盛，经济繁荣，思想开明，生活富足，唐人积极进取，气度恢弘，充满理想色彩，社会总体呈现开放性、兼容性与多样性。浙东唐诗之路，不仅是地理之路与旅游之路，更是一条文化之路、经济之路、艺术之路、宗教之路。

本章参考文献

[1] 孙机. 华夏衣冠——中国古代服饰文化 [M]. 上海：上海古籍出版社，2016.
[2] 孙机. 中国古代物质文化 [M]. 北京：中华书局，2014.
[3] 李斌城. 隋唐五代社会生活史 [M]. 北京：中国社会科学出版社，1998.
[4] 于赓哲. 隋唐人的日常生活 [M]. 西安：陕西人民教育出版社，2017.
[5] 徐邦达. 张萱和周昉 [M]. 北京：人民美术出版社，1959.
[6] 张安治. 虢国夫人游春图 [J]. 文物，1961 (12)：67 - 68.
[7] 陈育丞. 关于虢国夫人游春图中主体人物的商榷 [J]. 文物，1963 (4)：25.
[8] 杨洁，张妍. 也谈唐代的“三花马”与“五花马” [J]. 碑林集刊（十四），2008：309 - 312.
[9] 刘冬梅，王永平. 从“烧尾宴”看唐代饮食的发展水平 [J]. 饮食文化研究，2004 (1)：25 - 33.
[10] 陆九皋，刘兴. 论语玉烛考略 [J]. 文物，1982 (11)：34 - 37.
[11] 季国平. 从“论语玉烛”说到唐人酒令 [J]. 扬州师院学报（社会科学版），1984 (4)：57 - 61.
[12] 胡可先. 天台山：浙东唐诗之路与海上丝绸之路的交汇 [J]. 浙江社会科学，2019 (12)：131 - 160.
[13] 陆晓冬. 浙东唐诗之路形成的社会经济动因浅析 [J]. 浙江社会科学，2006 (3)：170 - 173.

本章小结

1. 全面了解古代社会（以唐朝为例）普通百姓的服装、饮食、娱乐、休闲、旅行等基本生活情况，以“同情之理解”的态度审视传统文化。

2. 立足浙江，介绍浙东唐诗之路的形成与特色。浙东唐诗之路与海上丝绸之路融会贯通，具有更为深厚的文化底蕴和更为广阔的发展前景。

课后作业

请为“浙东唐诗之路”设计一份旅游宣传文案。要求主题鲜明，能够全面准确反映“浙东唐诗之路”旅游资源的历史底蕴与文化内涵，符合游客的心理期望和时代诉求。具体要求如下：

(1) 文辞大气，具有感染力、号召力和广告宣传效果。

(2) 简洁凝练，朗朗上口，特色鲜明，易读易记，便于推广。

拓展阅读

学文例话：培养实践能力

作家的生平经历对于文学创作影响巨大，阅读作品，追寻足迹，可能在精神领域与作家产生深度共鸣。参观游览、实地考察作家曾经学习、生活、工作、旅行过的地方，通过山水、花草、树木、园林、故居等构建并再现文学的发生现场以及作家的写作空间，从而顺利进入可观、可触、可感的特定情境，领略作家风采，领悟作品内涵，提升审美趣味，提高实践能力。

作者介绍：孙绰（314—371），字兴公，太原中都（今山西平遥）人，东晋文学家，博学善文，尤工书法。热衷山水，性好老庄，精通佛理，玄言诗代表作家，与许询齐名，有《遂初赋》《望海赋》《游天台山赋》。东晋社会动荡，士人心怀苦闷，寄情山水，逃避烦恼，寻求解脱，《游天台山赋》将佛道思想与山水美景融为一体，通过描写天台山出神入化的美景表达文学家避世全身的思想，对后世山水诗人影响深远。天台山是浙东唐诗之路的精华所在，让我们追随孙绰的生花妙笔去领略天台山的神秀妙绝，去探寻浙东唐诗之路的发展历程。

游天台山赋

〔东晋〕孙绰

天台山者，盖山岳之神秀者也。涉海则有方丈、蓬莱，登陆则有四明、天台。皆玄圣之所游化，灵仙之所窟宅。夫其峻极之状，嘉祥之美，穷山海之瑰富，尽人神之壮丽矣。所以不列于五岳，阙载于常典者，岂不以所立冥奥，其路幽迥。或倒景于重溟，或匿峰于千岭。始经魑魅之涂，卒践无人之境。举世罕能登陟，王者莫由禋祀，故事绝于常篇，名标于奇纪。然图像之兴，岂虚也哉！非夫遗世玩道、绝粒茹芝者，乌能轻举而宅之。非夫远寄冥搜、笃信通神者，何肯遥想而存之。余所以驰神运思，昼咏宵兴，俯仰之间，若已再升者也。方解缨络，永托兹岭。不任吟想之至，聊奋藻以散怀。

太虚辽廓而无阂，运自然之妙有，融而为川渎，结而为山阜。嗟台岳之所奇挺，实神明之所扶持。荫牛宿以曜峰，托灵越以正基。结根弥于华岱，直指高于九疑。应配天于唐典，齐峻极于周诗。邈彼绝域，幽邃窈窕。近智以守见而不之，之者以路绝而莫晓。哂夏虫之疑冰，整轻翮而思矫。理无隐而不彰，启二奇以示兆。赤城霞起而建标，瀑布飞流以界道。

睹灵验而遂徂，忽乎吾之将行。仍羽人于丹丘，寻不死之福庭。苟台岭之可攀，亦何羡于层城？释域中之常恋，畅超然之高情。被毛褐之森森，振金策之铃铃。披荒榛之蒙茏，陟峭崿之峥嵘。济楢溪而直进，落五界而迅征。跨穹隆之悬磴，临万丈之绝冥。践莓苔之滑石，搏壁立之翠屏。揽樛木之长萝，援葛藟之飞茎。虽一冒于垂堂，乃永存乎长生。必契诚于幽昧，履重险而逾平。既克隮于九折，路威夷而修通。恣心目之寥朗，任缓步之从容。藉萋萋之纤草，荫落落之长松。觌翔鸾之裔裔，听鸣凤之嗈嗈。过灵溪而一濯，疏烦想于心胸。荡遗尘于旋流，发五盖之游蒙。追羲农之绝轨，蹑二老之玄踪。陟降信宿，迄于仙都。双阙云竦以夹路，琼台中天而悬居。朱阁玲珑于林间，玉堂阴映于高隅。彤云斐亹以翼棂，皦日炯晃于绮疏。八桂森挺以凌霜，五芝含秀而晨敷。惠风伫芳于阳林，醴泉涌溜于阴渠。建木灭景于千寻，琪树璀璨而垂珠。王乔控鹤以冲天，应真飞锡以蹑虚。骋神变之挥霍，忽出有而入无。

于是游览既周，体静心闲。害马已去，世事都捐。投刃皆虚，目牛无全。凝思幽岩，朗咏长川。尔乃羲和亭午，游气高褰，法鼓琅以振响，众香馥以扬烟。肆觐天宗，爰集通仙。挹以玄玉之膏，嗽以华池之泉。散以象外之说，畅以无生之篇。悟遣有之不尽，觉涉无之有间。泯色空以合迹，忽即有而得玄。释二名之同出，消一无于三幡。恣语乐以终日，等寂默于不言。浑万象以冥观，兀同体于自然。

——摘引自曹道衡主编《汉魏六朝辞赋与骈文精品》，时代文艺出版社，2003 年，第 87～93 页

作者介绍：张炜，当代作家，1956 年出生于山东省龙口市。1986 年发表长篇小说《古船》，1992 年发表长篇小说《九月寓言》。2011 年凭借“大河小说”《你在高原》获得第八届茅盾文学奖。

留心作家的行迹

张炜

任何一个勤奋的写作者，也会是一个嗜读的人，满怀着对杰作、对杰出作家的敬仰之情一路走过来。关于阅读，会有一些激动人心的记忆。就这样，我们通过作品，对一位作家越来越熟悉，以至于觉得十八、十九世纪的大师们就像活在同一座城市里似的。有时还会产生一种幻觉，觉得他们写出了那么多伟大的作品，塑造了那么多让人难以忘怀的人物，思想是那样的博大，充满激情的诉说犹在耳边——怎么可能就这样离开，就这样离我们远去了呢？有时候出差或旅行，有意无意地踏入他们曾经生活过的地方，来到一些留下了他们痕迹的场所，比如说他们的故居、他们工作过的地方，立刻就变得屏息静气，蹑手蹑脚了——一厅一室、一件用具，都要忍不住细细地看，或者去抚摸一下……总觉得他们刚刚离去，这里分明还留有他们的体温和气息。

总之觉得一些伟大的人物，很难从我们人世间彻底消失，他们仍然留了下来，在凝视我们，在关注我们的生活。

有一年秋天到蓬莱阁，第一次看到了阁上有个石刻诗碑，上面刻了苏东坡登阁时留下的手书：一开始写得比较谨慎，渐渐的，那种流畅与自由就出来了……苏东坡是我们心仪的中国作家，是最令人入迷的“屈、李、杜、苏”中的一位。这儿仅仅有一个诗碑，可是它果真刻录了一位伟大人物的行迹，这个人离开我们长达九百多年了。由此寻访，会了解一些苏东坡在胶东半岛的事迹。他在胶东生活得时间很短，但还是做了一些有益于民生的事情。这是一个追求完美、一生不得安宁的人物，每到一地都会有所作为。苏东坡后来到过杭州，修了著名的“苏堤”。他去的最远的地方，是当时极为荒凉的海南岛。

终于有机会到眉山，看了苏东坡的故居，那里可是他的出生地。怎样神奇的地理山川才能孕育出这样的一个人，接近眉山，让人压住心底的一个个感叹。徘徊在大文豪的故宅里，看过老宅和古井，觉得处处不可言说，最熟悉最陌生，那是因为梦中来到他的故乡很多次了。这一切当然是因为阅读——开始读文字和情节，最后感受的只是一个人了，这就是作家本人，他越来越突出、越来越靠近，就在我们身边了。

从地理的角度看，离我更近的一个人是《聊斋志异》的作者蒲松龄。他是山东临淄人，那儿更早的时候是齐国古都。从小听了那么多狐仙的故事，不知道这些故事有

多少是来自他的手中、有多少是当地原来就有的。最早读的《聊斋志异》是开本很小的木刻本，一直读到现在的各种版本。书中的内容简直太熟悉了，因为它跟我们自小经历的环境、跟那种生活氛围非常吻合。说狐讲仙这些事情在胶东一带太多了，我们终于相信它们就是土地的原产，不过是由蒲老先生将它们记下来了。崂山上清宫那儿有一个边厢，很多人在那儿烧香烧纸。这个阴暗的小屋据说就是蒲松龄当年写作的地方。

在我眼中，这个阴暗潮湿的地方正合一种文气。我们宁可相信，那种恍惚的道家气息与《聊斋》是一致的。作家与书的气质总是统一的，今天看来，蒲松龄一定来过崂山，在这里有过长久的留连。读他的书，觉得他不是某一类作家那种阳光和明亮，不是那种感觉，而是一种幽暗阴隐的神秘。

由崂山到蒲家庄，那里有他的故居：地上铺着青砖，泛着湿气。中国传统的乡间建筑采光不好，有些暗。小屋里有一个大幅的挂像，上面的老人长须飘飘，穿着官服——是他一生讨厌的那种仕人打扮。这让人想起一些文学通论，那里面谈到《聊斋志异》和蒲松龄，总说他写鬼写妖“高人一等”，说他刺贪刺虐“入骨三分”。其实是赋予了很多阶级和社会的意义。但是如果以一个胶东人的眼光，以一个读者和作者的感受来说，觉得并非如此。相反，会觉得他在很大程度上是一种兴趣写作，就是说他当时很喜欢这一类故事，并没有想那么多。对社会的牢骚固然有，那种愤愤不平之气文字里都有，但更多的还是趣味，是记录的兴致。他对于齐地风情、民俗传说的忠实书写才是主要的。有人认为蒲松龄的《聊斋志异》哺育了胶东的文化，但似乎也可以说是反过来的——是胶东的那种文化传统哺育了蒲松龄。我们常常会过多地从社会学的角度去分析作家和作品，这就难以放松，不能作为一个很自然的生命去面对它们，也就不能好好地欣赏了。其实只有朴实了，自由了，才能更真实地贴近一个作家，理解作品的生命底色。

有人说现在的文学作品中已经听不到鸟叫了——一天到晚只围着电脑和书本转，没有像过去的作家那样面对大海、高山和林野，走万里路的能力和志向一块儿退化了，我们不再知道大自然，对给予我们生命的这个大背景已经浑然不觉了。可它是实实在在存在着的。所以我们很少像 19 世纪的作家那样，有一只如椽巨笔，挥手就可以划出一道大弧——纵情山河，大江大海。一条密西西比河，唤起了马克·吐温和福克纳多少激情和灵感。视野不开阔，心胸怎么开阔？不能完全依赖现代传媒工具，不能完全听信于它。我们或许需要学习 19 世纪的经典作家，看看他们有怎样的气魄、眼光和高度。这是不同的世纪不同的写法，更是两种生命。

——摘引自《中华读书报》2010 年 10 月 27 日 03 版、2010 年 11 月 03 日 03 版

第六章 青铜器

青铜是人类最早使用的合金，青铜的冶炼和使用是人类进入文明时代的重要标志，中国青铜器诞生之初即蕴含超越实用功能的深层寓意，与政治、经济、军事、文化密切相关，甚至成为国家、权力、地位、财富的象征，带有浓郁的民族风格与鲜明的地方特色。

中国青铜器是贵族社会崇尚礼制的特殊产物，历经夏、商、周三代的蓬勃发展，铸造技术处于当时世界领先水平，器形精致新奇，种类繁多复杂，纹饰繁缛神秘，书法精妙多变，是能工巧匠的智慧结晶，更是灿烂文明的物质载体。

一、概念

青铜是铜、锡、铅合金，因其出土之时表面多覆盖青绿色铜锈而称为“青铜”。青铜硬度高，易成型，耐腐蚀，气孔少，填充性好，流动性强，发明之后迅速流行，人类历史也随即进入新的阶段——青铜时代。早期青铜器主要发现于黄河流域，二里头文化时期是中国青铜时代的开端，商周时期的器物最为精美，是中国青铜文明的核心时代。古人称青铜为“金”或“吉金”，文献所讲“赐金”“受金”，即指青铜，铜器上铸或刻的文字叫作“金文”，记载先民的政治活动、祭祀仪式、军事战争等，是中国古代文明的重要标志。

二、特色

1. 礼器为主。青铜器皿反映礼法制度，因此名为“礼器”。青铜铸制礼器，以商周为盛，用于祭祀，宴饮，主要服务王室、诸侯，因被赋予特殊意义成为礼制的表现，即“藏礼于器”。夏、商、周三代均有严密的礼法制度，用以维系贵族世界的生活秩序。致祭行礼之时青铜器皿的种类、数量、规模表明不同等级贵族不同的政治权利和经济地位。各级贵族通过铸器和祭祀活动维护特权。

2. 融合政治。中国青铜器的主体是礼器与兵器，礼器象征政治权力，兵器保障国家安全，《左传》有言“国之大事，在祀与戎”，指出祭祀与战争是古代国家的两件大事，因此青铜器可以在贵族日常活动之中展现主人地位高低以及君臣关系。西周时期鼎和簋成为王权象征，是最重要的青铜器，用来区分尊卑等级，贵族阶级通过铸造铜器镂刻铭文祭祀祖先，颂德铭功，企图维护尊贵地位，永久享受特权，与政治充分融合。

3. 铭文记事。青铜器铭文又称“金文”“钟鼎文”，内容丰富，举凡君王事迹、分封诸侯、朝觐王室、盟誓契约、祭祀典礼、宴飨狩猎、训诰征伐、赏赐册命、奴隶买卖、土地转让、刑事诉讼、婚姻嫁妆皆可形诸文字，铸刻于钟、鼎、盘、盂之上，成为最原始、最真实的历史档案。部分铭文具有系年记事性质，内容可与文献相互印证，成为编年分期研究的依据，字体可为文字研究提供依据，亦是书法史上的瑰宝，因此铭文对于考古学、文字学、历史学都有珍贵价值。

三、分期

学界关于青铜器的分期断代研究成果卓著，郭沫若堪称代表，他在《青铜时代》一书中将殷周青铜器分为四期：

（1）鼎盛期（殷代及周室文武成康昭穆诸世）。器物高古，器制凝重结实，或者纯素或者全身花纹，花纹种类多为夔龙、夔凤、饕餮、象纹、雷纹等奇怪图案，未脱原始风味。

（2）颓败期（起自恭懿孝夷诸世以迄于春秋中叶）。器制简陋轻率，花纹多为粗枝大叶的几何图案，异常潦草，铭文字数增多，花纹逐渐脱离原始风味。

（3）中兴期（自春秋中叶至战国末年）。器物精巧，器制轻便，花纹主要为精细的几何图案。铭文排列必求对称，文体多为韵文，鼎盛、颓败二期铭文多在隐蔽处，中兴期则在器表显著位置，铭文及其字体具有装饰成分，具有艺术气息。

（4）衰落期（自战国末叶以后）。器物简陋，更加轻便朴素，花纹几乎全废，铭文前三期为铸入，本期多为刻入，多数只记重量、容量、工匠姓名。

郭沫若指出各期主要器类和纹饰，说明形制特征、艺术特色、文化渊源，极具开创性。

四、铸法

青铜铸造有两种基本方法，即模范法和失蜡法。模范法是最常用的青铜制造技法，又称模铸法，首先选择陶土，需是经过筛选的匀称、细腻、洁净的黏土，然后将陶泥制成器物模型，雕刻图案、铭文，再用泥土敷在模型外面，做成外范。外范需要分割成为数块，方便脱模，最后再用泥土制作一个体积与容器内腔相当的内范。将内范、外范套合，中间就会形成空隙，间隔的厚度与待铸器物相同，将熔化的铜液注入空隙之内，铜液冷却之后，将内范、外范打破，得到青铜器。一次浇注即完全成型称为“浑铸”或“整体浇铸”。制造繁复精美的青铜器则要采用分铸法，各个部位无法一次浇注完成，只能分别铸造，比如立体的附耳，活动的提梁，连接的链条等，需要先将部件铸好，嵌入主体陶范之内，再由技术精湛的工匠再次浇注连成一体，分铸法可以提高生产效率。

失蜡法，又称出蜡法、走蜡法，是雕镂复杂器物的制造工艺，采用易熔化、易挥发、易清除的黄蜡、蜂蜡、动物油等材料制作蜡模，蜡料具有受热变软，遇冷变硬，可塑性好的特点，因此能够制作形状不同的器物，同时由于蜡料硬度低，可以制作精细繁复的花纹图案。蜡模制成之后表面多次包裹覆盖细泥粉末等耐火材料，干燥成为坚硬外壳，加热烘烤，蜡模熔化流出，外模成为用来浇铸青铜器物的模范，因为模范是通过蜡料的流失形成的，因此称为失蜡法。

五、种类

青铜器一般按照用途分类，分为食器、酒器、水器、量器、乐器、兵器、杂器等。器物纹饰随着时代的变迁呈现不同面貌，可为青铜器的断代研究提供标尺，主要有动物纹样、几何纹样、人物纹样。动物纹样是流行时间最长的一种图像，包含现实生活中存在的或者根本不存在的动物，最具特色的是兽面纹，主要有龙纹、蛇纹、虎纹、鹿纹、牛纹、象纹、犀纹、兔纹、凤纹、鸟纹、雁纹、蝉纹、鱼纹、蟾蜍纹、蛙纹、鸟兽合体纹等，几何纹样有圆圈纹、云雷纹、三角纹、菱格纹、花形纹等，人物纹样有人首纹、半人半兽纹等。

中国青铜器多为容器，主要用于祭祀祖先，供奉食物，祖先崇拜是古人精神生活的重要内容，敬奉祖先主要是供应饮食，也是传统礼仪文化重视饮食的表现，因此下面着重介绍食器、酒器、水器等容器。

（一）鼎

鼎，用于烹煮、盛贮肉类的食器，两耳、圆腹，一般分为三足圆鼎和四足方鼎两类。鼎是青铜器中数量最多、地位最高的器类，堪称王权象征，青铜列鼎制度标志统治阶级内部等级差异。列鼎是指按照一定规则，以相同尺寸或者大小相次的奇数排列盛放肉食的鼎，天子九鼎，诸侯七鼎，大夫五鼎，士三鼎或一鼎。天子九鼎，第一鼎盛牛，称为太牢；卿大夫五鼎，第一鼎盛羊，称为少牢。

后母戊鼎

（图片引自中国国家博物馆官网）

后母戊鼎是中国乃至世界目前已知最大、最重的青铜器，1939 年出土于河南省安阳市武官村殷墟墓，现藏中国国家博物馆，因腹部内壁铸有铭文“后母戊”三字而得名，是商王为祭祀母亲戊所制，“后”为“君主”代称，

"后母"指君主的母亲。整体呈长方形，高 133 厘米、壁厚 6 厘米，口长 112 厘米、口宽 79.2 厘米，重 832.84 千克，深腹平底，两只立耳，四柱足，鼎身雷纹，鼎耳鱼纹，腹部、足部饕餮纹，含铜 84.77%，锡 11.64%，铅 2.79%，其他 0.8%，与战国时期成书的《考工记·筑氏》记载比例基本相符，硕大厚重，庄严肃穆，可谓"镇国之宝"，是商代青铜文化顶峰时期的代表作品，充分显示商代青铜铸造宏大的生产规模和精湛的技术水平。

鼎具有神秘威严的色彩，是贵族身份的代表，相传大禹将天下划为九州：冀州、兖州、青州、徐州、扬州、荆州、豫州、梁州、雍州，并且铸造九个大鼎象征九州，至此，九鼎成为天子的象征，拥有九鼎就拥有最高统治权力，鼎成为传国重器。

（二）鬲

鬲是用于蒸煮食物的炊器，圆口、深腹，弧裆，袋状三足能够增加受热面积，较为著名的有番君鬲，高 11.8 厘米，宽 16 厘米，重 1.46 千克，口沿较宽，上有铭文 17 字：唯番君酡伯自作宝鼎，万年无疆，子孙永用。

番君鬲

鬲上铭文

（图片引自故宫博物院官网）

（三）甗

甗，圆形，直耳，束腰，袋状腹，锥形足或柱形足，类似蒸锅，分为上下两个部分，上部是甑，盛放食物，中间以箅相隔，通过蒸气，下部是鬲，高足间可烧火加热。甑和鬲，或连体，或分开，以妇好墓出土的三联甗最为独特。

（四）簋

簋，圆形，侈口、深腹、圈足，主要盛放煮熟的粮食，类似于碗。簋造型多样，有无耳、双耳、三耳、四耳、三足、四足、方座、带盖簋等。成套的簋通常在祭祀和宴饮时以偶数出现，与以奇数组合的列鼎配合使用，象征等级，如天子九鼎八簋，诸侯七鼎六簋，大夫五鼎四簋，元士三鼎二簋。

利簋，周武王时期有司利铸造的祭器，因而称为利簋，1976 年出土于陕西省西安市临潼县潼零口西段村，现藏中国国家博物馆。高 28 厘米，口径 22 厘米，方座长、宽各 20.2 厘米，圆形，侈口，鼓腹，两侧各有一只兽形耳，圈足下方附有方形底座，圈足饰有夔纹，方座饰有兽面纹，腹内底部铸有铭文 4 行共计 32 个字，具体内容如下："珷征商，唯甲子朝，岁鼎，克闻夙有商。辛未，王在阑师，赐右史利金，用作旜公宝尊彝。"意为在岁星当空的甲子日早晨，周武王攻伐商纣王，迅速占领朝歌，赏赐属下青铜，利将所得制成祭祀祖先旜公的青铜簋。利簋记载武王征商伐纣的重大历史事件，因此又称武王征商簋。武王克商是具有划时代意义的重大事件，标志着历史的转折与进步，周朝发达的政治、经济、文化培育并发展了中华文明。利簋是利为铭记武王赏赐而铸造的青铜器，是目前唯一能够证实武王克商日期的文献，也是中国夏、商、周年代准确断定的重要实物见证。

知识链接

利簋——刻下商周的界碑

西周王朝经常举行各类赏赐活动，当年作为西周官员的利，也得到了周武王赏赐给他的青铜，很是高兴。他用这稀有的青铜铸成了这件"簋"，故名为"利簋"。利的官职在当时叫"有司"，也就是个部门主管。这件簋，样貌称不上惊艳。却被认为是镇国青铜器。它珍贵的秘密藏在哪儿了呢？

长久以来，中国的学者一直对史书上的记载有所怀疑，其中最经典的一个例子莫过于《史记》中对牧野之战的记载。司马迁在《史记》中描述道，当周武王讨伐商纣王时，殷商王朝竟然组织起了七十万人的作战队伍。且不论以三千多年前的人口和调度能力，七十万人作战是否太过夸张。就连牧野之战发生的时间都有至少四十四种结论。辉煌伟大的周王朝是什么时候建立的，之前没能得出一个清晰的结论，这实在是太让人遗憾了。好在青铜利簋出土了。

簋是一种古代食器，用来盛装煮熟的谷物类主食。西周等级森严，一些用于祭祀和宴飨的器物，被赋予了特殊的含义，成为礼制的象征，这就是所谓的"藏礼于器"。

天子在祭祀、宴飨、随葬时，使用九鼎八簋，诸侯七鼎六簋，大夫五鼎四簋。依次类推，不能越级使用。自此后的三千多年，"礼乐"成为中国人的思想准则和行为规范，中华民族自誉的"礼乐之邦"也由此而来。

作为西周贵族的常备礼器，簋本身并不十分罕见。利簋的珍贵恰是因为底部的三十余字铭文揭晓了武王征商的时间。铭文开头是这样写的："武王征商，惟甲子朝，岁鼎"，翻译成现代文就是武王伐纣战役发生在某年"甲子"日的早晨，当天"岁"星（也就是木星），正当中天。首先，专家采取了碳 14 测年法，将西周初年遗存中出土的炭样进行检测，框定出武王伐纣战役发生在公元前 1050 年至前 1020 年的年代范围；天文学家依据铭文中所记甲子日"岁"星，也就是木星，在中天的天象，参照《国语》记载的天象记录，精确计算出武王伐纣发生于公元前 1046 年 1 月 20 日。由此，这一历史学的著名悬案终于告破，利簋居功至伟。可以说，它刻下了商周的界碑。

对于这三十多字铭文的解读，一些学者也提出了自己的异议。只能说，目前我们只是暂时得到了一个大体上还算认同的说法。如果我们要想得到最终的定论，恐怕还需要进一步的发掘和研究。

其实，对于一个并不从事学术研究的普通人来说，欣喜的不仅是了解到商周更迭的年份；更是拜千年不断的文字所赐，通过一件文物，三十几个字居然能和三千多年前的祖先们交流。而簋的上半部分形状被现代人用的碗沿袭下来，依然作为食器盛放谷物被我们捧在手掌，也捧在心上。

——摘引自《如果国宝会说话》节目组编著《如果国宝会说话·第一季》，五洲传播出版社，2019 年，第 142～147 页

（五）爵

爵，用于盛放、斟倒、温酒，最早出现的青铜礼器，流行于夏、商、周时期，贵族阶层出师、凯旋、结盟、庆功使用。前流后尾，流即倾酒的流槽，后尖尾，中为杯，流与杯口之际有两柱，双柱与尖尾之间可套袋过滤美酒，一侧有鋬，供手提拿，下有三足。

（六）斝

斝，用于温酒与盛酒，侈口，宽身，束颈，深腹，平底，一鋬，两柱，三足，器身或圆或方，腹部有直筒状、鼓腹状、分裆袋状等，柱有鸟形、菌形、帽形、蘑菇形等，部分有盖，无流尾，比爵大。

（七）角

角，商周时期温酒、饮酒器，口沿两端均有尖尾，无流，深腹，三足，锥状，少数有盖，形似爵，无两柱，最早见于二里头文化时期。《礼记·礼器》记载宗庙之祭“尊者举觯，卑者举角”。

父戊舟爵

兽面纹斝

父已角

（图片引自故宫博物院官网）

（八）觥

觥，商周时期酒器，亦称兕觥，早期多呈牛角横置形，短流，深腹，圈足，有盖，器身常有复杂纹饰。后期多为椭圆形腹或方形腹，有流，有盖，有鋬，容量较大，四足或圈足，盖覆流处作兽头向上昂起，一般前后为两种不同动物的组合。部分器型呈动物状，附有小勺，头、背为盖，兽首连接兽脊成为觥盖，兽颈是流，可以倾酒，兽身为腹，四腿为足。宋代欧阳修《醉翁亭记》："觥筹交错，起坐而喧哗者，众宾欢也。"其中，"觥筹"是指酒杯和行酒令用的筹码，"觥筹交错"形容宴会热闹欢乐，宾客相聚畅饮。

（九）卣

卣，盛酒器，口椭圆，有提梁，深腹，细颈，圈足，有盖，身、盖多有复杂纹饰，器型变化多样，有圆形、椭圆形、方形、圆筒形、鸟兽形、虎食人形等，其中鸟兽形较有特色，盛行于商和西周时期，祭祀之时专门用来盛放高级香酒的器皿。《诗经·江汉》："厘尔圭瓒，秬鬯一卣。"其中"圭瓒"指玉柄龙口的酒勺，"秬鬯"是指用黑黍和郁金香草酿制的香酒，专为祭祀所用。

（十）盉

盉，盛酒器，用于温酒、调酒，古人用水调节酒味的浓淡厚薄，初见于二里头文化时期，盛行于商和西周，流行至春秋战国。盉形状多样，一般圆口，束颈，深腹，前有流，后有鋬，上有盖，下有足，多为长管状流，盖和鋬之间有链相连，三足或四足。盉与盘常配套使用，盉倒水，盘接水。

（十一）尊

尊，商周时期大中型盛酒器，鼓腹，敞口，口径较大，长颈，圈足，盛行于商代至西周时期。有圆尊、方尊、鸟兽尊等，鸟兽尊又称牺尊，早期指牛形器，随后出现犀、马、羊、豕、虎、象、貘、鸟、鸮、枭、凫、鸡、鸭、鸳鸯、鱼、雁、凤等多种器形，背部中心有口，设盖，兽体中空可以贮酒，兽嘴有流可以倒酒，构思巧妙，华丽精美，在写实的基础上增加神秘幻想，极富生活气息与审美价值。较为著名的有四羊方尊，1938 年出土于湖南宁乡黄材，现藏中国国家博物馆，上口最大径 44.4 厘米，高 58.6 厘米，重 34.6 千克，四羊方尊是现存体型最大的商代青铜方尊，羊首、羊角凸出，四角都有一只卷角羊头，各据一方，动感十足，寓意吉祥，肩部、腹部、足部浑然一体，四羊四龙相对的造型展示至尊气象，宁静威严，寓动于静，体现高超的青铜铸造技术。

何尊，西周祭器，1963 年出土于陕西省宝鸡市贾村塬，现藏于宝鸡青铜器博物馆，高 38.8 厘米，口径 28.8 厘米，重 14.6 千克，口圆，颈长，体方，鼓腹，圈足，四棱，腹部、圈足均饰有兽面纹，尊内底部铸有铭文 12 行，共计 122 字，是西周名何的贵族制造，因名何尊，记载文王受命、武王灭商以及成王继承武王遗志营建东都成周之事，是西周第一件有纪年铭文的铜器，为西周都城研究提供宝贵资料，可以补充史书记载，其中"宅兹中国"是"中国"一词最早的文字记载。何尊铭文端庄凝重，造型雄伟，工艺精美。

知识链接

何尊——这里有中国

凝重雄奇的造型，严谨又富有变化的纹饰，但只有慧眼才能看见它的心。此刻，它被安置在国宝的最高展台。因为它记录了上古时期一对十几岁少年的心跳，一段关于王朝不忘初心的对话。

3000年前的日落，在大地上映射出两个年轻人的身影。他们一个建立了一座至今依旧繁荣的都城，一个铸造了一件记载荣光跨越十几个朝代依然不朽的青铜器。他们的父辈曾经浴血并肩奋战，建立了新的王朝——周朝。

这两个青年一个是周武王之子，刚刚继位五年的周成王姬诵，一个是同宗的贵族何。虽然王朝新的领袖姬诵才十几岁，但已经在他四叔姬旦，一位令后世孔子都尊崇的儒学先驱辅佐下开始励精图治，并依照父王姬发临终的遗愿，为保江山永固，在距离当时王城西安300多公里以外的洛阳建立了新的都城，这些事迹使得同是年轻人的何血脉喷张，父亲的业绩得到一国之君的认可，自己又被新王看重，为此他也要做一件热血的事情。在得到批准后，何铸造了一件青铜尊，在尊底有限的范围里，最大限度地记载了父辈们和新王的功绩，以及新王对自己的告诫。

当考古学家在122字铭文里发现“宅兹中国”四个字的时候，无异于在方寸之间看到了埋藏了千年的谜底。这是关于“中国”一词最早的文字记载。宅兹，是居住在这里的意思。在城邦的中心会树立旌旗，金文的“中”字由此而来；家园需要有护城河阻挡外来入侵，并在军队的护卫下才能得以安宁，因此金文的“国”字有兵戈守护。尊里的“中国”所指的是当时天下的中心，王朝的中央，新建的都城成周，是现在的洛阳一带。

这些写给祖先的字迹，更像是写给数千年后13亿中国人的信。3000年历史演进、朝代更替，“中国”一词从地理中心、政治中心派生出文化中心的含义，继而又被赋予了王朝统治正统性的意义。直到清末，“中国”一词被用作国名出现在官方正式文书当中。

3000年过去，那对年轻的身影早已不在，太多故事也被黄土掩盖，但洛阳城繁华依旧；同样被黄土掩埋的青铜尊于1963年在陕西的一处土崖中被发现，后被命名为何尊。虽没有了最初夺目的光泽，但尊底的122字铭文却没有辜负它主人的期望，跨越三个千年，将祖先的丰功伟绩展现在后人眼前。

中国，3000年前被镌刻于方寸之间，深埋于地下。3000年后，埋藏它的泥土和这泥土连接的960多万平方公里的土地，都被它命名，叫作“中国”。

——摘引自《如果国宝会说话》节目组编著《如果国宝会说话·第一季》，五洲传播出版社，2019年，第152~158页

（十二）壶

壶，青铜酒具，上有盖，中为腹，下有底座，有的带耳，造型多样，有圆壶、方壶、扁壶、提梁壶、匏形壶等，古老悠久，用途广泛。莲鹤方壶堪称代表。

莲鹤方壶，1923 年出土于河南省新郑市李家楼郑公大墓，共有两座，二者形制、纹饰完全相同，唯有尺寸略有不同。其中河南博物院所藏通高 117 厘米，口长 30.5 厘米，口宽 24.9 厘米。故宫博物院所藏通高 122 厘米，宽 54 厘米，重 64 千克。莲鹤方壶斜肩、垂腹、圈足，造型生动，线条柔美，象征圣洁的莲花娇艳欲滴，象征长寿的仙鹤展翅欲飞，花瓣布满镂空小孔，分为上下两层，共计十组，呈现怒放状态，中央有盖，盖上一只仙鹤亭亭玉立，舒展双翼，一花一鸟，一静一动，自由洒脱，高贵优雅，形成轻盈灵动、活泼向上的艺术世界，壶体四面各有一只神兽，圈足两只猛虎抬头屈膝，壶体布满互相缠绕的蟠螭纹，展现流动飞扬、狰狞恐怖之美，极具视觉震慑力。莲鹤方壶是浪漫的楚地文化与严谨的北方文化的完美结合，展现春秋时期自由创新的精神，是青铜时代承上启下的绝代珍品。

莲鹤方壶

（左图引自河南博物院官网，右图引自故宫博物院官网）

知识链接

莲鹤方壶——莲花怒放　仙鹤欲飞

再也没有谁比它更物如其名：一朵莲，一只鹤，组成了它的名字——莲鹤方壶。仙鹤展翅，溅起的水波，惊动了莲花绽放的花瓣，也惊动了千年时光的碧波，这是青铜时代的绝唱。

莲鹤方壶是一件巨大的盛酒器，底座是两只侧首吐舌的怪兽，壶体四面还各有一只神兽，壶颈两侧装饰有龙形双耳。它已经数千年不曾盛酒，但依然盛满时光之酒的狂野，迷醉了此刻。

莲鹤方壶很符合我们对商周青铜器既有印象：狰狞恐怖，令人望而生畏。那时，青铜器是政治和权力的象征，主要用于祭祀，需要具有极大的视觉震慑力。于是，现实中具有攻击力的蛇、虎等，加上幻想中的翅膀、巨目，组合成当时流行的兽面纹，蟠螭纹。大睁着的兽目，彼此缠绕的无角龙，长有双角、双翼的怪兽，这些形象冲出了当时创作者最纯真直觉的幻想，就像模板一样，装饰在当时各类青铜器上，把青铜器“打扮”得恐怖吓人，以展示所有者的威严和地位。

然而，在这些怪兽和蟠螭之上，方壶的顶部向我们展示了另外一个世界：怒放的荷花中站着一只欲飞的仙鹤。

莲鹤方壶出土于郑公大墓，两千多年前的郑国在《诗经》中是一个自由的存在。“山有扶苏，隰有荷华”，大片盛开的荷花间，姑娘与小伙含笑打趣，一切轻松而美好。也许当时当地的这种气氛弥漫成为郑国之风。制造莲鹤方壶的工匠将荷花盛开在青铜器上，凝重得以盛开成一种轻盈。

汉代以来，青铜器逐渐为铁器、漆器和瓷器所取代，但是中国人对莲与鹤的想象却不曾停止。“出淤泥而不染”的莲花进入了诗人们的诗行，成为品格的象征飞翔于天地之间的鹤飞进了神仙的传说，成为能沟通天地的仙鹤。而在春秋时期的莲鹤方壶上，仿佛还处于萌芽时期，鹤还没有占据主题位置，普通人乍一看，以为上面站了一只小鸟。

一只小鸟带来一片天空，将硕大壶体的重量感化为流动飞扬，与前朝肃穆、庄严的青铜器区别开来，流露出驱陈纳新的气象。新与旧在一个壶体中融合，这也昭示着，脱胎于老成持重的西周，经历大变革的东周，正在开始一场盛放，它展翅欲飞，抬头仰望着此后两千年中国的天空。

——摘引自《如果国宝会说话》节目组编著《如果国宝会说话·第一季》，五洲传播出版社，2019年，第231～236页

（十三）盘

水器绝大部分用于盥洗，大致可以分为盛水器、注水器、盛水器、挹水器四种，包括盘、匜、鉴、洗等。盘是扁而浅的盛水器，商代早期出现，宴飨使用。代表作品曾侯乙尊盘，一级文物，1978年出土于湖北省随州市擂鼓墩1号墓，现藏于湖北省博物馆。由上下两个部分组成，上面是尊，高30.1厘米，口径25厘米，喇叭形口，鼓腹，高圈足，颈口装饰四只神兽，腹部、圈足盘绕虬龙，下面是盘，高23.5厘米，口径58厘米，平底，四只龙形蹄足，尊可置于盘中，纹饰繁缛，工艺高超，是最复杂、最精美的青铜器，堪称巅峰之作。

（十四）匜

匜是洗漱器皿，类似于现代的瓢，瓢颈为流，流分为槽流和管流两种，造型多样，一般呈椭长形，前有流，后有鋬，下有足，部分有盖，流行于西周晚期和春秋时期。《左传》记载：“奉匜沃盥。”奉匜沃盥是中国古代祭祀的重要礼仪，沃是浇水，盥是洗手，匜即洗手注水之器。盘和匜是专供贵族在宴饮前沃盥使用的水器，使用之

时一人捧匜浇水，一人捧盘承水。西周流行盘与盉搭配，春秋流行盘与匜搭配。早期匜为青铜制，汉代以后出现匜金银器、匜漆器、匜玉器等。

（十五）鉴

鉴，水器，形似现代的盆，主要有容水、盛冰、沐浴、鉴容四种用途。鉴容的水器一般体量较小，沐浴的水器多数体量特大。鉴主要盛行于春秋战国时期，与钟、鼎、壶四器并称，是生活质量的保证。

冰鉴是古代盛夏时节用来盛冰放置食物的铜器，据《周礼》记载："春始治鉴，凡外内饔之膳羞，鉴焉。凡酒浆之酒醴，亦如之。祭祀共冰鉴，宾客共冰。"曾侯乙墓青铜冰鉴堪称代表，1978 年出土于湖北省随县擂鼓墩，现藏中国国家博物馆，呈正方形，直口，短颈，深腹，边长 76 厘米，高 63.2 厘米，由方鉴、尊缶、鉴盖、缶盖、铜勺五个部分组成。双层结构，外层为方鉴，内层为方尊缶，方尊缶置于方鉴内，鉴的内壁与缶的外壁之间的缝隙可以盛放冰块，方尊缶有镂空盖，四面各有一兽面衔环，配有一把长柄铜勺，便于舀取酒浆。曾侯乙墓冰鉴饰有蟠螭、蕉叶、云雷等多种精美纹饰，结构精巧，厚重威严，堪称史上最早冰箱。

六、晚清四大国宝

"晚清四大国宝"是指清代晚期出土于陕西宝鸡周原地区的西周青铜瑰宝毛公鼎、大盂鼎、散氏盘、虢季子白盘。四大国宝级青铜器形体巨大，级别较高，铸造精良，纹饰生动，书法精妙。长篇铭文内容丰富，涉及西周宗法氏族、军事职官、土地制度、法律诉讼等，是研究西周历史最原始、最客观、最全面、最真实的资料，全面体现中国青铜时代的灿烂文化。

（一）毛公鼎

毛公鼎，西周晚期青铜器，大口，直耳，半球腹，三蹄足，口沿饰有重环纹，内壁铸有铭文 32 行 497 字，高 53.8 厘米，腹深 27.2 厘米，口径 47 厘米，重 34.5 千克，系毛公为感念周王恩德所铸，因而得名。清朝道光年间出土于陕西省宝鸡市岐山县。毛公鼎与大盂鼎、大克鼎并称"海内三宝"。腹部铭文是一篇完整的册命，叙事全面，内容翔实，是现存青铜器铭文中最长的一篇，也是研究西周政治史的重要资料。周宣王即位之初，励精图治，锐意进取，希望革除积弊，中兴王室，铭文首先回顾文王、武王以及君臣辅弼的盛况伟业，但是目前天下动乱，时局不稳。其次重用毛公，确立权威，政令未经毛公同意，官员可以不用执行。努力做到勤政爱民，恪尽职守，广开言路，法令严明，不要懈怠懒惰，不要壅塞民意，不要中饱私囊，忠心辅佐朝政。再次赐予毛公美酒、玉帛、仪仗、车马、兵器等。最后毛公为报答周王恩德铸造铜鼎以资纪念，并嘱咐后世百代永远珍藏。毛公鼎造型浑厚凝重，饰纹简洁朴素，铭文鸿篇巨制，具有浓厚的生活气息，是由宗教转向世俗的代表作品，也是西周散文的代表作品。书法饱满庄重，古奥典雅，清代书法家李瑞清曾高度评价为："毛公鼎为周庙堂文学，其文则《尚书》也；学书不学毛公鼎，犹儒生不读《尚书》也。"

（二）大盂鼎

大盂鼎，圆形，敛口，折沿，立耳，深腹，三蹄足，整体以云雷纹为地，颈部、足部饰有饕餮纹，内壁铸有铭文，分为两段，前半部分 10 行，后半部分 9 行，共计 19 行，291 字，记载周康王训诰册命贵族盂的故事。大盂鼎高 101.9 厘米，口径 77.8 厘米，腹径 83 厘米，腹深 49.4 厘米，重 153.5 千克，清朝道光年间于陕西省郿县礼村出土，现藏中国国家博物馆。大盂鼎造型宏伟雄奇，纹饰质朴大方，铭文内容分为三个部分，首先康王陈述商灭周兴的历史原因，指出殷朝因酗酒而亡国，周朝因忌酒而兴盛，赞扬文王、武王的德政。其次册命盂接任父祖官职，勉励盂应当效法祖先南公，忠心辅佐王室，并赐予美酒、命服、车马、人员等。最后盂为颂扬康王的美德制作宝鼎。周康王对盂为官从政的谆谆教导和殷切期待，反映了康王的励精图治以及治国理想。大盂鼎造型端庄稳重，铭文字里行间流露威严的气势和瑰伟的色彩，是研究西周社会组织、政治文化、分封制度的珍贵文献，也是研究文字发展和书体演变的重要资料，体现周朝王公贵族的审美眼光和工匠的高超手艺。

（三）虢季子白盘

虢季子白盘，商周时期盛水器。“虢”指封地，“季”指在同胞兄弟中排行第四，“子”是对成年男子的尊称，“白”是名字。虢季子白盘呈椭方形，直口方唇，深腹平底，口大底小，腹壁下敛，四壁各置一对兽首衔环耳，四足作矩形，口沿下部装饰窃曲纹，腹部环饰波曲纹，盘内底部铸有铭文 8 行，111 字，记载虢季子白战功显赫，周王设宴庆祝的历史事件。虢季子白盘造型奇伟，酷似浴缸，长 137.2 厘米，宽 86.5 厘米，高 39.5 厘米，重 215.3 千克，清朝道光年间出土于陕西宝鸡虢川司，现藏于中国国家博物馆，是迄今所见最大铜盘，其与散氏盘、毛公鼎并称“西周三大青铜器”。铭文记述周宣王十二年（前 816）正月初吉丁亥日，英勇善战的虢季子白受命出征，在洛河北岸大胜猃狁（匈奴先祖），杀敌五百，活捉俘虏五十，立即献俘报捷，宣王举行隆重庆典表彰功绩，赏赐马、钺、弓、矢等，虢季子白专门制盘纪念。虢季子白盘铭文以四字一韵为主，节律铿锵，洗练流畅，文辞优美，颇似《诗经》。书法极具新意，字距均匀，行距相宜，字体端庄，圆润遒丽，布局合理，疏朗却无松散之感，从容不迫，甚有情致，是西周金文疏朗丰美一派的杰作，亦是秦系石刻文字的滥觞。

（四）散氏盘

散氏盘，西周晚期青铜器，盥洗器皿，圆形，浅腹，双附耳，高圈足，腹部饰夔龙纹，圈足饰兽面纹，盘底铸有铭文，共计 19 行，305 字，记载散、矢两国订立田契的历史事件，因铭文之中有“散氏”字样而得名，又名矢人盘，高 20.6 厘米，腹深 9.8 厘米，口径 54.6 厘米，底径 41.4 厘米，重 21.3 千克，清朝出土于陕西省宝鸡市。散氏盘铭文是目前已知中国最早的土地契约，散、矢是关中畿内相邻的两个诸侯国，矢国多次侵犯散国，掠夺土地财产，散国不堪其扰，请求周王主持公道，在周王的斡旋下矢国同意将眉地之田和井邑之田两块土地赔付散国，并且许诺永不毁约。铭文详细记录田地的位置、封界，双方举行盟誓的经过，是研究西周土地制度的重要史料。铭文古拙雄奇，敦厚圆润，用笔豪放质朴，有金文之凝重，草书之流畅，是历代金文书法的典范之一，是西周晚期青铜器书法艺术的巅峰之作。

本章参考文献

[1] 朱凤瀚. 中国青铜器综论 [M]. 上海：上海古籍出版社，2009.

[2] 陈佩芬. 中国青铜器辞典 [M]. 上海：上海辞书出版社，2013.

[3] 陈梦家. 中国铜器综述 [M]. 北京：中华书局，2019.

[4] 李伯谦. 青铜器与中国青铜时代 [M]. 合肥：中国科学技术大学出版社，2018.

[5] 丁孟. 你应该知道的200件青铜器 [M]. 北京：紫禁城出版社，2007.

[6] 《国宝档案》栏目组. 国宝档案1：青铜器案 [M]. 北京：中国民主法制出版社，2018.

本章小结

本章系统介绍青铜器的概念、特色、历史、类型，剖析藏品蕴含的历史文化内涵。学生能够利用所学知识分辨青铜器的种类，明确不同用途。鼓励学生利于业余时间游览博物馆，避免成为走马观花的游客，而是体验者、观察者、思考者，共同开启一段博物馆奇妙之旅。

课后作业

请以小组为单位撰写一份关于博物馆的调查报告。

拓展阅读

学文例话：培养逻辑思维与考证能力

作者介绍：王国维（1877—1927），字静安，号观堂，浙江海宁人。他博览群书，学贯中西，在教育、哲学、文学、美学、史学、文字学、考古学等方面均有建树，是中国近、现代享有国际声誉的著名学者、国学大师。1925年任清华研究院教授，与梁启超、赵元任、陈寅恪并称清华“四大导师”。王国维在甲骨金文、钟鼎彝器、汉晋简牍、敦煌文书、历史地理、宋元戏曲、版本目录、典籍校勘等领域造诣极深，创立以“纸上之材料”（文献）与“地下之新材料”（考古）相互印证的“二重证据法”，堪称新史学开山。王国维率先将甲骨学由文字学演进到史学，与罗振玉（号雪堂）、郭沫若（字鼎堂）、董作宾（字彦堂）并称“甲骨四堂”。著作有《静安文集》《观堂集林》《海宁王静安先生遗书》等。

说　　斝

王国维

《说文解字》“斝从吅，从斗、冂，象形，与爵同意。”罗参事振玉。《殷虚书契考释》云：“案斝从吅，不见与爵同意之状，从冂亦不能象斝形。卜辞斝字作[illegible]，上象柱，下象足，形似爵而腹加硕，甚得斝状。知许书从門作者，乃由[illegible]而讹。卜辞从

，象手持之。许书所从之斗，殆又由此转讹者也。又古彝文有字，与此正同，但省耳，其形亦象二柱、三足、一耳，而无流与尾，与传世古斝形状吻合，可为卜辞字之证。又古散字作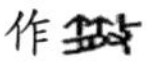，与字形颇相近，故后人误认斝为散。《韩诗》说诸饮器有散无斝，今传世古酒器有斝无散；大于角者惟斝而已。诸经中‘散’字疑皆‘斝’字之讹”云云。余案：参事说是也。浭阳端忠敏方所藏古斯禁上备列诸酒器，其饮器中有爵一、觚一、觯二、角一、斝一，与《特牲馈食礼》之实二爵、二觚、四觯、一角、一散，数虽不同，而器则相若。其证一也。《礼》言饮器之大者，皆散角或斝角连文。《礼器》“礼有以小为贵者，宗庙之祭，〈尊〉［贵］者献以爵，〈卑〉［贱］者献以散；尊者举觯，卑者举角。”《明堂位》加以璧散、璧角，而《郊特牲》则云“举斝角，诏妥尸”，皆与角连文。言散则不言斝，言斝则不言散，明二者同物，其证二也。斝为爵之大者，故名曰斝。斝者，假也，大也。古人不独以为饮器，又以为灌尊，《周礼·司尊彝》“秋尝、冬蒸，祼用斝彝、黄彝”。余见日本住友男爵家所藏一斝，其器至大，殆与壶尊之大者所受同，盖即古之灌尊。则斝彝者，其器即以斝为之。郑君彝画禾稼之说决不然矣。《明堂位》：“灌尊，夏后氏以鸡夷，殷以斝，周以黄目。”《左氏》昭十七年传：“若我用瓘斝玉瓒”。案：“瓘”当作“灌”，灌斝即灌尊，斝所以盛鬯，瓒所用以灌也。是古之灌尊亦以斝为之。而《周礼·鬯人职》则云：“凡䵣事用散”。散既为饮器，又为灌尊，明系斝字之讹。其证三也。《诗·邶风》“赫如渥赭，公言锡爵”，毛传云“祭有畀煇、胞、翟、阍者，惠下之道，见惠不过一散。”经言“爵”，而传言“散”。虽以《礼》诂《诗》为毛传通例，然疑经文“爵”字本作“斝”，转讹为“散”。后人因“散”字不得其韵，故改为“爵”。实则“散”乃“斝”之讹字。赭、斝为韵，不与上文籥、翟为韵。其证四也。《礼》有“散爵”，乃杂爵之意。《燕礼》与《大射仪》，公与诸臣异尊：公尊谓之“膳尊”，诸臣之尊谓之“散”。酌于公尊，谓之“酌膳”；酌于诸臣之尊，谓之“酌散”。公爵谓之“膳爵”，诸臣之爵谓之“散爵”。是“散”者对“膳”言之。《祭统》“以散爵献士”，亦对献卿之“玉爵”、献大夫之“瑶爵”言之。散爵，犹言杂爵也。是“散”本非器名。其证五也。比而书之，知小学上之所得，有证之古制而悉合者，盖如斯也。

——摘引自王国维著《王国维手定观堂集林》，浙江教育出版社，2014 年，第 69～71 页

作者介绍：陈梦家（1911—1966），浙江上虞人，现代著名诗人、古文字学家、考古学家。陈梦家、闻一多、徐志摩、朱湘并称“新月诗派四大诗人”，著有诗集《梦家诗集》《不开花的春》《铁马集》《在前线》《梦家诗存》，对新月派的形成和发展均有影响。

陈梦家于 1944—1947 年在美国芝加哥大学讲授中国古文字学，搜集整理流散欧美的商周青铜器资料，在甲骨学、西周铜器断代以及简牍研究方面均有建树，成果丰硕，为国内外学术界所推重。其中，《中国铜器综述》具有划时代的意义，全书分为研究方法与材料、研究简史、重要出版物、考古发掘与发现、地域分布、术语、器型分类、类型学、文字学、铭文、作伪与铸造、文化背景、年代学、风格与纹饰、断代十五章。“断代”一章，在分析时代特点之后得出将铜器分为四期的结论，逻辑合理，详细全面。

断　代

陈梦家

铜器年代是指其相对年代而非绝对年代，因为我们没有一个详备的西周年表。同时，只有很少的铜器铭文有纪年，即使有也只记某某年，没有确切的王世。以前的铜器断代，只是大略到商、周、汉。郭沫若以王世为顺序排列出二百五十多件西周铜器的早晚顺序，这一开创性的工作取得了一些成功，但也存在错误。对于一个在封闭的学术氛围中完成的开创性工作，这在所难免。除了以王世为顺序排列的西周铜器外，郭还按分封诸侯排列出很多东周铜器和几件西周铜器的年代。高本汉教授在其重要论文《中国青铜器中的殷周铜器》中，把带铭文的周王室铜器划分为西周一、二两个阶段，均属西周时期。在论及风格时，他把铜器分为四期：

1. 殷
2. 殷周（相当于西周早期）
3. 周代中期（相当于西周第二阶段）
4. 淮（相当于公元前六世纪到秦代）

高本汉的结论被一些人错误地使用着，他们误以为“淮”指周晚期，也就是战国时期，而“周代中期”指周代早期和晚期之间的时段。“淮”一词来源于淮河流域最早发现的铜器，我们只能用它来指称铜器的地域风格。“周代中期”作为一个历史时期的说法并不存在。而且，高本汉的这种四分法也非常粗略。下面我以文献中的历史时期为标尺，划分为四个主要时期，其下细分为若干段：

1. 商
2. 西周
(1) 早期
(2) 中期
(3) 晚期
3. 东周
(1) 春秋
a. 早期
b. 中期
c. 晚期
(2) 战国
a. 早期
b. 中期
c. 晚期
4. 汉代
(1) 西汉
(2) 东汉

战国晚期只限于秦统一前的公元前三世纪。孝、夷、共和、宣是公元前九世纪时的几位周王，但孝、夷属于中期，余为晚期。所以，我们不用公元前九世纪来划定铜器年代，而是用王的称谓来代表更确切的年代。

“一致性”是我们为铜器断代的最可靠的依据。如果铜器不是赝品、铭文不伪或是我们没有判断失误的话，一件铜器的器型、花纹和铭文应该属于同一时期。某些学者为了使他们的研究理论显得合理，会有意把无法纳入他们所定体系的铜器认为是赝品。这是最为可叹的。我相信经过对风格、文字和类型学的科学和客观的研究，我们可以为某些铜器进行断代，这关系到铜器的方方面面。在断代过程中，也应该考虑出土地点、铸造工艺和表面处理等。我把本图录断代时常用的铭文依据开列于下：

1. 历史事件——把铭文中记录的事件与传世文献中的历史事件相比较，对传世文献应该采取批判的态度。例如，文献中记录了成王时与东部的商遗民之间发生了频繁战争。如果铭文中有这种记载，我们可以断定它为成王时器（参小臣逨簋与小臣宅簋，U. S. 77）。又如史籍中有公元前 314 年齐国侵入燕国，所以美国宾夕法尼亚大学博物馆藏的壶 U. S. 750（A746）一定是战前铸造，并在公元前 314 年成为齐国的战利品，铭文在公元前 314 年或稍后刻成。

2. 历史人物——通过确认铭文中的人物与文献中提及的人物的关系来断代。例如，天亡簋（参 U. S. 209（A208））是王为其父文王所制之器，文王的继承者是武王，说明此器属于武王时期。纳尔逊美术陈列馆藏方鼎（U. S. 70（A77））是为祭祀成王所制，它的年代肯定晚于成王。令组（U. S. 652（A646））和臣辰组（U. S. 54（A51））制于周公在世时，周公是文王时人。所以，除了我们接下来要讨论的额几个例外，这两个组合均为文王时器。

3. 家世——令组中大方鼎为“令”的第二代所造，“令”为成王时人，大鼎可能作于康王时期。我们用同一种方法为由三代人所作之器组成的乇组（U. S. 467（A451））铜器断代。

4. 都邑——公元前 770 年，周东迁成周，铜器中提到西都的“宗周”“周”或“𦟛京”等名称的为西周时器。当然，东周铜器也可能提到“成周”，但迄今提到“成周”的铜器均为西周器。

5. 王朝更替——公元前 379 年，姜齐为田齐所代。如果是齐侯制器，年代应在公元前 379 之前（如齐侯组，U. S. 296（A284））；如果是田氏制器（在铜器上写有“陈”），可以定为公元前 379 年后。

6. 字体——适组器中（U. S. 338（A329）），我们选了此组每一件铜器上都出现的几个字来判断哪种书写风格最早，由此来判断组合中器物的早晚。

7. 惯用语——商器中从未出现“子子孙孙”，西周早期器物中有“孙孙子子”。西周中、晚期的铜器上常用“永宝用”来结尾，西周晚期常用“永宝用享”（U. S. 251（A246）），春秋器中又变为“永宝用之” （U. S. 266、267、296（A256、257、284））。特定的阶段使用特定的词语和惯用语。

8. 内容——周代铜器铭文和商代的长篇铭文有明显的差别。商代长篇铭文如讨论过的 U. S. 200（A196）），以日名开始，以年结束。而周代成王后的铭文，开始即为年、月和日。另外，周人使用一月四分法，商人用“周祭”。

9. 礼物——在商和周代铭文中提到的礼物主要是“贝”和“金”，西周中期以后是车马器和衣物。

需要指出的是，如果用铭文作为断代的依据，首先要保证铭文不是伪刻，并正确地释读。错误的释读会导致断代错误，如纳尔逊美术陈列馆所藏的一件方鼎（U. S. 70（A77））是成王死后为成王而作，所以年代不能定为成王。同样，《尊古》1. 24 方鼎是周公长子、第一任鲁侯伯禽死后，别人为他而作，而非伯禽所作。史载伯禽曾为臣于康王，所以方鼎的年代不应早于康王第一段。

关于铜器风格和类型学的断代标准已经在器型分类、类型学和纹饰等章节中讨论过，不再赘述。

——摘引自陈梦家著、王睿等译《中国铜器综述·断代》，
中华书局，2019 年，第 365～367 页

第七章 茶与茶文化

茶，源自中国，风靡世界，与咖啡、可可鼎足而立，并称全球三大饮品。茶是日常生活的重要组成部分，普通百姓追求“柴、米、油、盐、酱、醋、茶”，文人墨客讲究“琴、棋、书、画、诗、酒、茶”，喝茶雅俗共赏，不仅体现格调品味，而且能够丰富精神生活。

2022 年“中国传统制茶技艺及其相关习俗”被列入联合国教科文组织人类非物质文化遗产代表作名录，具体是包括有关茶园管理、茶叶采摘、茶的手工制作，以及茶的饮用和分享的知识、技艺和实践。下面就让我们以茶为媒，穿越历史，一起了解茶文化的发展。

一、概况

茶树原产中国，被子植物门、双子叶植物纲、山茶目、山茶科、山茶属，多年生常绿木本植物。喜温怕寒，喜湿怕旱，喜酸怕咸，喜光耐阴，树龄可达千年，目前已知最大、最古老的野生型大茶树为云南省千家寨 1 号古茶树，约 2700 岁，树高 25.6 米。

茶树材质细密，可以用于雕刻，茶籽可以榨油，嫩芽可以制成茶叶，中国是世界上最早发现、利用茶树的国家，西南地区包括云南、贵州、四川等山区是茶树原产地的中心。茶是中国名片，千百年来茶叶的种植、培育、制作、饮用蕴含古圣先贤世世代代的探索发现与开拓创新，堪称经验总结和智慧结晶。中国是全球种茶面积最大，产茶最多，种类最为丰富的国家，作为绿色保健饮料，茶是中国对世界饮料的一大贡献。

二、类型

茶树分布广泛，按照树型分为灌木、小乔木、乔木三种。灌木型，无明显主干，树冠矮小，容易采摘，分枝稠密，侧根发达，栽培茶树多为灌木型。乔木型，主干明显，分枝部位较高，主根发达，树势高大。小乔木型，又称半乔木型，主干较为明显，分枝较高，树冠直立高大，根系较为发达。

茶叶以茶树新梢芽叶作为原料，叶缘有锯齿和叶片的网状结构是茶树叶片的重要特征，成熟叶片用于光合作用、制造养分维持茶树生长，嫩芽用于采摘。依据成熟叶片大小可以分为特大叶种、大叶种、中叶种、小叶种四类。叶片面积＝叶宽×叶长×0.7，面积小于14平方厘米属于小叶种，面积在14～28平方厘米之间的属于中叶种，面积在28～50平方厘米之间的属于大叶种，面积大于50平方厘米的属于特大叶种。茶树叶片互生，分布疏密不同，节间长短不同，大叶种一般叶片生疏，节间较长，产量较高，小叶种一般叶片生密，节间较短，产量较低，同等工艺条件下，叶种越小，越鲜甜清香，叶种越大，越浓厚耐泡。大叶种茶多酚含量高，一般适制红茶、普洱茶；中叶种茶多酚含量适中，一般制作乌龙茶；小叶种茶多酚含量低，一般适制绿茶。

茶叶依据采制季节可以分为春茶、夏茶、秋茶、冬茶。按照生长环境可以分为平地茶、高山茶。按照地带气候、土壤条件可以分为西南、华南、江南、江北四大茶区。西南茶区多为灌木型、小乔木型，部分地区有乔木型，适合红茶、绿茶、普洱茶等。华南茶区多为乔木型、小乔木型大叶种茶树，适宜红茶、普洱茶、乌龙茶等。江南茶区多为灌木型中叶种、小叶种，以及少量小乔木型中叶种、大叶种，适宜生产绿茶、乌龙茶。江北茶区多为灌木型中叶种、小叶种，适合生产绿茶。福建、浙江、云南是产茶大省。

依据发酵程度、品质特点的不同，茶叶可以分为绿茶、白茶、黄茶、青茶、红茶、黑茶六个大类。

绿茶是最早出现的茶类，不发酵茶，是以茶树新梢鲜叶为原料，经过杀青、揉捻、干燥等基本工序制成。杀青是通过高温蒸发部分水分，便于茶叶成形。揉捻促使叶汁附于叶表，冲泡之时易于溶解。干燥可提升茶香，能够固定茶形，防止茶叶变质，便于储藏。绿茶清汤绿叶，香气清雅，俗称"三绿"——干茶绿、茶汤绿、叶底绿。绿茶是中国产量最大的茶类，因不发酵能保留更多鲜叶中的天然物质与营养成分而广受喜爱。西湖龙井、安吉白茶、六安瓜片、信阳毛尖、黄山毛峰、太平猴魁、洞庭碧螺春都是名优绿茶。

白茶，微发酵茶，肥硕壮实，满披白毫，如银似雪，因而得名。汤色清澈明亮，滋味嫩爽鲜甜。鲜叶要求"三白"，即嫩芽与两片嫩叶均有白毫显露。白茶制作工序简单，只需萎凋、干燥两个步骤，萎凋是失水并形成花香的过程，也是形成白茶品质的关键工序，萎凋有日光萎凋、自然萎凋、加温萎凋三种，以自然萎凋最佳，制作方法既不破坏酶的活性，又不促进氧化作用。白茶主要有白毫银针、白牡丹、贡眉、寿眉等。

黄茶，轻发酵茶，需要经过杀青、揉捻、闷黄、干燥的制作工序，闷黄一步是关键，通过湿热作用促使茶叶内含成分发生一定化学变化，消除苦涩味道，形成黄汤黄叶的特点。根据鲜叶原料的嫩度和芽叶的大小，黄茶可以分为黄芽茶、黄小茶、黄大茶三类。黄茶色泽金黄，香气清高，滋味浓厚，鲜爽回甘，收敛性弱，著名品种有君山银针、蒙顶黄芽、霍山黄芽、北港毛尖、沩山毛尖、平阳黄汤、霍山黄大茶、广东大叶青等。

青茶，又称乌龙茶，半发酵茶，经过萎凋、摇青、炒青、揉捻、干燥制成，因适当发酵，叶片中间保留绿色而叶缘略有红色，形成“绿叶红镶边”的外貌特征。根据加工造型方法的不同，青茶分为条形和半球形，汤色橙黄，甜美富于变化，香气浓郁持久，花香、果香合二为一。著名品种有武夷岩茶、水仙、肉桂、大红袍、铁观音、黄金贵、凤凰单枞、凤凰水仙、冻顶乌龙。

红茶，全发酵茶，经过萎凋、揉捻、发酵、干燥等工艺处理精制而成，其中发酵一步最为关键，需要控制时间、温度。红茶分为红碎茶、红条茶。红条茶按照加工方法可以分为小种红茶、工夫红茶。正山小种、金骏眉等是小种红茶，祁红、滇红等是工夫红茶。品质特征是红汤、红叶，香高、色艳、味浓。红茶品种多样，产地广阔，精品有正山小种、九曲红梅、祁门红茶、金骏眉等。

黑茶，后发酵茶，制茶工艺一般包括杀青、揉捻、渥堆、干燥四道工序，其中渥堆一步是关键，时间长短、程度轻重都直接影响成品品质。按照原料和制作工艺的不同可以分为紧压茶、花卷、散装茶三类。黑茶原料粗老，外形粗大，叶长梗长，一般制成紧压茶，以云南普洱茶最为著名。汤色红浓明亮，陈香浓烈。香气高锐持久，愈陈愈香，滋味浓强，耐泡性好，营养物质丰富。主要有安化黑茶、湖南黑茶、四川边茶、广西六堡茶、云南普洱茶等。普洱茶按照加工工艺可以分为生茶和熟茶，生茶是指新鲜的茶叶采摘之后以自然方式陈放，未经渥堆发酵处理，汤色黄绿，口感刺激。熟茶经过渥堆发酵，茶性温和，汤色深红，滋味浓厚。严格来讲，生普属于绿茶，熟普属于黑茶。

三、功效

茶叶含有多种营养成分，茶多酚、咖啡因、茶氨酸、茶多糖较为重要，一般情况下，茶多酚含量为18%～36%，咖啡因含量为2%～4%，茶氨酸含量为1%～3%，糖类含量为20%～25%。茶多酚又称茶单宁，解毒、抑菌、抗辐射、抗氧化作用明显。咖啡因具有提神醒脑作用，能够促进消化。茶氨酸可以降低血压。茶叶具有特殊的医疗保健作用，经常饮用，具有兴奋中枢神经，降低胆固醇，增强免疫功能，调节血脂、血糖、血压及预防心血管疾病，提神解渴，坚齿防龋，利尿止泻，预防衰老，消食减肥，美容护肤等多重功效，喝茶是一种健康的生活方式。

四、历史

中国是茶的故乡，茶堪称“国饮”。据汉代《神农本草经》记载：“神农尝百草，日遇七十二毒，得荼而解之。”神农即远古传说中“三皇五帝”之一的炎帝，是农耕文化的创始人，荼即茶，神农为治病救人，采集草药，体验药性，用荼解毒，这是茶作为药用的最早记载。唐代陆羽《茶经》也称：“茶之为饮，发乎神农氏，闻于鲁周公。”茶最初是直接咀嚼鲜叶汲取茶汁，或是加水煎煮成为汤汁饮用，即“吃茶法”。“茶叶苦，饮之使人益思、少卧、轻身、明目”，所以最初较多关注的是茶的医疗保健功效。

茶树的培育与茶叶的饮用随着历史的发展不断进步，巴蜀地区作为中国茶业和茶文化摇篮，曾是茶叶生产、消费、技术中心，先秦时期已经出现茶事活动，形成具有一定规模的茶区以及独特的制茶方式和饮茶方法，已有优质产品进贡朝廷。据顾炎武《日知录》记载：“自秦人取蜀而后，始有茗饮之事。”这表明饮茶源于巴蜀，秦统一全国之后开始传播。两汉茶区扩大，许多地方开始人工种茶，买卖茶叶，成都是消费中心，也是最早的茶叶集散中心，茶叶、陶瓷、丝绸成为对外贸易和文化交流的三大重要物资。魏晋南北朝时期随着巴蜀与各地经济文化交流的增强，茶叶的种植、加工、饮用也逐渐向中原地区蔓延，由巴蜀走向全国，从南方传向北方，上至帝王将相，下到平民百姓，饮茶逐渐成为风气。饮茶方法是先将茶叶碾成细末，再加油膏、米粉等黏合制成茶团或茶饼，饮用之时需将茶团捣碎，称为“擂茶”，再放入葱、姜、盐、枣、橘皮、茱萸、薄荷等调料一同煎煮，成品茶汤有滋有味。

魏晋南北朝饮茶开始具有一定的仪式规范，蕴含特殊的文化品位，部分玄学家、清谈家借助茶饮保持泰然自若、率真洒脱的状态，茶叶的清香雅致被赋予高贵淳朴的精神力量，文人雅士的赞美吟咏将其美化升华，完美契合虚静淡泊、旷达不羁的名流风采。

饮茶成为一种文化，始于唐代，随着对茶叶色、香、味的不断认识，积淀深厚的茶文化开始走向成熟。唐朝饮茶之风盛行与朝廷的提倡、经济的发展、社会的繁荣、文化的融合等多重因素有关，讲究茶叶产地、采摘时节、饮茶器皿、饮茶礼节、操作方式等。唐朝“煮茶法”已经非常系统规范，从选茶、用水、茶具、燃料到火候、汤候掌握等各个环节均有严格要求，唐人不再添加调料而是直接将茶叶制成团状、饼状，就制作程序《茶经》有记载如下：“采之，蒸之，捣之，拍之，焙之，穿之，封之，茶之干矣。”饮用之前先将团茶放在火上炙烤，直至温热柔软，香气溢出，然后敲碎，研磨成粉，筛出细末，当锅内稍微有声，水面出现如鱼眼般的细小水珠之时，称为一沸，加入适量盐调味，当锅中水泡如泉涌之时，称为二沸，舀出一瓢沸水备用，再用竹夹转圈搅动锅内沸水，将茶投入水中心，当水开始翻滚奔腾，泡沫四溅时，将二沸时舀出的水倒入锅中，用以降温止沸、孕育沫饽，随后将茶汤分别舀入茶碗，尽量保持沫饽均匀，趁热饮用。

唐人相当重视饮茶的精神享受，涌现众多茶事诗歌、绘画、书法作品，例如诗僧皎然，其《饮茶歌诮崔石使君》最早提出“茶道”一词，“越人遗我剡溪茗，采得金芽爨金鼎。素瓷雪色缥沫香，何似诸仙琼蕊浆。一饮涤昏寐，情思爽朗满天地。再饮清我神，忽如飞雨洒轻尘。三饮便得道，何须苦心破烦恼。此物清高世莫知，世人饮酒徒自欺。愁看毕卓瓮间夜，笑向陶潜篱下时。崔侯啜之意不已，狂歌一曲惊人耳。孰知茶道全尔真，唯有丹丘得如此。”盛赞茶汤清郁隽永、玉露琼浆的滋味，层层深入地描述一饮、再饮、三饮的不同感受，指出饮茶能够愉悦精神、慰藉心灵、修身养性。又如卢仝，博学工诗，爱茶成癖，有《走笔谢孟谏议寄新茶》：“一碗喉吻润，二碗破孤闷，三碗搜枯肠，唯有文字五千卷。四碗发轻汗，平生不平事，尽向毛孔散。

五碗肌骨清，六碗通仙灵，七碗吃不得也，唯觉两腋习习清风生。蓬莱山，在何处？玉川子，乘此清风欲归去。”连吃七碗酣畅淋漓，一气呵成的爽朗痛快令人拍案叫绝。刘贞亮甚至总结出茶的“十德”，即“以茶散郁气，以茶驱睡气，以茶养生气，以茶除病气，以茶利礼仁，以茶表敬意，以茶赏滋味，以茶养身体，以茶可行道，以茶可雅志。”此外尚有阎立本表现煮茶场景的《萧翼赚兰亭图》，周昉描绘宫廷贵族女子听琴品茗愉快生活的《调琴啜茗图卷》等。才华横溢的唐人以茶为媒享受健康、诗意、休闲的生活，茶文化随之进入兴盛期。

宋代茶区继续扩大，制茶技术逐步改进，御茶的精益求精促进名茶迅速发展，宋代贡茶重心在建州（今福建建瓯）北苑，采制讲究，做工精细，色、香、味均为上乘，表面印有龙凤标志纹饰，称为龙团凤饼，品质优良，种类众多，诸如龙苑报春、龙团胜雪、龙凤英华、太平嘉瑞、瑞云翔龙等，多有祥瑞雅致之意。龙团凤饼极具欣赏价值、商业价值，被宋徽宗誉为“龙团凤饼，名冠天下。”饼茶加工技艺达到顶峰。宋代饮茶习惯更加普及，以团茶、饼茶为主，饮用方式为“点茶法”，程序包括烤茶、碾茶、筛茶、煮水、点茶、分茶、品茶。首先烘烤茶饼，碾碎过筛，再将茶粉投入茶盏，冲入少量沸水，将茶粉调匀成糊状，再次注入沸水，一边冲泡一边使用茶筅搅拌击打茶汤，直到茶汤表面形成浓厚泡沫为止，追求茶汤的真香真味。

宋代盛行“斗茶”，又称“斗茗”“茗战”，是比拼茶叶质量、泡茶技艺优劣的竞赛活动，多是二人捉对厮杀，三斗两胜，充满趣味性与挑战性，在皇室、民间均极受欢迎。斗茶需要选择茶叶、用具，了解茶性、水质，控制火候，掌握冲泡技巧。具体操作就是选择新茶，使用建窑黑盏，采用活水活火烹煮。蔡襄在《茶录》中指出：“茶色白，宜黑盏，建安所造者绀黑，纹如兔毫，其坯微厚，最为要用。”黑白分明增强视觉效果。选择燃料性能要好，火力适度而持久，燃烧之时不能释放烟味异味，以免影响茶味。决定斗茶胜负标准有二：一是汤色，汤色主要反映采制工艺，以鲜艳纯白为佳，青白、灰白、黄白次之。汤色纯白表明采茶鲜嫩，制作恰到好处。二是汤花，汤花是指茶汤表面泛起的泡沫，以鲜白为上。汤花持续时间的长短与冲泡技艺密切相关，汤花散去，露出水痕，水痕早出为负，晚出为胜。汤花的最佳效果是可以紧咬盏沿，凝结不动，久聚不散，称为“咬盏”，是否“咬盏”是斗茶胜负的关键。

分茶亦很流行，也称茶百戏、水丹青。分茶是种独特且高超的烹茶技艺，要求通过转瞬即逝的汤花显现瑰丽曼妙的画面。关键步骤为“搅”和“点”，“搅”创造汤花形象，“点”要求在茶末与沸水相遇的瞬间汤纹水脉立即形成变化无穷的图案。文人墨客精于此道，推波助澜，一时之间颇受欢迎。格调极高的斗茶、分茶之风的盛行对于茶叶推广、烹沏技巧以及文学艺术的发展壮大具有巨大推动作用。宋代以茶为内容创作的书画作品数不胜数，精品迭出，名画有刘松年《撵茶图》，赵孟頫《斗茶图》。名作有苏东坡的“休对故人思故国，且将新火试新茶，诗酒趁年华”。陆游的“矮纸斜行闲作草，晴窗细乳戏分茶”。

明清时期制茶技术继往开来，不断创新改良，各地名茶迅速崛起，是茶走向多样化、艺术化、生活化的重要阶段。明朝茶叶生产由饼茶走向散茶，打破了团茶、饼茶一统天下的局面。散茶省工省时，原汁原味，经济实用，简单易行，饮用方式随之变为“泡茶法”，以壶泡、杯泡、盖碗泡为主，直接沸水冲泡茶叶。关键是茶叶、水质、茶具，特别在意茶具，对陶、瓷、紫砂均有极高要求，尤以景德镇的瓷器和宜兴紫砂壶最为著名。供春是历史上第一个留下名字的紫砂壶艺术家，由他所制的茶具质薄而坚，古朴凝重，线条流畅，光泽莹润，温雅天然，有“供春之壶，胜于金玉”之说。嘉靖至万历年间，紫砂茶具发展迅猛，涌现董翰、赵梁、袁锡、时朋四大制壶名家，工艺精湛，造型高雅，紫砂茶具成为文化瑰宝。是时饮茶习俗已经渗透到社会生活的每个角落，茶馆林立，环境、礼节、操作逐渐出现约定俗成的程序与规范。

话说南京城里，每年四月半后，秦淮景致渐渐好了。那外江的船，都下掉了楼子，换上凉篷，撑了进来。船舱中间，放一张小方金漆桌子，桌上摆着宜兴沙壶，极细的成窑、宣窑的杯子，烹的上好的雨水毛尖茶。那游船的备了酒和肴馔及果碟到这河里来游，就是走路的人，也买几个钱的毛尖茶，在船上煨了吃，慢慢而行。到天色晚了，每船两盏明角灯，一来一往，映着河里，上下明亮。自文德桥至利涉桥、东水关，夜夜笙歌不绝。

——摘引自吴敬梓著《儒林外史》第四十一回，古吴轩出版社，2020 年，第 371 页。

吴敬梓熟悉南京的山川人文，感情深厚，《儒林外史》即在南京完成。暮春时节徜徉在桨声灯影中的秦淮河中，手执成窑杯，细细品味由紫砂壶泡好的毛尖茶，体会市井繁华与烟火气息。吴敬梓寥寥几笔写出生动迷人的秦淮风情，凸显南京的闲适惬意与风雅自在。

茶在神农时期登上历史舞台，自此茶香弥漫中华文化，随后漂洋过海为世界人民送去一缕幽香，品茶待客是高雅的社交礼节和娱乐活动。茶是一种精神文化，“是人类在社会历史发展过程中所创造的有关茶的物质财富和精神财富的总和。它是以物质为载体，反映出明确的精神内容，是物质文明与精神文明高度和谐统一的产物。茶属于中介文化，它的内容包括茶的历史发展、茶区人文环境、茶业科技、千姿百态的茶类和茶具、饮茶习俗和茶道茶艺、茶书茶画茶诗词等文化艺术形态，以及茶道精神与茶德、茶对社会生活的影响等诸多方面。”茶文化体现中国传统道德与人文精神，赏茶、泡茶、闻茶、品茶可以静心宁神、陶冶情操、去除杂念、修炼身心、自我完善。

坐了半日，日色已经西斜，只见两个挑粪桶的，挑了两担空桶，歇在山上。这一个拍那一个肩头道：“兄弟，今日的货已经卖完了，我和你到永宁泉吃一壶水，回来再到雨花台看看落照！”杜慎卿笑道：“真乃菜佣酒保都有六朝烟水气，一点也不差！”

——摘引自吴敬梓著《儒林外史》第二十九回，古吴轩出版社，2020 年，第 270 页。

两位挑粪工在结束了一整天粗俗劳累的工作之后，相约先去品茶再到雨花台看日落，这是何等的风雅！何等的美好！就连读书人杜慎卿都感叹不已。南京作为六朝古都，千年之后依然笼罩在诗意的氛围当中，自在从容、悠闲精致深入骨髓，普通百姓不经意的言谈举止都流露出六朝气息。两位社会底层人士通过喝茶看落日绽放理想的光芒，闪现南京的气质与品味，体会源自灵魂深处深情，真实、暖心、动人。

五、茶圣

陆羽（约733—约804），字鸿渐，复州竟陵（今湖北天门）人，一生嗜茶，亲自育种，擅长品茗，精于茶道，唐代著名茶学家，后世尊为“茶圣”。陆羽上元元年（760）隐居苕溪（今浙江湖州），系统总结前代科学知识的同时密切结合自身实践经验，撰成《茶经》，全面介绍茶叶的产地、种植、生长、采摘、制造、品评、功用以及泉水的鉴别、器具的选择、煮茶的技艺、饮茶的礼节，集中反映陆羽的茶学、茶艺、茶道思想，是一部关于茶叶历史、源流、现状的综合性论著，具有划时代的意义，为中国茶文化进一步发展奠定坚实基础。

《茶经》是现存最早、最完整、最全面的茶学专著，共十章，分为上、中、下三卷。具体内容：一之源，概述茶的起源、土壤、气候、性能、功用等；二之具，论述采摘、制作、加工茶叶的工具；三之造，论述茶的制作过程、鉴别方法；四之器，论述烤茶、碾茶、煮茶、饮茶的器皿用具；五之煮，讨论煮茶的步骤、技巧以及水的品质；六之饮，讲述饮茶的方法、意义；七之事，介绍饮茶历史以及茶事资料；八之出，记载产茶盛地，品评质量；九之略，根据实际情况灵活选择使用采制工具和饮茶器具；十之图，将以上内容绘成画幅，随时观看，指导操作，品茶之味，明茶之理。堪称“茶叶百科全书”。

如何鉴别茶叶品质？陆羽指出：“野者上，园者次。阳崖阴林，紫者上，绿者次；笋者上，芽者次；叶卷上，叶舒次。”茶树以野外自然生长为上，人工园圃栽培为次。向阳山坡、林荫之下的茶树更加健壮。茶叶以紫色为上，转绿为次。由于嫩叶颜色会因品种、土壤的不同而有明显差异，因此仅从自然环境引起的芽叶颜色变化来判断茶叶品质优劣的方法较为片面，现今并不适用。茶芽以萌发于新梢顶端，节间长、外形细长肥壮如笋者为上，细小瘦弱为次。叶面以反卷为上，平展接近成熟为次。目前主要以外形、香气、色泽、滋味、叶底为主要评判标准，首先需要观察茶叶形状，是否干燥。其次观看茶汤色泽，是否清澈明亮。再次观看叶底，冲泡之后展开的茶叶是否细嫩、完整，有无焦斑、红筋、红梗等。

如何择水？茶与水关系密切，水可以激发茶的色、香、味，水质不佳容易破坏茶叶中的有益成分，因此备受重视。古人总结出“好水”的四个标准，即清、轻、活、洌。“清”是指透明清澈，无垢，无杂质；“轻”指质地轻，轻重即软硬，软水冲泡效果更佳；“活”指水贵在鲜活，要求有源有流；“洌”指清凉爽口，雪水为佳。陆羽认为“其水，用山水上，江水中，井水下”。并结合实践经验将天下水评为二十等，张又新在《煎茶水记》中也有详细记录。

张又新，唐朝诗人，字孔昭，深州陆泽（今河北深县）人。曾祖张鷟，著有《朝野佥载》，父亲张荐，官至工部侍郎。张又新初应京兆府试，为解头；元和九年进士及第，为状头；其后登博学宏词科，为敕头，时号“张三头”。任官左右补阙、广陵从事、汀州刺史、江州刺史、刑部郎中等，终左司郎中。能诗，善文，嗜茶，撰有《煎茶水记》一卷。

名家名篇

煎茶水记

〔唐〕张又新

元和九年春，予初成名，与同年生期于荐福寺。余与李德垂先至，憩西厢玄鉴室，会适有楚僧至，置囊有数编书。余偶抽一通览焉，文细密皆杂记，卷末又一题云《煮茶记》，云代宗朝李季卿刺湖州，至维扬，逢陆处士鸿渐。李素熟陆名，有倾盖之欢，因之赴郡。至扬子驿，将食，李曰："陆君善于茶，盖天下闻名矣。况扬子南零水又殊绝。今者二妙千载一遇，何旷之乎。"命军士谨信者，挈瓶操舟，深诣南零，陆利器以俟之。俄水至，陆以杓扬其水曰："江则江矣，非南零者，似临岸之水。"使曰："某擢舟深入，见者累百，敢虚绐乎?"陆不言，既而倾诸盆，至半，陆遽止之，又以杓扬之曰："自此南零者矣。"使蹶然大骇，伏罪曰："某自南零赍至岸，舟荡覆半，惧其鬻，挹岸水增之。处士之鉴，神鉴也，其敢隐焉!"李与宾从数十人皆大骇愕。李因问陆："既如是，所经历处之水，优劣精可判矣。"陆曰："楚水第一，晋水最下。"李因命笔口授而次第之：庐山康王谷水帘水第一；无锡县惠山寺石泉水第二；蕲州兰溪石下水第三；峡州扇子山下，有石突然，洩水独清冷，状如龟形，俗云虾蟆口，水第四；苏州虎丘寺石泉水第五；庐山招贤寺下方桥潭水第六；扬子江南零水第七；洪州西山西东瀑布水第八；唐州柏岩县淮水源第九，淮水亦佳；庐州龙池山头水第十；丹阳县观音寺水第十一；扬州大明寺水第十二；汉江金州上游中零水第十三，水苦；归州玉虚洞下香溪水第十四；商州武关西洛水第十五；未尝泥。吴松江水第十六；天台山西南峰千丈瀑布水第十七；郴州圆泉水第十八；桐庐严陵滩水第十九；雪水第二十，用雪不可太冷。此二十水，余尝试之，非系茶之精粗，过此不之知也。夫茶烹于所产处，无不佳也，盖水土之宜。离其处水功其半，然善烹洁器全其功也。李置诸筒焉，遇有言茶者即示之。

——摘引自周绍良主编《全唐文新编》(卷七二一)，吉林文史出版社，2000 年，第 8268～8269 页

如何煮茶？煮茶方法如下：炙烤饼茶，碎茶，碾茶，筛茶，煮水，放盐，搅拌，投茶，舀入茶碗，饮用茶汤。煮茶用具包括：风炉、筥（装碳的竹篓）、炭檛（敲炭榔头）、火夹（即火钳，夹取火炭）、鍑（锅）、交床（锅座）、夹子（夹取茶饼烘烤）、碾槽、罗（用于筛茶）、盒（贮存茶末）、则（取茶量器）、水方（用于盛水）、滤水囊、瓢、鹾簋（放盐）、札（刷子）、盂、碗、巾等等。目前所见最为精美的整套唐代茶具出土于法门寺。

知识链接

法门寺地宫茶具——不如吃茶

公元 873 年，唐僖宗举行盛大法事，奉归佛指骨舍利还法门寺，并封藏于塔下地宫。1987 年，地宫被意外发现，舍利及数千件珍宝器物出土，震惊世界。其中一套唐朝皇室御用茶具，是我国目前所知时间最早、组合最完整、等级最高的成套茶具。

咸通十四年（873），上归安佛祖舍利，举行封门盛大法事，举世皆知。特供奉私藏茶具一套，随真身供养。

笼子一枚，重十六两半。模冲成型，纹饰鎏金，通体镂空。笼口刻有莲瓣，莲瓣化身于净土圣人；天顶盘旋鸿鹄，鸿鹄结对于浩渺云空。天地自然，生生不息。

盐台一副，重十三两。盖上有莲蕾捉手，盖子呈卷荷形。盖面饰有四尾摩羯，錾刻叶脉。荷叶底部上卷，好似随风飘摆。台盘平底，中心下凹，宽沿上锤刻以海石榴为花蕊之双层莲瓣。平底饰莲蓬，放置盐与胡椒。三足支架有银丝盘曲伸出，摩羯鱼与智慧珠架于银丝末端。盐台似被云层托举，更显庄严。

结条笼子一枚，重八两三分。笼体椭方形，以银丝编制而成。四足膝部为天龙铺首，取其镇凶辟邪、避祸求福之意。笼盖中部饰有金丝塔形花，衬托莲叶开放，仿佛涅槃，获得另一重生命。

茶碾子一副。茶槽底部两端呈如意云头，长方形辖板中央焊宝珠形捉手。捉手两边各錾一只鸿雁，衬流云纹。碢轴由纯银浇铸成型，自铭曰“重一十三两”。碾轮轴心饰莲瓣团花一幅及流云纹一周，齿状边缘用以将茶碾碎。至此，茶由叶及饼再成末，如万里祥云，幻化无常。

茶罗一副。罗架两侧有头束发髻、身着褒衣之仙人纵蟠驾鹤。另两端壁面分别饰以山岳云气及飞翔双鹤流云纹，四周饰莲瓣纹。茶罗底錾刻“五哥”二字，为上幼时乳名。

茶者，南方之嘉木也，最宜精行俭德之人。上特于咸通十四年，将私用茶具配以虔敬之心，同金银器皿、衫袍席褥、珍宝法器，共两千四百九十九件，封于法门寺塔下地宫，求佛祖保佑大唐，圣寿万春，圣枝万叶，八荒来服，四海无波。

——根据《如果国宝会说话·第三季》（第二十四集）解说词整理

六、名茶

中国幅员辽阔，资源丰富，景色优美、层峦叠嶂的名山大川通常盛产茶叶，浙江作为产茶大省，名优茶种类众多，最为著名的当属西湖龙井，中国十大名茶之一，产于杭州西湖群山之中，因龙井泉而得名，康熙列为“贡茶”，乾隆封为御茶，有“狮”“龙”“云”“虎”四个品类，即狮峰、龙井、云栖、虎跑四处，其中狮峰龙井最佳。

龙井茶优良品质的形成一靠早采细嫩芽叶，二靠精巧的炒制技术。清明前后采摘，一芽一叶，一芽二叶。炒制过程运用抓、抖、搭、捺、甩、推、挺、扣、压、磨等十大手法，最终形成以“色绿、香郁、味甘、形美”四绝著称的西湖龙井。西湖龙井是绿茶中的上品，素有“天堂瑰宝”之称，外形扁平光滑，色翠略黄，汤色碧绿明亮，香馥若兰，适合使用无色、无花、无盖的玻璃杯冲泡，便于欣赏名优绿茶在水中游动的柔美姿态。西湖龙井一经冲泡，茶叶便在水中上下沉浮，芽芽直立，汤底匀齐成朵，口感醇和，齿颊留香，甘泽润喉，回味无穷。

品鉴名茶是种高雅的休闲方式，《红楼梦》中就曾全面展示了茶、水、器同样重要的极其讲究的日常品茗生活。

名家名篇

栊翠庵茶品梅花雪　怡红院劫遇母蝗虫

当下贾母等吃过了茶，又带了刘姥姥至栊翠庵来。妙玉忙接了进去。至院中见花木繁盛，贾母笑道：“到底是他们修行的人，没事常常修理，比别处越发好看。”一面说，一面便往东禅堂来。妙玉笑往里让，贾母道：“我们才都吃了酒肉，你这里头有菩萨，冲了罪过。我们这里坐坐，把你的好茶拿来，我们吃一杯就去了。”妙玉听了，忙去烹了茶来。

宝玉留神看他是怎么行事。只见妙玉亲自捧了一个海棠花式雕漆填金“云龙献寿”的小茶盘，里面放一个成窑五彩小盖钟，捧与贾母。贾母道：“我不吃六安茶。”妙玉笑说：“知道。这是‘老君眉’。”贾母接了，又问：“是什么水？”妙玉笑回：“是旧年蠲的雨水。”贾母便吃了半盏，便笑着递与刘姥姥，说：“你尝尝这个茶。”刘姥姥便一口吃尽，笑道：“好是好，就是淡些，再熬浓些更好了。”贾母众人都笑起来。然后众人都是一色官窑脱胎填白盖碗。

那妙玉便把宝钗和黛玉的衣襟一拉，二人随他出去，宝玉悄悄的随后跟了来。只见妙玉让他二人在耳房内，宝钗坐在榻上，黛玉便坐在妙玉的蒲团上。妙玉自向风炉上扇滚了水，另泡了一壶茶。宝玉便走了进来，笑道：“偏你们吃梯己茶呢。”二人都笑道：“你又赶了来飺茶吃。这里并没你的。”

妙玉刚要去取杯，只见道婆收了上面的茶盏来。妙玉忙命：“将那成窑的茶杯别收了，搁在外头去罢。”宝玉会意，知为刘姥姥吃了，他嫌脏，不要了。又见妙玉另拿出两只杯来。一个旁边有一耳，杯上镌着“𬮤瓟斝”三个隶字，后有一行小真字，是“晋王恺珍玩”，又有“宋元丰五年四月眉山苏轼见于秘府”一行小字。妙玉便斟了一斝递与宝钗。那一只形似钵而小，也有三个垂珠篆字，镌着“点犀䀉”，妙玉斟了一䀉与黛玉。仍将前番自己常日吃茶的那只绿玉斗来斟与宝玉。宝玉笑道：“常言‘世法平等’：他两个就用那样古玩奇珍，我就是个俗器了。”妙玉道：“这是俗器？不是我说狂话，只怕你家里未必找的出这么一个俗器来呢。”宝玉笑道：“俗说‘随乡入乡’，到了你这里，自然把那金玉珠宝一概贬为俗器了。”

妙玉听如此说，十分欢喜，遂又寻出一只九曲十环一百二十节蟠虬整雕竹根的一个大盏出来，笑道："就剩了这一个，你可吃的了这一海？"宝玉喜的忙道："吃的了。"妙玉笑道："你虽吃的了，也没这些茶糟蹋。岂不闻：'一杯为品，二杯即是解渴的蠢物，三杯便是饮牛饮骡了'。你吃这一海，更成什么？"说的宝钗、黛玉、宝玉都笑了。妙玉执壶，只向海内斟了约有一杯。宝玉细细吃了，果觉轻浮无比，赏赞不绝。妙玉正色道："你这遭吃茶，是托他两个的福，独你来了，我是不给你吃的。"宝玉笑道："我深知道的，我也不领你的情，只谢他二人便是了。"妙玉听了，方说："这话明白。"

黛玉因问："这也是旧年的雨水？"妙玉冷笑道："你这么个人，竟是大俗人，连水也尝不出来。这是五年前我在玄墓蟠香寺住着，收的梅花上的雪，统共得了那一鬼脸青的花瓮一瓮，总舍不得吃，埋在地下，今年夏天才开了。我只吃过一回，这是第二回了。你怎么尝不出来？隔年蠲的雨水，那有这样清浮，如何吃得。"

黛玉知他天性怪僻，不好多话，亦不好多坐，吃完茶，便约着宝钗走出来。宝玉和妙玉陪笑说道："那茶杯虽然脏了，白撂了岂不可惜？依我说，不如就给了那贫婆子罢，他卖了也可以度日，你道可使得？"妙玉听了，想了一想，点头说道："这也罢了。幸而那杯子是我没吃过的；若是我吃过的，我就砸碎了也不能给他。你要给他，我也不管，你只交给他，快拿了去罢。"宝玉道："自然如此，你那里和他说话授受去，越发连你也脏了。只交与我就是了。"

妙玉便命人拿来，递与宝玉。宝玉接了，又道："等我们出去了，我叫几个小幺儿来河里打几桶水来洗地如何？"妙玉笑道："这更好了，只是你嘱咐他们，抬了水，只搁在山门外头墙根下，别进门来。"宝玉道："这是自然的。"说着，便袖着那杯，递给贾母房中小丫头拿着，说："明日刘姥姥家去，给他带去罢。"交代明白，贾母已经出来要回去。妙玉亦不甚留，送出山门，回身便将门闭了。不在话下。

——摘引自曹雪芹著《红楼梦》(第四十一回)，
人民文学出版社，1982 年，第 550～554 页

贾母品茶首先选择环境，一树繁花、秀色满园的栊翠庵清幽宁静，确实是品茗佳处，性格孤高、不随流俗的妙玉捧上的是盛在成窑五彩小盖钟里的老君眉。成窑是指明代成化年间官窑出产的瓷器，以五彩者为上，老君眉是茶中极品，香气高爽、滋味甘醇，具有暖胃、消食、解腻、提神、醒脑的功能，更适合贾母饭后饮用。泡茶用的是旧年收集封存经过沉淀澄清的雨水。雪水、露水、雨水等富含矿物质，是向来被称为"天泉"的无根之水。由此可见贾母饮茶的品味与层次。而妙玉为宝玉、黛玉、宝钗泡茶用的是梅花枝头的雪水，能够充分激发茶叶寒冽清甜之味，宝玉所用是绿玉斗，黛玉所用是点犀䀉，宝钗所用是𬮱瓟斝，均是极其罕见的珍品。

栊翠庵饮茶是集体亮相，但是却能体现个性风格，因为出身不同、处境不同，喝茶表现各不相同，贾母是养尊处优的长者风范，刘姥姥是贫穷艰难的底层心酸，贾宝玉作为锦衣玉食的贵族公子，能够体会到刘姥姥的度日艰难，将妙玉昂贵的茶杯巧妙转送刘姥姥，既尊重了妙玉的过分洁癖，又改善了刘姥姥的生存困境，宝玉的体贴是他天性善良、仁爱情怀的表现。

本章参考文献

[1] 陈宗懋，杨亚军. 中国茶叶辞典 [M]. 上海：上海文化出版社，2013.

[2] 亓峥，庞志强，卢炜丽，等. 云南不同茶树品种（系）叶性状及变异性 [J]. 科学技术与工程 2019 (19)：36-44.

[3] 程启坤，姚国坤，张丽颖. 茶及茶文化二十一讲 [M]. 上海：上海文化出版社，2010.

[4] 刘勤晋. 茶文化学 [M]. 北京：中国农业出版社，2000.

[5] 贾迎松. 问茶·茶事小百科 [M]. 北京：中国轻工业出版社，2021.

[6] 江用文，童启庆，等. 茶艺师培训教材 [M]. 北京：金盾出版社，2016.

本章小结

1. 详细介绍茶叶的产地、起源、分类、功效、历史、制茶过程、茶具茶艺等内容，提供新的视角促使学生多维度、多层次的了解传统文化。

2. 中国多个省份产茶，鼓励来自五湖四海的同学关注故乡，关注地方特色，彼此之间加强交流，通过茶认知不同地区、不同民族的风俗习惯，体会饮茶、品茶蕴含的浓厚的精神内涵。

课后作业

请以小组为单位实地考察西湖龙井（狮峰、龙井、云栖、虎跑）的产地、制作、品质，撰写一份考察报告。

拓展阅读

学文例话：培养观察能力与鉴赏能力

作者介绍：金受申（1906—1968），原名金文佩、后改金文霈，字泽生，北京人，满族，民俗学家。曾深入考察北京的江湖百业、轶事趣闻、曲艺掌故、衣食住行等并翔实记录，是研究北京历史和民俗的宝贵史料。代表作品：《〈古今伪书考〉考释》《北京的传说》等。

喝　茶

金受申

品茶与饮茶

茶道在中国已有千年以上的历史，向来以“品茶”和“饮茶”分为不同的“茶道”。陆羽作《茶经》，即谈的是品茶。换句话说，即是欣赏茶的味道、水的佳劣、茶具的好坏，以为消遣时光的风雅之举。善于品茶，要讲究五个方面：第一须备有许多茶壶茶杯。壶如酒壶，杯如酒杯，只求尝试其味，借以观赏环境物事的，如清风、明月、松吟、竹韵、梅开、雪霁……并不在求解渴，所以茶具宜小。第二须讲蓄水。什么是惠山泉水，哪个是扬子江心水，还有初次雪水，梅花上雪水，三伏雨水……何种须现汲现饮，何种须蓄之隔年，何种须埋藏地下，何种必须摇动，何种切忌摇动，都有一定的道理。第三须讲茶叶。何谓“旗”，何谓“枪”，何种须“明前”，何种须“雨前”，何地产名茶，都蓄之在心，藏之在箧，遇有哪种环境，应以哪种水烹哪种茶，都是一毫不爽的。至于所谓“红绿花茶”“西湖龙井”之类，只是平庸的俗品，尤以“茉莉双窨”，是被品茶者嗤之以鼻的。第四须讲烹茶煮水的功夫。何种火候一丝不许稍差。大致是：“一煮如蟹眼”，指其水面生泡而言，“二煮如松涛”，指其水沸之声而言。水不及沸不能饮，太沸失其水味、败其茶香，亦不能饮。至于哪种水用哪种柴来烧，也是有相当研究的。第五须讲品茶的功夫。茶初品尝，即知其为某种茶叶，再则闭目仔细品尝，即知其水质高下，且以名茶赏名景，然后茶道尚矣！

至于饮茶者流，乃吾辈忙人解渴之谓也。尤以北方君子，茶具不厌其大，壶盛十斗，碗可盛饭，煮水必令大沸，提壶浇地听其声有“噗”音，方认为是开水。茶叶则求其有色、味苦，稍进焉者，不过求其有鲜茉莉花而已。如在夏日能饮龙井，已为大佳，谓之“能败火”。更有以龙井茶加茉莉花者，以“龙睛鱼”之名加之，谓之“花红龙井”，是真天下之大噱头也。至于沏茶功夫，以极沸之水烹茶犹恐不及，必高举水壶直注茶叶，谓不如是则茶叶不开。既而斟入碗中，视其色淡如也，又必倾入壶中，谓之“砸一砸”。更有专饮“高碎”、“高末”者流，即喝不起茶叶，喝生碎茶叶和茶叶末。有的人还有一种论调，吃不必适口而必充肠之食，必须要酽茶，将“高碎”置于壶，蔗糖置于碗，循序饮之，谓之“能消食”。

茶叶的种类

北京人常喝的茶叶可分为六大类：

（一）茉莉香茶　包括所有经过茉莉花窨焙的香片茶。其中细目不下二三十种，以“蒙山云雾”、“蒙山仙品”为最佳，以次有“黄山凤眉”、“黄山仙雾”、“双窨梅蕊”、“双窨茗芽”、“老竹大方”、“铁叶大方”等，此类香片茶有的也曾充贡品，由两淮盐运使呈进，以黄山所产为主。至于此类四个字的雅名，只是茶店对顾客的介绍，实际内行另有简名。即购者也只说要多少钱一斤的龙井或香片，没有呼名的。

（二）珠兰清茶　茶经窨制则失茶味，但不经窨制又只觉苦涩，而珠兰茶可缓其冲。此类茶叶另销一部分嗜爱者，并非普通人的喜好。珠兰茶在茶店呼为“兰窨”，有“兰窨岩顶”、“兰窨娥眉”、“兰窨宝珠”等，有一二十种名称。京人通称为“连蕊”，写于茶馆茶牌上的，只是珠兰茶中的一种名称。珠兰茶颜色清淡而非龙井，亦非素茶，非静心人不能辨其妙点。

（三）武夷红茶　红茶为熟茶的一种，冬天饮之能祛寒暖腹。此种茶向为旧京人所不喜欢，一般家庭中极为少见。自欧风东渐，跳舞厅、咖啡馆里都有了红茶，西餐馆用红茶代替咖啡，有时还加牛奶、砂糖，于是红茶大走“红运”，茶食店中有了红茶，新家庭中也预备下红茶，但早茶晚酒之士是不屑问津的。红茶以“铁观音”“上下岩茶”为最佳，以次有“龙须”、“白毫”、“红寿”、“九曲君眉”、“桂花红眉”、“大红袍”、“红雨淋”，名色佳隽，更有做成茶团或茶束成对计价的，如“水鲜龙团”、“武夷龙须”等。

（四）龙井绿茶　茶店以“红绿花茶”四字为号召，红即红茶，绿则指龙井及六安素茶。

龙井茶自以西湖龙井所产得名，但龙井地大不过一顷，能有多少茶树？即西湖近处亦不见得能喝着真龙井，何况远隔数千里，几元钱就能买一斤呢！茶店将龙井叫作“龙茶”，倒实际一些。按等级分，最好的是“超等龙茶”，其次才是“西湖龙井”、“明前贡龙”、“春分贡龙”等。绿茶尚有“洞庭碧螺”、“四望攀针”、“六安梅片”、“六安针晃”、“六安春茶”等，最次的是“大广丁”。

（五）各种花茶　茶店中花茶以菊花为正宗，有“贡菊”、“黄菊”、“白菊”等，统名之为茶菊，和药店所售有粗细之别。此外“霍山石斛”也列入花茶之中，但价值高昂，多有不预备的。花茶还有“枸橼茶”、“野蔷薇茶”、“桑顶茶”、“桑芽茶”、“苦丁茶”、“玫瑰花”、“安化贡尖”等类。至于窨茶中的茉莉花、珠兰花，也叫花茶。近年苏州首以“玳玳花”入茶，渐传北方，玳玳花已成今日茶店中必有品了。

（六）普洱茶　昔盛今衰的普洱茶产自云南的普洱，种类也不少，以“蛮松芽茶”为最佳，次为“蛮松普洱”。它的装制与一般茶叶不同，装成茶饼的名“七星饼”，装成茶砖的名“普洱茶砖”，装成茶膏的有“普洱茶膏”。装成茶团的，分大小两种，大的重百两，名“百两普洱团”，小的可以零星称用，名“普洱星团”。喝普洱茶必须熬煎，有时还要加姜片，为边塞旅行的必备之品。

茶叶在产地采摘以后即经人工择制。红茶更须经过炒、晒、蒸等手续，茶的寒性全被涤净。其他窨茶、绿茶则稍经加工即直运各地，所谓双窨是到销地以后重加茉莉花窨蒸，花的数量要与茶成比例，过多过少皆不可。窨焙有一定时间，大约为一对时（二十四小时），至时开封。不及时味不佳，稍过时味亦变臭，即香极生臭之理。

北京的水

北京人喝茶，对于水虽不讲究，而实亦顾及此点。早年北京没洋井及自来水（北京第一个洋井，说者虽皆以耳闻目见为说，实仍以十二条西口刘家洋井为最早最佳，主人刘五，山东人，能画马，而隐于商贩），普通井水，虽不是土井，是砖井，仍以苦水为最多，那时八旗军家，四季发米，全是老米（俸米是白米），煮老米饭，应以使苦水为香越，所以苦水也为人所重视。做菜做汤，有时用甜水或“二性子”水，洗衣涤器浇花，则以二性子水为主，至于烹茶，才用甜水。够不上甜水井，家道又贫寒的人家，也以二性子代甜水。早年北京井水，因汲浚不深，所以成为苦水，水苦涩有碱性，昔年最多。二性子水较苦水稍佳，介于甜苦之间，井数较苦水井为少。甜水井最少，甜水井固然是汲淘深的缘故，实也因当地适有佳泉。笔者曾饮“上龙”井水，上龙为昔日有名甜水之一，尚不如洋井之深，然甘洌过之，可见为地有佳泉之故。

早年挑水的山东人，聚处为“井窝子”，能得一二性子水，已能发财，人家向备两缸，一贮苦水，二贮二性子，中等人家，则另备一小坛，以贮甜水，大家则摒弃苦水不要。挑水的有专挑某种水的，有兼挑两三种水的，其专挑甜水的，则为水夫中翘楚。以前宫中例用玉泉山水，其有茶癖的，或和黄龙包袱水车夫交友，或许以金钱，以期得偶然盗用少许御水，但仍须在预定地点相候，有时且要迎出城老远的去。有的和玉泉山当差人员相识，可以取用一些。其各府第，自以水车每日向各甜水井拉水。“大甜水井”一处，每日可卖水费五十三两整宝一个。那时北京有一俗谚是“南城茶叶北城水”，所谓北城，盖指安定门外而言。安定门外甜水甚多，当是地脉所关，以“上龙”、“下龙”二处为最佳。二井相离，不足二百步，上龙在北，下龙在南，现在下龙已然填堙，屋宇无存，上龙仍由毛三兄支持开茶肆。安定门外下关北口外，地当小关之内，有甘水桥甜水井一处，此井由元明以来即有名，甘水桥尚是元代旧名，以明代为最热闹，文人墨客，常在此吃茶，久之百戏杂陈，几成闹市（明代公安派文人所游之地，至今仍有茶可吃者，只剩西直门外白石桥一处了）。到清代虽没有以前的繁华，卖甜水是仍旧的，直至洋井盛行，此处立刻冰消了。安定门外角楼北土城边还有一处“满井”，水齐井口，俯身可饮，水更清甜，此地在明代也是文人常到的地方，也相当热闹，在清代却寂寞无闻，也没人在此取水。此井现在仍存，附近土地滋润，清幽异常。前几年曾和门人王永海三数人前往，自携试验化学用的汽油炉及茶具酒果，在此踏过青，难得并无主人相问，极有清幽的趣味。

茶具

北京人虽不讲究泡茶的水，也相当能分别水的佳劣的。北京人是喝茶，而不是品茶，所以茶具不能十分太小、太讲究，但也有以喝茶为目标，而在小茶具、细瓷器上注意的。北京喝茶，茶壶也以小为目标，但既为喝茶，自以能蓄茶为主，所以能有暖套为佳。暖套例为藤编其外，内衬毡絮，以红喀喇为里，居家行旅，无不相宜，只茶馆中不预备此物。茶壶通以瓷质，老家庭也有用铜壶的，而皆说锡茶壶贮茶不败味。商店中也有小号生铁壶沏茶的，即驰名四远的“山西黑小子”，形作荸荠扁形，实为煮水之用。有一般似乎讲究的，以用宜兴紫砂壶为贵，宜兴壶固佳，但难得精致小品，且多伪制，泥味历久不退。也有用银壶的，此风近年始盛。晚清兴一种磁铁壶及一种茶壶盖碗两用的茶具，实皆宜于靠茶，讲究者不用。前清茶具，有所谓“折盅盖碗”者，盖碗为一盖一底，盖小于底，在其中泡茶，量小适于细饮。且用盖碗，稍显外行，则不但斟不出茶来，反要洒落身上，有时还要摔掉。必须以大指中指卡住两面碗边，食指圈回，顶住碗盖，盖前方稍下沉，即能一丝不洒的斟出茶来。折盅为令茶速凉，乃待客及对付妇孺之需，是仆婢的专差。一般不肖子弟，在盖碗中也要出花样，外绘花卉山水人物、名人手笔，内绘避火图两幅，六碗为一桌，装一锦匣。以六碗内图相同的为下品，六碗各异共十二式的为中品，十二碗二十四式的为上中品，二十四碗四十八式为上上品。有一暴发户财主，也要玩玩名瓷，便买了一套上上品四十八式的，后其家败落，此物独得善价，此公也不为无见了。

关于茶碗，普通都是瓷碗，而旧称为茶盅的缘故，一则物小，二则完全没把似酒盅，其岔沿豆绿色、茶叶末色、芝麻色的，人则称为茶碗。近年托茶碗的有茶碟，早年则有“茶托”、“茶船”，全为锡质，也有铜质。其圆形中央有一放碗足小圈的，或荷叶边的，名为茶托；其为元宝形、两头高高翘起的，名为茶船。

北京泡茶，通称为沏茶，以先放茶叶后注水为沏，先注水后放茶叶为泡，北京则无论用茶壶或盖碗，皆用沏的方式。其专爱喝酽茶的，先将沏成的茶，喝过几遍，然后倾入沙壶中，上火熬煮，则茶的苦味黄色尽出，谓之“熬茶”。熬茶适用于山茶，所用沙壶，价值最廉，通称为“沙包”，为中产以上所不睬、富贵人家所不识，而颇利于茶味，乡间野茶馆常用沙包为客沏茶，冬夏皆宜。和熬茶差不多的，有所谓靠茶，靠茶即将茶壶置于火傍，使其常温，时久也靠出茶色来。熬茶可以用武火，靠茶不但用文火，简直不必见火，只借火热便可。

——摘引自陈平原、凌云岚编《茶人茶话》，生活·读书·新知三联书店，2007 年，第 98～106 页

作者介绍：林语堂（1895—1976），福建龙溪（今福建漳州）人，中国现代著名作家、语言学家、翻译家、学者。留学美国、德国，获哈佛大学文学硕士，莱比锡大学语言学博士。曾于清华大学、北京大学任教。1924 年后为《语丝》主要撰稿人之一，主编《论语》《人间世》《宇宙风》等刊物，著有《京华烟云》《吾国与吾民》《苏东坡传》《生活的艺术》等。

茶和交友

林语堂

总括起来说，赏玩一样东西时，最紧要的是心境。我们对每一种物事，各有一种不同的心境。不适当的同伴，常会败坏心境。所以生活艺术家的出发点就是：他如更想要享受人生，则第一个必要条件即是和性情相投的人交朋友，须尽力维持这友谊，如一个下棋名手宁愿跑一千里的长途去会见一个同志一般。

所以气氛是重要的东西。我们必须先对文士的书室的布置和它的一般的环境有了相当的认识，方能了解他怎样在享受生活。第一，他们必须有共同享受这种生活的朋友，不同的享受须有不同的朋友。和一个勤学而含愁思的朋友共去骑马，即属引非其类，正如和一个不懂音乐的人去欣赏一次音乐表演一般。

他对各种享受已选定了不同的适当游伴之后，还须去找寻适当的环境。所住的房屋，布置不必一定讲究，地点也不限于风景幽美的乡间，不必一定需一片稻田方足供他的散步，也不必一定有曲折的小溪以供他在溪边的树下小憩。他所需的房屋极其简单，只需：“有屋数间，有田数亩，用盆为池，以瓮为牖，墙高于肩，室大于斗，布被暖余，藜藿饱后，气吐胸中，充塞宇宙。凡静室，须前栽碧梧，后种翠竹。前檐放步，北用暗窗，春冬闭之，以避风雨，夏秋可开，以通凉爽。然碧梧之趣，春冬落叶，以舒负暄融和之乐，夏秋交荫，以蔽炎烁蒸烈之威。”或如另一位作家所说，一个人可以“筑室数楹，编槿为篱，结茅为亭。以三亩荫竹树栽花果，二亩种蔬菜。四壁清旷，空诸所有。蓄山童灌园薙草，置二三胡床着亭下。挟书剑，伴孤寂，携琴

弈，以迟良友”。

吾斋之中，不尚虚礼。凡入此斋，均为知己。随分款留，忘形笑语。不言是非，不侈荣利。闲谈古今，静玩山水。清茶好酒，以适幽趣。臭味之交，如斯而已。

在这种同类相引的气氛中，我们方能满足色香声的享受。我们的全身便于这时变成一种盛受器械，能充分去享受大自然和文化所供给我们的色声香味。我们好像已变为一把优美的小提琴，正待由一位大音乐家来拉奏名曲了。于是我们“月夜焚香，古桐三弄，便觉万虑都忘，妄想尽绝。试看香是何味，烟是何色，穿窗之白是何影，指下之余是何音，恬然乐之，而悠然忘之者，是何趣，不可思量处是何境?”

一个人在这种神清气爽，心气平静，知己满前的境地中，方真能领略到茶的滋味。因为茶须静品，而酒则须热闹。茶之为物，性能引导我们进入一个默想人生的世界。饮茶之时而有儿童在旁哭闹，或粗蠢妇人在旁大声说话，即十分败兴，也正如在雨天或阴天去采茶一般糟糕。因为采茶必须天气清明的清早，当山上的空气极为清新，露水的芬芳尚留于叶上时，所采的茶叶方称上品。照中国人说起来，露水实在具有芬芳和神秘的功用，和茶的优劣很有关系。照道家的返自然和宇宙之能生存全恃阴阳二气交融的说法，露水实在是天地在夜间和融后的精英。至今尚有人相信露水为清鲜神秘的琼浆，多饮即能致人兽长生。特昆雪所说的话很对，他说：“茶永远是聪慧的人们的饮料。”但中国人则更进一步，而视它为风雅隐士的珍品。

因此，茶是凡间纯洁的象征，在采制烹煮的手续中，都须十分清洁。采摘烘焙，烹煮取饮之时，手上或杯壶中略有油腻不洁，便会使它丧失美味。所以也只有在眼前和心中毫无富丽繁华的景象和念头时，方能真正地享受它。

据《茶录》所说：“其旨归于色香味，其道归于精燥洁。”所以如果要体味这些质素，静默是一个必要的条件；也只有“以一个冷静的头脑去看忙乱的世界”的人，才能够体味出这些质素。自从宋代以来，一般喝茶的鉴赏家认为一杯淡茶才是最好的东西，当一个人专心思想的时候，或是在邻居嘈杂、仆人争吵的时候，当会很容易地忽略了淡茶的美妙气味。同时，喝茶的友伴不可多，“因为饮茶以客少为贵。客众则喧，喧则雅趣乏矣。独啜曰幽；二客曰胜；三四曰趣；五六曰泛；七八曰施”。

《茶疏》的作者说：“若巨器屡巡，满中泻饮，待停少温，或求浓苦，何异农匠作劳，但需涓滴；何论品赏？何知风味乎?”

因为这个理由，因为要顾到烹时的合度和洁净，有茶癖的中国文士都主张烹茶须自己动手。如嫌不便，可用两个小僮为助。烹茶须用小炉，烹煮的地点须远离厨房，而近在饮处。茶僮须受过训练，当主人的面前烹煮。一切手续都须十分洁净，茶杯须每晨洗涤，但不可用布揩擦。僮儿的两手须常洗，指甲中的污腻须剔干净。“三人以上，止爇一炉，如五六人，便当两鼎，炉用一童，汤方调适，若令兼作，恐有参差。”

真正鉴赏家常以亲自烹茶为一种殊乐。中国的烹茶饮茶方法不像日本那么过分严肃和讲规则，而仍属一种富有乐趣而又高尚重要的事情。实在说起来，烹茶之乐和饮茶之乐各居其半，正如吃西瓜子，用牙齿咬瓜子壳之乐和吃瓜子肉之乐实各居其半。

茶炉大都置在窗前，用硬炭生火。主人很郑重地扇着炉火，注视着水壶中的热气。他用一个茶盘，很整齐地装着一个小泥茶壶和四个比咖啡杯小一些的茶杯，再将贮茶叶的锡罐安放在茶盘的旁边，随口和来客谈着天，但并不忘了手中所应做的事。

他时时顾看炉火，等到水壶中渐发沸声后，就立在炉前不再离开，更加用力地扇火，还不时要揭开壶盖望一望。那时壶底已有小泡，名为“鱼眼”或“蟹沫”，这就是“初滚”。他重新盖上壶盖，再扇上几扇，壶中的沸声渐大，水面也渐起泡，这名为“二滚”。这时已有热气从壶口喷出来，主人也就格外注意。到将届“三滚”，壶水已经沸透之时，他就提起水壶，将小泥壶里外一浇，赶紧将茶叶加入泥壶，泡出茶来。这种茶如福建人所饮的“铁观音”，大都泡得很浓。小泥壶中只可容水四小杯，茶叶占去其三分之一的容隙。因为茶叶加得很多，所以一泡之后即可倒出来喝了。这一道茶已将壶水用尽，于是再灌入凉水，放到炉上去煮，以供第二泡之用。严格说起来，茶在第二泡时为最妙。

以上所说是我本乡一种泡茶方法的实际素描。这个艺术是中国的北方人所不晓的。在中国一般的人家中，所用的茶壶大都较大。至于一杯茶，最好的颜色是清中带微黄，而不是英国茶那样的深红色。

我们所描写的当然是指鉴赏家的饮茶，而不是像店铺中的以茶奉客。这种雅举不是普通人所能办到，也不是人来人往，论碗解渴的地方所能办到。《茶疏》的作者许次纾说得好：“宾朋杂沓，止堪交钟觥筹；乍会泛交，仅须常品酬酢。惟素心同调，彼此畅适，清言雄辩，脱略形骸，始可呼童篝火，汲水点汤，量客多少，为役之烦简。”而《茶解》作者所说的就是此种情景：“山堂夜坐，汲泉煮茗。至水火相战，如听松涛。倾泻入杯，云光滟潋。此时幽趣，故难与俗人言矣。”

凡真正爱茶者，单是摇摩茶具，已经自有其乐趣。蔡襄年老时已不能饮茶，但他每天必烹茶以自娱，即其一例。又有一个文士名叫周文甫，他每天自早至晚，必在规定的时刻自烹自饮六次，他极宝爱他的茶壶，死时甚至以壶为殉。

因此，茶的享受技术包括下列各节：第一，茶味娇嫩，茶易败坏，所以整治时，须十分清洁，须远离酒类、香类一切有强味的物事和身带这类气息的人；第二，茶叶须贮藏于冷燥之处，在潮湿的季节中，备用的茶叶须贮于小锡罐中，其余则另贮大罐，封固藏好，不取用时不可开启，如若发霉，则须在文火上微烘，一面用扇子轻轻挥扇，以免茶叶变黄或变色；第三，烹茶的艺术一半在于择水，山泉为上，河水次之，井水更次，水槽之水如来自堤堰，因为本属山泉，所以很可用得；第四，客不可多，且须文雅之人，方能鉴赏杯壶之美；第五，茶的正色是清中带微黄，过浓的红茶即不能不另加牛奶、柠檬、薄荷或他物以调和其苦味；第六，好茶必有回味，大概在饮茶半分钟后，当其化学成分和津液发生作用时，即能觉出；第七，茶须现泡现饮，泡在壶中稍稍过候，即会失味；第八，泡茶必须用刚沸之水；第九，一切可以混杂真味的香料，须一概摒除，至多只可略加些桂皮或代代花，以合有些爱好者的口味而已；第十，茶味最上者，应如婴孩身上一般的“奶花香”。

据《茶疏》之说，最宜于饮茶的时候和环境是这样：

饮时：

心手闲适　披咏疲倦　意绪棼乱　听歌拍曲
歌罢曲终　杜门避事　鼓琴看画　夜深共语
访友初归　风日晴和　轻阴微雨　小桥画舫
茂林修竹　课花责鸟　荷亭避暑　小院焚香

酒阑人散　儿辈斋馆　清幽寺观　名泉怪石

宜辍：

作字　观剧　发书柬　大雨雪　长筵大席

翻阅卷帙　人事忙迫　及与上宜饮时相反事

不宜用：

恶水　敝器　铜匙　铜铫　木桶　柴薪

粗童　恶婢　不洁巾帨　各色果实香药

不宜近：

阴屋　厨房　市喧　小儿啼　野性人　童奴相哄　酷热斋舍

——摘引自陈平原、凌云岚编《茶人茶话》，生活·读书·新知三联书店，2007 年，第 213～220 页

第八章

世界遗产在杭州

有这么一座城市，千百年来，蕴蓄了中国人无数的诗情画意：一泓西湖承载了万千浪漫，一脉运河流淌出汤汤文脉，一杯龙井品出人生浮沉，一件丝绸穿出世间风情……这就是素有“人间天堂”美誉的杭州！杭州是勇立潮头的创新活力之城，是山清水秀的生态文明之城，更是人文荟萃的历史文化名城，良渚文化、吴越文化、西湖文化、运河文化、丝绸文化、茶文化、佛教文化……杭州的历史底蕴和文化积淀厚重而绵长，这里的一草一木、一山一水，都是写不尽的吴越风情和唐宋风雅。随着西湖文化景观（2011 年）、中国大运河（2014 年）、良渚古城遗址（2019 年）被相继列入世界文化遗产名录，杭州成为全国少有的“三世遗”城市。今天，让我们从中国传统文化的角度，通过杭州的良渚古城遗址、京杭大运河、西湖文化景观三处世界文化遗产，去观照我们学习、生活和工作的这座城市。让我们在历史长河中去感受杭州厚重的历史底蕴和独特的文化魅力。

杭州拥有 8000 年的文明史、5000 年的建城史，名列全国八大古都、全国首批历史文化名城，坐拥三项世界文化遗产，人文古迹众多，文化底蕴丰厚，这通过杭州市的城标便可窥见一斑。城标是以汉字“杭”的篆书进行设计，巧妙地将文字、航船、园林、拱桥、西湖等诸多要素和谐相融，体现了杭州文化类型的丰

杭州城标

富和文化积淀的深厚。

文化是人类创造的，有人的地方便有了文化。1974 年中科院古脊椎动物与古人类研究所的研究人员张森水、韩德芬等人在建德乌龟洞遗址发现了晚期智人的右上犬齿化石，后被命名为“建德人”。“建德人”的发现，增加了智人化石在我国分布的新知，也揭开了浙江人类发展史的序幕。继建德人化石发现之后，在桐庐印渚镇延村也发现了一个古人类头盖骨化石，桐庐人生活在距今 1 万多年前的旧石器时代末期。萧山湘湖景区里，属于新石器时代早期的跨湖桥遗址的发掘，证实了早在 8000 年前就有人类在此繁衍生息，这里出土了迄今中国最早的独木舟，被称为“中华第一舟”，充分证明了中国是世界上最早制作独木舟的国家之一，跨湖桥遗址博物馆便以独木舟的古朴造型矗立在湘湖之畔。时光流转，文明演变，良渚古城、大运河、西湖，一一从历史的深处款款而来。

一、良渚古城遗址

良渚文化是中国长江下游环太湖流域的考古文化，距今 5300～4300 年，持续发展约 1000 年。良渚文化的中心是位于杭州市余杭区的良渚遗址，良渚遗址的核心则是面积约 300 万平方米的超大型的良渚古城。良渚古城位于山环水抱的 C 形盆地中，核心区由内而外分别是内城（包括宫殿区、墓葬区、手工业作坊区和仓储区等）、城墙及外郭城，形成我国最早的三重城市格局，在城市建设史上具有开创意义。位于良渚古城正中心的莫角山宫殿区，面积近 30 万平方米，占据了整个古城的十分之一，也是目前我国规模最大的史前宫殿区。古城外围还分布着祭坛、墓地和规模庞大的水利系统，整个良渚古城堪称“中华第一城”，已成为浙江历史文化的一张金名片。

自施昕更先生于 1936 年发现良渚遗址以来，经过 4 代考古人持续 80 余年的考古研究证实，良渚古城作为良渚文化的权力与信仰中心，以其规模宏大的城址、功能复杂的水利系统、等级差异悬殊的墓地以及具有权力与信仰象征的系列玉器等出土文物，揭示了在 5300～4300 年前中国长江下游环太湖流域，曾存在过一个以发达的稻作农业为经济基础（在古城中的池中寺遗址，约 20 万公斤的炭化稻谷就是重要见证）的区域性早期国家。良渚文化已经进入了成熟的国家文明阶段，并对其后五千年的中华文明发展产生了广泛而深远的影响。因此，良渚古城遗址成为探索中国文明起源，实证中华五千年文明史的圣地。

人类逐水而居，文明伴水而生。良渚古城遗址是“以山为郭”“以水作墙”，良渚人利用发达的水系夹河筑城，整个良渚古城就像一座水城，城内河道总长度达 32 公里，构成了纵横交错的密集水网，良渚人也主要通过舟楫通行往来。四面城墙中，除了南城墙没有护城河外，其他三面城墙都有内外护城河，并通过水城门连通内外河。目前已经勘探出 8 座水城门，四面城墙各有 2 座，南城墙的中部还有一座陆城门，共同形成便利的水陆交通体系。但依水兴建的城池，同样易受水患的侵扰。天目山系是浙江省的暴雨中心之一，雨水充沛，夏季极易形成山洪，对地处下游平原的良渚古城形成直接威胁。为了抵抗暴雨和山洪的侵袭，智慧的良渚人创造性地筑造了一个由 11 条坝体构成的水利系统，这种水利系统由谷口高坝、山前长堤和平原低坝三个部分组成，高、低两级的水坝与山前长堤互相配合，可以将大量的山洪蓄积在良渚古城北部和西北部的山谷和低地内，从而解除洪水的威胁。整个水利系统兼具蓄水、防洪、运输、灌溉、日常用水等诸多功能，这是我国乃至世界迄今发现的最早的大型水利工程遗址，比距今 4000 多年的大禹治水还要早 1000 年左右，直接改写了中国水利史。

良渚文化玉琮
（图片引自浙江省博物馆官网）

在良渚古城内外发现过不少良渚时期的墓葬，墓葬的排列位置、墓坑的规格、随葬品的多寡与种类，反映出墓葬规格的差异和等级的严密。目前通过发掘所获的良渚文化墓葬材料表明，良渚社会存在着明显的职业差别、社会分工和等级分化。在反山王陵中，以 12 号墓规格最高，出土了 600 余件（组）玉器，包括体量最大的“玉琮王”和“玉钺王”，以及良渚文化完整的神徽图案，标志着墓主人很有可能是一位同时掌握着神权、军权和王权的国王。良渚文明的玉礼器规格等级之高、制作水平之精不仅展现了良渚制玉工艺的最高水平，更反映出良渚复杂的社会组织和统一的宗教信仰。

玉琮是良渚玉器中最重要、最神秘又最富代表性的器物，其功用一般认为是一种祭祀的法器。此玉琮是目前发现的良渚玉琮中最大、最重、最精美的一件，称为“玉琮王”。器型外方内圆，蕴含着“天圆地方”的原始宇宙观，四面直槽内上下各刻一完整的神人兽面像，神人头戴羽冠，骑跨在一神兽上。这种简化的人兽组合结构，是良渚文化玉琮纹饰的基本特征，已被认定为良渚文化的标志。“琮琮”是 2022 年第 19 届杭州亚运会吉祥物之一，以机器人的造型代表世界文化遗产良渚古城遗址，名字即源于良渚古城遗址出土的玉琮。

杭州 2022 年第 19 届亚运会吉祥物
（图片引自杭州市政府官网）

良渚古城遗址的发现，是中国考古史上彪炳千古的一件大事，更是杭州文明发展史上石破天惊的一件大事。第一，它实证了中华 5000 多年文明史。有的人会觉得奇怪，中华上下五千年文明不是妇孺皆知的常识吗，为什么还需要良渚来证实？因为根据西方现代考古学，一个国家历史悠久的程度，取决于文物出土的年代，而不是历史典籍的记载。中国虽然有史书记载的完整详备的历史体系，但一些遥远的历史景象，比如传说中的三皇五帝，就一直缺乏直接有力、确切可考的物质遗存实证他们的存在。作为一个区域性早期国家的权力与信仰中心，良渚古城已出现发达的稻作农业、复杂的社会分工、明显的阶层分化和统一的精神信仰，其选址之科学、规划之合理、体量之宏伟，成为中国乃至世界史前都邑营建的典范。随着良渚古城遗址于2019年7月6日获准列入《世界遗产名录》，成为我国第55处世界遗产，标志着中华五千年文明史得到国际社会的广泛认可。第二，它实证了杭州5000年建城史。良渚古城遗址的发现，实证了杭州和余杭是一座有5000年历史的古城，可以说是“最古老的杭州”，将杭州的建城史从《史记》记载的秦始皇时期上推了3000年左右。“五千年前看杭州”，良渚古城遗址极大提升了杭州的历史地位和文化底气。

二、京杭大运河

隋唐时期的中国大地上，千里碧波构成一个大写的“人”字，从洛阳到杭州，是“人”字的一撇，从洛阳到北京，是“人”字的一捺，一撇一捺，进而裁弯取直，成为纵贯在神州大地上的大动脉——中国大运河。2014年6月22日，在卡塔尔多哈举行的第38届世界遗产大会上，作为世界上开凿最早、规模最大、里程最长、难度最高且仍在使用的古代运河，中国大运河项目成功入选《世界遗产名录》，成为中国第46个世界遗产项目。作为世界文化遗产，中国大运河涉及8个省、直辖市，包括31个遗产区的27段河道遗产和58处遗产点，这些遗产展示了历史的发展、河道航行景观、水管理技术设施以及与运河相关的城市景观、历史遗迹和文化传统。大运河地理空间跨度大，延续使用时间长，文化遗产资源多，工程技术成就高，已成为中华文明的标志性工程。

从广义上讲，中国大运河由三条运河组成：第一条是始凿于春秋时期，贯通于隋代，沿用于隋唐宋时期，以洛阳为中心的隋唐大运河；第二条是元代初期经过裁弯取直，重新贯通，沿用于元明清时期，以北京为中心的京杭大运河；第三条是从浙江杭州到宁波的浙东运河。从狭义上来讲，一般都把大运河指代为裁弯取直后的京杭大运河。京杭大运河开掘于春秋晚期，完成于隋朝，繁荣于唐宋，取直于元代，疏浚于明清，开凿距今已有2500多年的历史，一部运河史，就是半部中华文明史。大运河作为流动的文化遗产，沟通南北，穿越古今，是中华民族繁荣兴盛的历史见证。

大运河南起杭州，北至北京，途经今浙江、江苏、山东、河北四省及天津、北京两市，贯通海河、黄河、淮河、长江、钱塘江五大水系，全长约1800公里，是中国古代南北交通的大动脉，促进了不同地域间的社会、经济、文化交流，在国家统一、政权稳定、经济繁荣、社会发展等方面发挥了不可替代的作用。封建统治者们集合、调动庞大的人力、物力、财力开凿运河的主要目的在于漕运，即利用运河将南方的粮食、盐、布匹等丰富物资源源不断地运往北方的政治中枢。历史上，漕运一直是国家运转的重要推动力，漕运的兴衰直接关系着国力的强弱，因而历代统治者对漕运非常重视，如清朝的康熙和乾隆，就曾经数次沿大运河南巡，去考察南方的漕粮征收、大运河上的漕粮运输以及大运河沿岸粮仓的储备和管理情况。斗转星移，曾经繁华千年的大运河漕运已成前尘往事，但现在的大运河依然是沟通南北地域的“黄金水道”，舟楫往来，川流不息，担负着繁忙的运河航运。2002年，京杭大运河成为了中国南水北调东线工程的关键通道，昔日的超级工程又被赋予新的时代功能。大运河古今交融，历久弥新，其生生不息的生命力令人惊叹。

京杭大运河是中国古代劳动人民创造的一项伟大工程，兼具漕运、商运、灌溉、防洪、供水等多项功能。其河道工程、水源工程、复闸工程、梯级船闸工程、分水枢纽工程等极具科技智慧的工程，显示了中国古代水利航运工程技术领先于世界的卓越成就。如京杭大运河上最具科技含量的工程之一——南旺分水工程，为千里运河南北分水之咽喉。南旺位于京杭大运河沿线的最高点，与会通河南北两端高差达 30 余米，素有运河“水脊”之称，枯水期时这里经常因缺水而断流，导致船只无法通航。如何让水往高处流，便成为运河全线贯通的关键。明初为保漕运畅通，工部尚书宋礼采纳民间水利专家白英的建议，在戴村筑坝建分水工程，引汶河水西行，从南旺入运河，并建分水嘴以调节水量，七分向北流以济漳、卫，三分向南流以济黄、淮，之后又相继兴建了疏河济运、挖泉集流、设柜蓄水、建湖泄涨、防河保运及建闸节流等一系列结构缜密的工程，成功解决了会通河的“水源”难题，从而有效保证了大运河连续 500 余年畅通无阻。这样一座堪比都江堰的伟大工程，昭示着古人非凡的水利创造和高超的科技智慧。

流淌不息的大运河不仅是技术的集成，也是文化的集成，是一条流动的文化长廊，是一部活着的历史传奇。作为线型文化遗产，大运河泽被南北，为流经之地带来了商机和活力，从衣食住行、士农工商等诸多方面深刻影响着沿线数十座城市的发展，孕育、滋养了浙江杭州、江苏扬州、镇江、淮安、徐州、山东济宁、聊城、河北沧州等众多物阜民丰的名城古镇，留下了丰富多彩的历史文化遗存，积淀了深厚悠久的历史文化底蕴。在千百年的流淌中，大运河与沿岸城市兴衰紧联，形成了运河文明与城市发展相伴相生的典范，一条大运河流出了中华文明发展变迁的浩浩文脉。所以一部运河史，也是一部运河城市发展史。

大运河的开通为杭州的发展提供了新的契机，使杭州成为坐拥江海之汇和运河漕运的东南交通枢纽，继而发展成一个繁华的商业都市，杭州见证了城市因运河而兴起、因运河而定都、因运河而繁荣的过程。据统计，在隋朝大运河刚开通时，杭州人口只有 15000 户，但到了南宋初期就发展到 26 万户，“参差十万人家”的人口集聚和城市扩张，便是大运河催生的结果。穿城而过的运河千百年来滋养着杭州人民，也沉淀着杭州的历史文脉。京杭大运河杭州段的申遗点段共有 11 个，包含拱宸桥、广济桥、桥西历史文化街区、凤山水城门遗址、富义仓、西兴过塘行码头 6 个遗产点，杭州塘段、江南运河杭州段、上塘河段、杭州中河—龙山河、浙东运河主线 5 段河道。位于临平区塘栖镇的广济桥是京杭大运河上现存的唯一一座七孔古石拱桥，不仅便利了两岸通行，而且对一度贵为江南十大名镇之首的塘栖古镇的社会经济发展具有极其重要的推动作用。凤山水城门遗址位于杭州市上城区，东西向横跨中河—龙山河，是杭州市区仅存的一座古城门，起着城市历史地理坐标的作用，也是扼守江南运河通往钱塘江的咽喉。富义仓建于清光绪年间，是运河沿岸保存较完整的古代城市公共仓储建筑群，曾为江南谷米的集散地，也是杭州仅存的一个古粮仓，是运河文化、漕运文化、仓储文化重要的实物见证。西兴过塘行码头作为南北物资的重要转运地，是沟通浙东运河与钱塘江并联结京杭大运河的物流枢纽。

杭州古桥中最高最长的石拱桥——拱宸桥，始建于明崇祯四年（1631），清光绪十一年（1885）重建，是京杭大运河最南端的标志，也曾是漕运往来的交通要道和繁华商埠，见证了大运河的悠悠历史。据清雍正年间浙江总督兼巡抚李卫所作的《重建拱宸桥碑记》记载，“拱”乃取拱手相迎之意，“宸”乃帝王宫殿，即帝王的象征。拱宸桥是杭州的北大门，古时皇帝南巡至杭州在此上岸，本地官员来此接驾恭迎，拱宸桥因此得名。拱宸桥对于杭州来说，不仅是一座联系交通的石桥，还承载着历史文化和情感记忆。拱宸桥东是运河文化广场，坐落有杭州京杭大运河博物馆，可以了解大运河的前世今生。桥的西岸是桥西历史文化街区，这里是运河边千百年来倚河而兴的城市居民区的缩影，至今仍保存着较多的清末民初沿河民居建筑以及近现代工业遗存。现在桥西坐落有中国伞博物馆、中国扇博物馆、中国刀剪剑博物馆等文化场馆，形成了桥西博物馆群。桥西附近还有小河直街历史街区、大兜路历史街区等多个各具魅力的文化景点，为京杭大运河增添了浓郁的历史氛围和人文气息。

“宸宸”是2022年第19届杭州亚运会吉祥物之一，以机器人的造型代表世界遗产京杭大运河，名字就源于拱宸桥。展现了海纳百川的时代精神，架起了亚洲和世界人民的心灵之桥。有着辉煌历史的大运河贯通南北、联通古今，为中华民族创造了丰富的物质文明和精神财富，为国家经济发展、社会进步和文化繁荣做出了重要贡献，在华夏大地上绘就了一幅流动的宏大图卷。

拱宸桥

（图片引自杭州京杭大运河博物馆官网）

三、西湖文化景观

“未能抛得杭州去，一半勾留是此湖。”从古至今，无数文人墨客流连忘返，把一腔热情抛洒给西湖，在这里挥毫泼墨，吟咏抒怀，留下数不尽的诗书画。三面云山一面城，杭州与西湖共同将历史、自然与现代和谐相融，营建了一个理想的山水城市。历史上的杭州城市发展、文化、生活，总是围绕着西湖进行。回溯秦汉，现今西湖之域还是与钱塘江、古东海相通的浅海湾，随着海潮、江流携带的泥沙日堆月积，逐渐在西湖两侧的吴山和宝石山山麓形成一条沙洲，把海湾与大海分割，这才有了西湖的雏形。隋代把杭州州治移到江干一带，江南运河的开凿使杭州迅速成为一个繁荣的交通枢纽。但是，江干一带可利用的城市空间相对狭小，人们便将目光转移到西湖以东的广阔平原。然而这里地形低洼，土地斥卤，井渠皆咸，淡水问题直到唐代宗时李泌任杭州刺史修建六井后才得到解决。所谓“六井”其实就是六处储水池，用竹管或瓦管从地下引西湖水入井，这极大改善了湖东居民的饮水条件，为杭州城向西湖以东的平原地区发展提供了水源保障。从李泌修建六井开始，先后有白居易、钱镠、苏轼等杭州官员对六井和西湖进行疏浚治理。水是人类居住的命脉，西湖便是古代杭州发展的命脉，直接关系着杭州城的人口规模和城市发展，关系着杭州从山中小城到湖畔大城的演变。

“西湖”这一名称最早出现在唐代白居易的诗歌《西湖晚归回望孤山寺赠诸客》中。长庆二年（822），白居易任杭州刺史。在任期间，他仔细考察西湖形势，对西湖中出现的数十顷葑田进行疏浚，在钱塘门外一带修筑湖堤，人称白公堤，将湖岸提高数尺以增加西湖蓄水，如今唐代的白公堤已经无迹可寻。白居易还作《钱塘湖石记》，将治理湖水的政策、方式与注意事项等，刻石置于湖边，对后来杭州治理西湖有很大影响。白居易在水利上的一系列举措为杭州百姓的农业和生活用水提供了便利，为杭州城的继续扩展创造了条件。白居易卸任之后，杭州百姓为了纪念他的功绩，便将西湖上的白沙堤改名为白堤。

白居易虽然只在杭州待了不到两年，却在杭州留下了横亘千古的足迹。白居易一生存诗3000余首，为杭州山水所作的诗词超过200首，是古代创作西湖诗歌最多的诗人，也给美丽的杭州平添了诗一般的意境。

钱塘湖春行

〔唐〕白居易

孤山寺北贾亭西，水面初平云脚低。
几处早莺争暖树，谁家新燕啄春泥。
乱花渐欲迷人眼，浅草才能没马蹄。
最爱湖东行不足，绿杨阴里白沙堤。

忆江南·其二

〔唐〕白居易

江南忆，最忆是杭州：山寺月中寻桂子，郡亭枕上看潮头。何日更重游？

其中《忆江南》中“江南忆，最忆是杭州”更是成为了杭州的形象代言词，杭州亚运会三个吉祥物的组合名称即是“江南忆”。

唐代之后的中国进入骚动不安的五代十国时期，浙江一带即由十国之一的吴越国统治。吴越国在五代乱世中善事中原，保境安民，对浙江而言，这是一个相对安宁而发展迅速的时期，社会经济各方面都得到了更深入的开发，都城杭州也一跃发展成为东南第一大州。吴越国所取得的各项成就，不仅为两宋时期浙江经济的高度发达奠定了基础，也开创了浙江以杭州为中心的新格局，并为偏安东南的南宋定都杭州奠定了基础。吴越国注重对西湖的治理，吴越王钱镠为疏浚西湖，建立了专职的疏浚队伍，有效阻止了西湖的淤浅。在吴越国时代，西湖获得了较好的整治，杭州城也得到了较大的发展。

吴越国钱氏三代五王均笃信佛教，在杭城内外、西湖四周修建了大量的寺庙、宝塔、经幢、石窟等佛教建筑，虽统治不到百年，但历任君主在杭州境内新增扩建寺院200多所，寺庙如重建的灵隐寺，新建的梵天寺、净慈寺、法喜寺等，佛塔如雷峰塔、六和塔、保俶塔、白塔等，这些古色古香的梵宫佛刹散落在西湖周边的清山幽林中，如繁星般点缀着杭州的绮丽湖山，极大丰富了西湖周边的文化景观。宝刹众多、香火鼎盛、梵音不断的吴越国也以“东南佛国”之名享誉海内。为西湖贡献了动人传说和美丽风景的雷峰塔，便是吴越王钱弘俶为供奉佛螺髻发舍利、祈愿国泰民安，花费六年时间耗巨资而建的。1924年9月25日，年久失修的雷峰塔轰然坍塌，2002年10月25日，雷峰塔重建落成，这座因“白蛇传”传说而闻名于世的古塔，在坍塌长达78年之后得以重现西湖之滨。夕照下的雷峰塔，早已化作中国人的精神文化符号，闪耀着东南佛国的人文气韵。如今的雷峰塔内，新塔与遗址保护相结合，形成了“新塔在上、遗址在下”的格局，保护遗址的同时，也让游人能登高望远，感受西湖的无穷魅力。

到了北宋，杭州以及西湖文化景观的发展离不开另外一位著名文学家——苏轼。苏轼曾两次到杭州任职，第一次是因为反对王安石变法而得罪新党，为明哲保身而主动请求出京任职，被授为杭州通判。1071年，苏轼第一次来到杭州时，留下了一首脍炙人口的千古名诗《饮湖上初晴后雨二首》（其二），“欲把西湖比西子，淡妆浓抹总相宜”更是成为了西湖的代言词。为躲避党争，时隔十几年，苏轼第二次到杭州出任杭州知州，为后人留下了一个更为美丽的西湖和杭州。当时苏轼发现西湖年久失修，水草丛生，淤泥堆积，如果不加疏浚，西湖将全部湮塞，若此，沿湖的农田将失去灌溉水源，西湖的鱼虾菱藕等水产将会消失，杭州的酿酒业也将遭到重创。更为严重的是，西湖的湮废会导致六井也被废置，全城百姓又将面临缺水问题。面对严重威胁，苏轼立刻制定出全面整治西湖和杭州水利的计划，上表朝廷奏折《乞开杭州西湖状》，并千方百计筹措治理经费，开始对西湖进行一次大规模的疏浚。

在这次疏浚中，苏轼撤废湖中私围的葑田，全面挖深湖底，在湖水深处建立三座石塔用以标识水域界限，禁止在三塔连线范围内种植菱藕，以保持湖面清洁，防止湖底淤浅，后几经毁建终成为今天西湖十景之一的“三潭印月”。同时又把疏浚出来的巨量葑泥在湖中堆筑了一条沟通南北岸的长堤，后人称之为苏堤，堤上又修建六座石桥以流通湖水，便有了今日苏堤春晓的烟柳美景。继唐代的白居易、五代吴越国的钱镠之后，苏轼的一番作为，不仅在杭州唤起了诗情画意，而且还以实政造福于民。现苏堤南端有苏东坡纪念馆，展厅突出反映了苏轼的文学艺术成就以及两次来杭担任官职的政绩。

靖康之乱后，驻守在外的宋徽宗第九子赵构在文武百官的拥戴下成为新的皇帝，建立了南宋政权。在金兵的步步紧追下，一路南逃的宋高宗最终确立杭州为“行在”，升杭州为临安府，建立行宫，安家落户，后来几经周折于1138年正式定都临安，杭州由此崛起，人口规模迅速增加，城市空间规模飞跃扩展。人口、经济的持续发展，使得江南开始在经济、文化上彻底超越北方，杭州一跃成为当时最繁华的大都市，南宋诗人范成大所著《吴郡志》“上有天堂、下有苏杭”一语，更是让杭州成为中国文士心目中诗意栖居的理想国。南宋诗人杨万里也创作了两首关于西湖的诗歌名篇《晓出净慈寺送林子方》，其二为：“毕竟西湖六月中，风光不与四时同。接天莲叶无穷碧，映日荷花别样红。”2022 年第 19 届杭州亚运会吉祥物之一“莲莲”。便是以机器人的造型代表世界遗产西湖文化景观，名字即源于西湖中无穷碧色的接天莲叶。展现了精致和谐、大气开放的人文精神，传递着共建人类命运共同体的期许。

明朝中期，西湖由于长期失修，葑田连片，水域淤浅，杭州知州杨孟瑛再次疏浚西湖，使苏堤以西至茅家埠一带尽为水面，疏浚挖出的葑泥在苏堤之西另筑一堤，后人称杨公堤。明末清初文学家张岱的一本散文集《西湖梦寻》，全方位展现了明清易代之际西湖的自然和文化风貌，字里行间道尽西湖风华。清代，因康熙、乾隆多次南巡到杭州，促进了杭州的发展和西湖的整治。康熙五次到杭州游览，并为南宋时形成的“西湖十景”题字，并刻为御碑，分别立在十景边上。乾隆时招揽大批文人编纂了规模庞大的《四库全书》，并将西湖孤山行宫改建为文澜阁，藏放《四库全书》。嘉庆年间，浙江巡抚阮元再次浚湖，所挖葑泥堆筑成阮公墩，西湖湖中二洲增为三岛，自此，西湖水域“两堤（白堤、苏堤）三岛（湖心岛、阮公墩、小瀛洲）”的景观格局正式定型。

文化遗产，承载着一个文明的记忆，赓续着一个民族的根基。一个国家，摩天大楼可以不断地盖，高铁可以不断地修，科技可以不断地创新，但唯有文化遗产，无法复制。习近平总书记在北京考察时强调：“一个城市的历史遗迹、文化古迹、人文底蕴，是城市生命的一部分。文化底蕴毁掉了，城市建得再新再好，也是缺乏生命力的。”良渚古城遗址实证中华五千多年文明史，京杭大运河绵延流淌着两千五百年的文化积淀，西湖文化景观传承着千年不断的吴越文脉、南宋风雅，三处世界文化遗产，三张靓丽文化名片，让杭州的文明之光熠熠生辉。三秋桂子，十里荷花，风雅醉人的杭州吸引着无数仰慕人间天堂的八方来客。在杭州，可以看见山水，可以看见历史，也可以看见中国。

本章参考文献

[1] 朱叶菲. 良渚遗址考古八十年［M］. 杭州：浙江大学出版社，2019.

[2] 朱雪菲. 神王之国：良渚古城遗址［M］. 杭州：浙江大学出版社，2019.

[3] 良渚博物院. 良渚［M］. 南京：东南大学出版社，2020.

[4] 毛锋，吴永光，李喜佳. 京杭大运河开凿与变迁［M］. 北京：电子工业出版社，2014.

[5] 蔡蕃. 京杭大运河水利工程［M］. 北京：电子工业出版社，2014.

[6] 宋姝，刘斌. 良渚古城：中华 5000 多年文明史的实证之城［J］. 自然与文化遗产研究，2020（3）：8－25.

[7] 刘斌. 良渚与中国百年考古——被低估的中国新石器时代［J］. 中国文化研究，2021（4）：1－11.

[8] 刘斌，马黎. 良渚古城“中华第一城”［J］. 中国民族，2021（5）：63－66.

[9] 林留根. 世界文化遗产中国大运河的考古阐释与文化解读［J］. 东南文化，2019（1）：14－20.

[10] 谭徐明，于冰，王英华，等. 京杭大运河遗产的特性与核心构成［J］. 水利学报，2009（10）：1219－1226.

本章小结

1. 文化自信是一个国家、一个民族发展中最基本、最深沉、最持久的力量。通过对杭州的良渚古城遗址、京杭大运河、西湖文化景观这三处世界文化遗产的学习，在历史长河中去感受杭州独特的文化魅力和丰厚的文化底蕴。

2. 了解第19届杭州亚运会三个可爱吉祥物——“琮琮”“莲莲”“宸宸”的设计灵感，通过古今的对话与传承，既感受杭州厚重绵长的历史文化之美，亦在时代活力中领略亚运之美、杭州之美、浙江之美、中国之美。

课后作业

“为什么我的眼里常含泪水，因为我对这土地爱得深沉。”不管何时何地，家乡始终是我们无法割舍、让我们魂牵梦绕的地方，每一片土地都有独特的文化元素，请深入了解自己家乡的文化底蕴，关注家乡的文化发展，为家乡设计一份文化宣传方案，助力提升家乡的文化影响力。

要求：主题要鲜明，语言要生动，表达要通畅，创意要新颖，逻辑要清晰。

拓展阅读

学文例话：培养写作运思能力

著名美学家朱光潜十分注重写作方面的教育与指导，《作文与运思》一文谈的就是写作中的运思问题。作者以自己深厚的学养和丰富的经验，深入浅出地为我们分析了写作运思的方法和特点，如折中式的自由联想，运思蔽塞时知难而进，克服懒惰的心理缺陷等，值得我们学习与借鉴。

作者介绍：朱光潜（1897—1986），安徽桐城人，美学家、文艺理论家、教育家和翻译家，一生致力于美学研究，我国现代美学的奠基人之一。主要编著有《谈美》《谈美书简》《诗论》《文艺心理学》《西方美学史》《给青年的十二封信》《谈修养》《谈文学》等。

作文与运思

朱光潜

作文章通常也叫做“写”文章，在西文中作家一向称“写家”，作品叫做“写品”。写须用手，故会做文章的人在中文里有时叫做“名手”，会读而不会作的人说是“眼高手低”。这种语文的习惯颇值得想一想。到底文章是“作”的还是“写”的呢？创造文学的动作是“用心”还是“用手”呢？

这问题实在不像它现于浮面的那么肤浅。因近代一派最占势力的美学——克罗齐派——所争辩的焦点就在此。依他们看，文艺全是心灵的活动，创造就是表现也就是直觉。这就是说，心里想出一具体境界，情趣与意象交融，情趣就已表现于那意象，而这时刻作品也就算完全成就了。至于拿笔来把心里所已想好的作品写在纸上，那并非“表现”，那只是“传达”或“记录”。表现（即创造）全在心里成就，记录则如把唱出的乐歌灌音到留声机片上去，全是物理的事实，与艺术无关。如我们把克罗齐派学说略加修正一下，承认在创造时，心里不仅想出可以表现情趣的意象，而且也想出了描绘那意象的语言文字，这就是说，全部作品都有了“腹稿”，那么“写”并非“作”的一个看法大致是对的。

我提出这问题和联带的一种美学观点，因为它与作文方法有密切的关系。普通语文习惯把“写”看成“作”，认为写是“用手”，也有一个原因。一般人作文往往不先将全部想好，拈一张稿纸，提笔就写，一直写将下去。他们在写一句之前，自然也得想一番，只是想一句写一句，想一段，写一段；上句未写成时，不知下句是什么，上段未写成时，不知下段是什么；到写得无可再写时，就自然终止。这种习惯养成时，“不假思索”而任笔写下去，写得不知所云，也是难免的事。文章“不通”，大半是这样来的。这种写法很普遍，学生们在国文课堂里作文，不用这个写法的似居少数。不但一般学生如此，就是有名的职业作家替报章杂志写“连载”的稿子，往往也是用这个“急就”的办法。这一期的稿子印出来了，下一期的稿子还在未定之天。有些作家甚至连写都不写，只坐在一个沙发上随想随念，一个书记或打字员在旁边听着，随听随录，录完一个段落了就送出发表。这样做成的作品，就整个轮廓看，总难免前后欠呼应，结构很零乱。近代英美长篇小说有许多是这样做成的，所以大半没有连串的故事，也没有完整的形式。作家们甚至把“无形式”当作一个艺术的信条，以为艺术原来就应该如此。这恐怕是艺术的一个厄运，有生命的东西都有一定完整的形式，首尾躯干不完全或是不匀称，那便成了一种怪物，而不是艺术。

这是一个极端，另一个极端是把全部作品都在心里想好，写只是记录，像克罗齐派美学家所主张的。苏东坡记文与可画竹，说他先有“成竹在胸”，然后铺纸濡毫，一挥而就。“成竹在胸”于是成为“腹稿”的佳话。这种办法似乎是理想的，实际上很不易做到。我自己也尝试过，只有在极短的篇幅中，像做一首绝句或律诗，我还可以把全篇完全在心里想好，如篇幅长了那就很难。它有种种不方便。第一，我们的注意力和记忆力所能及的范围有一定的限度，把几千字甚至几万字的文章都一字一句地记在心里，同时注意到每字每句每段的线索关联，并且还要一直向前思索，纵假定是可能，这种繁重的工作对于心力也未免是一种不必要的损耗。其次，这也许是我个人的心理习惯，我想到一点意思，就必须把它写下来，否则那意思在心里只是游离不定。好比打仗，想出一个意思是夺取一块土地，把它写下来就像筑一座堡垒，可以把它守住，并且可以作进一步袭击的基础。第三，写自身是一个集中注意力的助力，既在写，心思就不易旁迁他涉。还不仅此，写成的字句往往可以成为思想的刺激剂，我有时本来已把一段话预先想好，可是把它写下来时，新的意思常源源而来，结果须把预定的一段话完全改过。普遍所谓“由文生情”与“兴会淋漓”，大半在这种时机发现。只有在这种时机，我们才容易写出好文章。

我个人所采用的是全用腹稿和全不用腹稿两极端的一种折衷办法。在定了题目之后，我取一张纸条摆在面前，抱着那题目四方八面地想。想时全凭心理学家所谓“自由联想”，不拘大小，不问次序，想得一点意思，就用三五个字的小标题写在纸条上，如此一直想下去，一直记下去，到当时所能想到的意思都记下来了为止。这种寻思的工作做完了，我于是把杂乱无章的小标题看一眼，仔细加一番衡量，把无关重要的无需说的各点一齐丢开，把应该说的选择出来，再在其中理出一个线索和次第，另取一张纸条，顺这个线索和次第用小标题写成一个纲要。这纲要写好了，文章的轮廓已具。每小标题成为一段的总纲。于是我依次第逐段写下去。写一段之先，把那一段的话大致想好，写一句之先，也把那一句的话大致想好。这样写下去时，像上面所说的，有时有新意思涌现，我马上就修改。一段还没有写妥时，我决不把它暂时摆下，继续写下去。因此，我往往在半途废去了很多稿纸，但是一篇写完了，我无须再誊清，也无须大修改。这种折衷的办法颇有好处，一则纲要先想好，文章就有层次，有条理，有轻重安排，总之，就有形式；二则每段不预先决定，任临时触机，写时可以有意到笔随之乐，文章也不至于过分板滞。许多画家作画，似亦采取这种办法。他们先画一个大轮廓，然后逐渐填枝补叶，显出色调线纹阴阳向背。预定轮廓之中，仍可有气韵生动。

寻思是作文的第一步重要工作，思有思路，思路有畅通时也有蔽塞时。大约要思路畅通，须是精力弥满，脑筋清醒，再加上风日清和，窗明几净，临时没有外扰败兴，杂念萦怀。这时候静坐凝思，新意自会像泉水涌现，一新意酿成另一新意；如果辗转生发，写作便成为人生一件最大的乐事。一般“兴会淋漓”的文章大半都是如此做成。提笔作文时最好能选择这种境界，并且最好能制造这种境界。不过这是理想，有时这种境界不容易得到，有时虽然条件具备，文思仍然蔽塞。在蔽塞时，我们是否就应放下呢？抽象的理论姑且丢开，只就许多著名的作家的经验来看，苦思也有苦思的收获。唐人有“吟成一个字，捻断数茎须”的传说，李白讥诮杜甫说：“借问近来太瘦生，总为从来作诗苦”，李长吉的母亲说“呕出心肝乃已”。福楼拜有一封信札，写他著书的艰难说：“我今天弄得头昏脑晕，灰心丧气。我做了四个钟头，没有做出一句来。今天整天没有写成一行，虽然涂去了一百行。这工作真难！艺术啊，你是什么恶魔？为什么要这样咀嚼我们的心血？”但是他们的成就未始不从这种艰苦奋斗得来。元遗山与张仲杰论文诗说：“文章出苦心，谁以苦心为？”大作家看重“苦心”，于此可见。就我个人所能看得到的来说，苦心从不会白费的，思路太畅时，我们信笔直书，少控制，常易流于浮滑；苦思才能剥茧抽丝，鞭辟入里，处处从深一层着想，才能沉着委婉，此其一。苦思在当时或许无所得，但是在潜意识中它的工作仍在酝酿，到成熟时可以“一旦豁然贯通”，普通所谓“灵感”大半都先经苦思的准备，到了适当时机便突然涌现，此其二。难关可以打通，平路便可驰骋自如。苦思是打破难关的努力，经过一番苦思的训练之后，手腕便逐渐娴熟，思路便不易落平凡，纵遇极难驾驭的情境也可以手挥目送，行所无事，此其三。大抵文章的畅适境界有两种，有生来即畅适者，有经过艰苦经营而后畅适者。就已成功的作品看，好像都很平易，其实这中间分别很大，入手即平易者难免肤浅，由困难中获得平易者大半深刻耐人寻味，这是铅锡与百炼精钢的分别，也是袁简斋与陶渊明的分别。王介甫所说的“看似寻常最奇倔，成如容易却艰辛”，是文章的胜境。

作文运思有如抽丝，在一团乱丝中拣取一个丝头，要把它从错杂纠纷的关系中抽出，有时一抽即出，有时须绕弯穿孔解结，没有耐心就会使紊乱的更加紊乱。运思又如射箭，目前悬有鹄的，箭朝着鹄的发；有时一发即中，也有因为瞄准不正确，用力不适中，箭落在离鹄的很远的地方，习射者须不惜努力尝试，多发总有一中。

这譬喻不但说明思路有畅通和艰涩的分别，还可说明一个意思的涌现，固然大半凭人力，也有时须碰机会。普通所谓"灵感"，虽然源于潜意识的酝酿，多少也含有机会的成分。大约文艺创作的起念不外两种。一种是本来无意要为文，适逢心中偶然有所感触，一种情境或思致，觉得值得写一写，于是就援笔把它写下来。另一种是预定题目，立意要做一篇文章，于是抱着那题目想，想成熟了然后把它写下。从前人写旧诗标题常用"偶成"和"赋得"的字样，"偶成"者触兴而发，随时口占，"赋得"者定题分韵，拈得一字，就用它为韵作诗。我们可以借用这个术语，把文学作品分为"偶成"和"赋得"两类。"偶成"的作品全凭作者自己高兴，逼他写作的只有情思需要表现的一个内心冲动，不假外力。"赋得"的作品大半起于外力的催促，或是要满足一种实用的需要，如宣传、应酬、求名谋利、练习技巧之类。按理说，只有"偶成"作品才符合纯文学的理想；但是在事实上现存的文学作品大半属于"赋得"的一类，细看任何大家的诗文集就可以知道。"赋得"类也自有好文章，不但应酬唱和诗有好的，就是策论、奏疏、墓志铭之类也未可一概抹煞。一般作家在练习写作时期常是做"赋得"的工作。"赋得"是一种训练，"偶成"是一种收获。一个作家如果没有经过"赋得"的阶段，"偶成"的机会不一定有，纵有也不会多。

"赋得"所训练的不仅是技巧，尤其是思想。一般人误信文学与科学不同，无须逻辑的思考。其实文学只有逻辑的思考固然不够，没有逻辑的思考却也决不行。诗人柯尔律治在他的《文学传记》里眷念一位无名的老师。因为从这老师的教诲，他才深深地了解极放纵的诗还是有它的逻辑。我常觉得，每一个大作家必同时是他自己的严厉的批评者。所谓"批评"就要根据逻辑的思想和文学的修养。一件作品如果有毛病——无论是在命意布局或是在造句用字——仔细穷究，病源都在思想。思想不清楚的人做出来的文章决不会清楚。思想的毛病除了精神失常以外，都起于懒惰，遇着应该分析时不仔细分析，应该斟酌时不仔细斟酌，只图模糊敷衍，囫囵吞枣混将过去。练习写作第一件要事就是克服这种心理的懒怠，随时彻底认真，一字不苟，肯朝深处想，肯向难处做。如果他养成了这种谨严的思想习惯，始终不懈，他决不会做不出好的文章。

——摘引自朱光潜《谈文学》，文化发展出版社，2018 年，第 48～51 页

第九章 司马迁与《史记》

中华文明是人类历史上唯一一个绵延5000多年至今未曾中断的灿烂文明，二十四史为展现中国错综复杂的历史进程、传承博大精深的文化底蕴起到了重要作用。二十四史记述的范围，自传说中的黄帝开始，到明末崇祯皇帝止，涵盖我国古代政治、经济、军事、思想、文化、天文、地理等各方面的内容，而位列二十四史之首的便是司马迁的《史记》。读中国历史，不可不读《史记》。

《史记》是一部总字数达五十二万余字的鸿篇巨著，“究天人之际，通古今之变，成一家之言”，体大思精、气象万千。它的作者，是西汉时期杰出的史学家、文学家司马迁。《史记》共130篇，包括十二本纪、十表、八书、三十世家、七十列传五个部分，记载了从传说中的黄帝到汉武帝时三千多年的历史，不仅是我国古代纪传体史书的创始与典范，同时也是一部不朽的传记文学巨著，鲁迅誉之为“史家之绝唱，无韵之《离骚》”，代表着文学与史学的完美结合。让我们走近司马迁，走入《史记》，一起去触摸生命的温度、历史的长度和文化的厚度。

一、司马迁的多彩人生及《史记》的成书过程

司马迁（约前145—约前87），字子长，夏阳（今陕西韩城）人，西汉伟大的史学家和文学家。关于司马迁年少时的经历，《太史公自序》有言：“迁生龙门，耕牧河山之阳。年十岁则诵古文。二十而南游江、淮，上会稽，探禹穴，窥九疑，浮于沅、湘；北涉汶、泗，讲业齐、鲁之都，观孔子之遗风，乡

射邹、峄；戹困鄱、薛、彭城，过梁、楚以归。于是迁仕为郎中，奉使西征巴、蜀以南，南略邛、笮、昆明，还报命。”司马迁的自我介绍中，并未提及他出生的具体年代，其生年约在公元前145年至公元前135年之间。司马迁的童年是在家乡耕读度过的，他的父亲司马谈曾任西汉太史令（主管天文历法、兼管文书档案的职位），博古通今，学识渊博。在史官家庭中成长，司马迁受到了良好的文化熏陶，从小就读诵先秦古文典籍，“年十岁则诵古文”，打下了坚实的学识基础。随父亲到长安后，在京城师从儒学大师孔安国、董仲舒，转益多师，潜心治学，学业精进。大约在二十岁时，在父亲的授意下，司马迁怀着凌云壮志开始漫游天下，遍览名山大川，探访名胜古迹，到过现在的湖北、湖南、江西、浙江、江苏、山东、河南等地。在那样一个车马都很慢的年代，司马迁在广阔的大江南北、黄河上下留下了自己非凡的足迹，在漫游考察的过程中开阔了视野，丰富了见闻，同时搜集了大量散落民间的遗闻旧事，为之后《史记》的写作积累了许多宝贵的第一手资料，既触摸了当下，也找寻了过去。漫游归来，司马迁入仕做了充任汉武帝侍卫的郎中之职，入仕不久便“奉使西征巴、蜀以南，略邛、笮、昆明”，即奉命出使刚平定不久的西南地区，往南一直到了昆明一带。

司马迁在《太史公自序》中追溯了他的家族史：“昔在颛顼，命南正重以司天，北正黎以司地。唐虞之际，绍重黎之后，使复典之，至于夏商，故重黎氏世序天地。其在周，程伯休甫其后也。当周宣王时，失其守而为司马氏。司马氏世典周史。”司马家族自五帝始，历经夏、商、周，世代为天官，掌管历史，史官的基因深深扎根在司马谈父子两代太史令的内心深处。具有强烈历史责任感的司马谈，把修史传世作为自己的神圣使命。司马谈有感于自孔子删定《春秋》之后再无系统的历史著作出现，战国至秦汉许多重大历史事件和重要人物未能及时载入史册，史料佚失非常严重，因此立志编写一部传承历史、承继《春秋》的史学著作，但可惜壮志未酬便与世长辞。元封元年（公元前110），汉武帝前往泰山举行封禅大典，司马谈作为主管天文历法的太史令自然要随从前往，操办典礼。由于这是汉代立国以来第一次封禅，所以对于司马谈来说，这是史官不能错过的千古盛事。但天有不测风云，司马谈东行至洛阳一带突发重疾，一病不起，只得滞留洛阳养病，眼见随驾封禅之事已成泡影，司马谈急火攻心而致病情加重，危在旦夕。此时出使西南归来的司马迁也星夜赶往泰山，并在洛阳见到了生命垂危的父亲。司马谈固然对无缘参加封禅大典而无比遗憾，但更使他抱憾终生的还是未能完成修订史书一事，于是他把希望寄托在儿子司马迁身上，勉励他接续完成自己未竟的事业。在与父亲生死诀别之际，司马迁含泪接受了修史传世的临终嘱托，父子两代的历史使命完成了庄严的接递。从此，司马迁便以发扬家族的史官传统、完成父亲的修史遗愿作为自己的毕生使命。

在太史令任上，司马迁利用工作上的便利，翻阅了国家收藏的各种文献资料。经过几年的资料准备，司马迁在参与制定太初历之后，就开始《太史公书》即后来被称为《史记》的撰写工作。然而事出意外，《史记》撰述过程中发生了著名的李陵事件（事见司马迁《史记·李将军列传》），从此改变了他的人生轨迹和精神历程。天汉二年（公元前99），汉武帝最宠幸的妃子李夫人之兄贰师将军李广利，受命率三万大军进攻匈奴，李广之孙李陵受到汉武帝赏识，奉命率领五千人马作为侧应，以分散匈奴兵力。结果李陵在浚稽山一带遭遇匈奴主力，陷入匈奴八万大军的包围之中。李陵面对强敌血战八天，虽然杀敌过万，但终因矢尽粮绝、外无援兵、寡不敌众而兵败。李陵自感无颜回报汉武帝，绝望之中投降了匈奴。消息传来，满朝文武纷纷落井下石指责李陵投敌。刚直不阿的司马迁因替李陵辩护而触怒了汉武帝，以“诬上”之罪被钦定下狱判处死刑，使他面临着三种无法抗拒的选择：一是伏法受诛，二是缴钱赎命，三是承受腐刑（宫刑）。官微俸薄的司马迁经过内心的痛苦挣扎，最后选择了屈辱地活下来，以接受最下等的腐刑为条件，被免于一死，这对司马迁的肉体和精神造成了难以弥合的双重摧残。对于劫后余生的司马迁，完成父亲的重托，实现父亲的遗志，便成了他苟活于尘世间最重要的精神支撑。

出狱后，司马迁升任中书令，做汉武帝的机要秘书。从表面上看，中书令比太史令职位高，但在汉代这个职务一般都是由宦官担任，因而对于遭受宫刑的司马迁来说，实际上是忍辱供职。内心痛苦的司马迁选择了隐忍和沉默，“文王拘而演《周易》；仲尼厄而作《春秋》；屈原放逐，乃赋《离骚》；左丘失明，厥有《国语》；孙子膑脚，《兵法》修列；不韦迁蜀，世传《吕览》；韩非囚秦，《说难》《孤愤》；《诗》三百篇，大抵贤圣发愤之所为作也”，他从这些先贤身上汲取强大的精神力量，凭借顽强的毅力发愤著书，把全部心血灌注在《史记》的创作上。大约最晚在征和二年（前91），司马迁用了十几年时间完成了这部五十二万六千五百余字的巨著，他在给好友任安的信中称：“仆窃不逊，近自托于无能之辞，网罗天下放失旧闻，略考其行事，综其终始，稽其成败兴坏之纪，上计轩辕，下至于兹，为十表，本纪十二，书八章，世家三十，列传七十，凡百三十篇。亦欲以究天人之际，通古今之变，成一家之言。”（《报任少卿书》）司马迁把全部的悲愤都寄托在《史记》的撰著之中，在逆境中奋发有为，在挫折中负重前行，而宏大的抱负、广博的学识、特殊的遭遇，使得司马迁对历史人物、历史事件有着异乎寻常的深刻体验和准确把握，最终完成了一次中国古代历史的伟大总结。写完《报任少卿书》这封吐露心声的书信以后，司马迁便无声地消失于历史长河，其卒年和死因都成了未解的历史之谜，但司马迁之名却流芳百世，他以生命写就的《史记》也流传千古，成为泱泱中华不可估量的文化瑰宝和历史财富。

二、《史记》写作材料的搜集

《史记》成功的基础归功于司马迁对大量放失旧闻的搜集网罗和丰富文献资料的积累运用。司马迁在写作材料的搜集方面可以概括为两点，即行万里路和读万卷书。

行万里路，体现的是司马迁对历史现场实地考察的实证精神。首先就是前述的二十壮游：“二十而南游江、淮，上会稽，探禹穴，窥九疑，浮于沅、湘；北涉汶、泗，讲业齐、鲁之都，观孔子之遗风，乡射邹、峄；戹困鄱、薛、彭城，过梁、楚以归。”司马迁的第一次游历，路线大致是从京师长安出发，向东南行，出武关，经南阳，至江陵，溯游沅江、湘江至九嶷山，然后北上长沙，经汨罗凭吊屈原，越洞庭顺江东下至会稽，北上江淮至齐鲁，历楚汉故地归长安。第二次游历是以监军身份奉使征略西南：“奉使西征巴、蜀以南，南略邛、笮、昆明，还报命。”司马迁实地考察了西南地区的山川地理、风俗民情，最后返回长安复命。《史记》首创民族史传，《西南夷列传》的撰写便与这次奉使西征的亲身经历密切相关。第三次大规模游历是扈从武帝巡游。汉武帝频繁巡幸天下，任职郎中的司马迁作为武帝的侍从人员数次扈从巡游，也随之走遍了黄河上下、长城内外，如《汉书·武帝纪》记载：“（元鼎）五年冬十月，行幸雍，祠五畤。遂踰陇，登空同（崆峒），西临祖厉河而还。”《史记·五帝本纪》“太史公曰：‘余尝西至空桐（崆峒），北过涿鹿，东渐于海，南浮江淮矣，至长老皆各往往称黄帝、尧、舜之处，风教固殊焉，总之不离古文者近是。’”便是司马迁扈从佐证之一。而且《五帝本纪》记载黄帝“东至于海，登丸山，乃岱宗。西至于空桐（崆峒），登鸡头。南至于江，登熊、湘。北逐荤粥，合符釜山，而邑于涿鹿之阿。”司马迁扈从巡游的足迹，正好遍及黄帝考察四方的路线，司马迁在扈从的过程中必然针对性地对黄帝故实有了更丰富的搜集、更深刻的认识，因而也使得《五帝本纪》对黄帝行迹的记载非常翔实、可信。可见《史记》非凡文化品质的形成，与他丰富的行旅体验有关，四方川岳，九州民风，万里行历，每一步皆化为历史的笔墨而熠熠生辉。

司马迁在写作材料的搜集途径上，除了行万里路，还有读万卷书，通过广泛的阅读，从各种图书典籍、文书档案中采集、积累丰富的历史材料。尤其是后来担任太史令，可以利用工作上的便利，披览由国家收藏的各种文献资料，因而《史记》所载，多有史实依据。从《史记》文本中提供的线索可以看出，司马迁阅读的范围非常广泛，阅读的规模非常庞大，诸子百家的著作，传世的史料典籍，朝廷的公文档案等，他均“一网打尽”，涵盖古今，融会贯通。而且司马迁对阅读的材料并不是浮光掠影式地浏览，而是深入地辨别真伪，细致地考究同异，如《五帝本纪》“太史公曰：‘予观《春秋》《国语》，其发明《五帝德》《帝系姓》章矣，顾弟弗深考，其所表见皆不虚。《书》缺有间矣，其轶乃时时见于他说。非好学深思，心知其意，固难为浅见寡闻道也。余并论次，择其言尤雅者，故著为本纪书首。’”司马迁在为五帝立传时，便参阅了《春秋》《国语》《尚书》等先秦典籍，不仅说明了史料来源，而且对《春秋》《国语》的记载予以考辨真伪（“所表见皆不虚”），对《尚书》的记载能够钩沉索隐（“其轶乃时时见于他说”），对积累的材料择善而从（“择其言尤雅者”），司马迁这种阅读文献的实例在《史记》中不一而足，从中可以体察到司马迁面对所参阅文献时理性思考的态度和审慎辩证的精神。班固在《汉书·司马迁传》中评价《史记》“涉猎者广博”“贯穿经传，驰骋古今”，这些评价可谓切中肯綮。

三、《史记》叙事结构的创设

司马迁为了实现“究天人之际，通古今之变，成一家之言”的修史宗旨，创立了纪传体的通史形式。《史记》包括本纪、表、书、世家、列传五种体例，即所谓“五体结构”，这也是司马迁的史学独创，体现了司马迁贯通古今的历史观和经纬纵横的叙事观。虽然这五种体例在内容和形式上各有区别，但同时又相互照应、相互配合，构成一个交织、融会的历史叙事系统，体现出立体叙事和宏大叙事的特征。尤其是在编排最有文学价值的人物传记时，显示出高超的技巧和清晰的逻辑。这五种体例所涵盖的具体内容如下：

本纪：计十二篇，顺次叙录历代传说或实际掌握国家最高权力者的事迹，起于谱系传说中上古帝王的《五帝本纪》，终于记载司马迁当时天子汉武帝事迹的《今上本纪》（原作《今上本纪》已佚，后人取《封禅书》而改“今上”为“武帝”充数，即今本《史记》中的《武帝本纪》）。本纪的传主以帝王为主，但情况又有例外，汉惠帝虽为天子，却有职无权，所以本纪中没有他的位置。项羽是秦汉之际一度主宰天下的人物，吕后是惠帝时期的实际权力掌握者，两人虽无帝王之实，依然被列入本纪。

表：计十篇，以表格的形式，按年月、国别简要谱列历史事件和重要人物的活动，如《十二诸侯年表》《秦楚之际月表》。十表的排次顺序，与十二本纪大致相当，而所记载的事件与人物，要比本纪更多，也更概括。

书：计八篇，以专题的形式，系统叙录天文、历法、水利、经济等典章制度，如论述礼乐制度的《礼书》和《乐书》，叙录天文、历法与宗教的《历书》《天官书》《封禅书》，还有记述兵制、水利和经济的《兵书》（司马迁原作《兵书》已佚，后人取《历书》中论律部分和续撰的论兵文字合篇，即今本《史记》中的《律书》）《河渠书》《平准书》。

世家：计三十篇，以编年、传记或二者结合的形式记叙历史上各重要诸侯大姓的家族史，包括春秋战国时代列国诸侯、西汉分封的宗室宗亲以及开国功臣；同时为表彰历史地位特殊的人物，也破例安排了《孔子世家》和《陈涉世家》。汉代独尊儒术，孔子贵为圣人，虽不是侯爵，但其历史地位不下王侯，故而列入世家。天下亡秦之端，始于陈胜发难，对于《陈涉世家》，司马迁为平民义举列传，把人民当作英雄，敢于用世家记述陈胜、吴广的起义壮举，这是司马迁的史学创造。

列传：计七十篇，以传记的形式，传写本纪、世家以外，古今具有代表性的各阶层人物以及民族的事迹。可主要分为三类：个人传记的“独传”，如《李斯列传》；两人或数人合为一篇的“合传”，如《老子韩非列传》；将行事相类、属性相同的历史人物记载在同一列传中的“类传”，如《刺客列传》以及记载民族事迹的《匈奴列传》等。人物传记的排列基本以时间为序，前后相次，同时又兼顾各传记之间的内在联系，遵循着以类相从的原则。如战国四公子的列传顺次相随，司马穰苴、孙武、吴起、伍子胥都是军事家，所以他们的传记前后相次。

《太史公自序》揭示了司马迁把《史记》分为五种体例的著述宗旨：“罔罗天下放失旧闻，王迹所兴，原始察终，见盛观衰，论考之行事，略推三代，录秦汉，上记轩辕，下至于兹，著十二本纪，既科条之矣。并时异世，年差不明，作十表。礼乐损益，律历改易，兵权山川鬼神，天人之际，承敝通变，作八书。二十八宿环北辰，三十辐共一毂，运行无穷，辅拂股肱之臣配焉，忠信行道，以奉主上，作三十世家。扶义俶傥，不令已失时，立功名于天下，作七十列传。”这五种体例中，十二本纪是纲领，统摄上自黄帝、下至汉武帝三千年的盛衰沿革。十表按照年代发展和世次递进的顺序，分类罗列帝王侯国间人物事件的简明脉络。八书专门论述天文、历法、经济、水利等典章制度，十表、八书可以当作是十二本纪的补充。世家主要是贵族之家的历史，列传是不同阶层、不同类型的人物传记。对于本纪、世家和列传的关系，“二十八宿环北辰”，如果本纪是北辰（北极星），世家就是环绕北辰的二十八宿，七十列传是历史苍穹中北辰、二十八宿之外的璀璨群星，五种体例共同构成一个完整的统一的叙事体系，格局宏大，结构精妙。特别是本纪、世家和列传三体，以人物为中心，上至帝王将相，下到刺客游侠，为我们展现了古代社会各个阶层形形色色的代表人物。宋代史学家郑樵称赞《史记》：“使百代而下，史官不能易其法，学者不能舍其书，六经之后，唯有此作。”

四、《史记》写人艺术的驾驭

《史记》是以人物为中心的纪传体史书，为我们刻画了一系列栩栩如生的历史人物。全书所涉人物四千多个，重要人物数百名，上至帝王将相，下至市井细民，三教九流，靡所不备。《史记》所传人物虽多，但又做到抓住人物的主要特征，将每个人物都刻画得个性鲜明，各具风采。如苏秦、张仪同为战国纵横家，他们的传记也紧紧相连，但在司马迁笔下，苏秦主要是一位发愤图强、纵横捭阖的励志者形象，而张仪更多地体现为一位反复无定、狡诈诡谲的权谋者形象。除了抓住主要特征，司马迁在刻画一些人物时，还能立体多元地塑造出人物的丰满血肉。如《项羽本纪》就分别从"勇""杀""情"三个方面立体塑造了项羽的形象。巨鹿之战时，项羽以破釜沉舟的决心，在绝境中大破秦军，威震诸侯；彭城之战时，项羽以三万之师突袭击溃汉军数十万之众；垓下之围时，项羽率领二十八骑，在汉军重重包围中斩将刈旗，如入无人之境……这些，都突出了项羽之"勇"。以"杀"而言，司马迁用大量的文字记述了项羽残忍嗜杀的一面，如杀会稽守及部下、坑杀襄城军民、斩杀宋义、坑杀二十余万秦卒、屠咸阳、杀秦王子婴、徙杀义帝、烧杀纪信等，不一而足。同时，项羽也是一个重"情"的英雄，如垓下被围时，项羽夜闻汉军四面楚歌，因不舍美人虞姬和骏马乌骓而慷慨悲歌、潸然泪下，英雄气短，儿女情长；乌江之畔项羽无颜见江东父老而不愿渡江逃走，却不忍杀掉随他南征北战、立功无数的乌骓马，而将其赠给了乌江亭长，自己却徒步而行，持短兵接战，在身负数创的情况下又"吾为若德"，自刎而死成全故人吕马童……这些细节又将项羽重情重义的一面展现出来。悍勇、嗜杀、重情，这样便摹绘出项羽的多重人格，一个有血有肉、立体饱满的项羽跃然纸上。

除了在单篇传记中立体刻画人物以外，《史记》作为一个有机的整体，许多篇章之间还存在着各种内在联系。有的历史人物生平事迹较多，性格复杂，一篇传记中如果面面俱到则有叙述繁冗、层次不清之感，而略去某些方面，则又不利于人物复杂性格的塑造。司马迁为了充分展示历史人物的丰富性和复杂性，有时会将一人的事迹散见于各篇，人物本传中详写其主要事迹，展现其主要性格，在其他相关人物传记中补写该人物性格的其他侧面，即唐代刘知几所言"同为一事，分在数篇，断续相离，前后屡出"，宋代苏洵所言"本传晦之，而他传发之"，这种旁见侧出的叙事方法叫作互见法，也是司马迁叙事笔法的一大创造。

以刘邦为例，刘邦的本传《高祖本纪》，主要叙述了刘邦带有神异色彩的发迹史，表现出他仁而爱人、雄才大略、知人善任等崇高品质。如高祖的出生便不同凡俗："（高祖）父曰太公，母曰刘媪。其先刘媪尝息大泽之陂，梦与神遇。是时雷电晦冥，太公往视，则见蛟龙于其上。已而有身，遂产高祖。"再如"高祖常徭咸阳，纵观，观秦皇帝，喟然太息曰：'嗟乎，大丈夫当如此也！'"则体现出刘邦的胸怀大志；"六年，高祖五日一朝太公，如家人父子礼。……于是高祖乃尊太公为太上皇。"又体现出高祖的至诚孝心。但在《项羽本纪》中，刘邦的形象就不完全是伟岸高尚的了，也有着卑怯自私、流氓狡诈的性格弱点。如"围汉王三匝。……欲过沛，收家室而西；楚亦使人追之沛，取汉王家；家皆亡，不与汉王相见。汉王道逢得孝惠、鲁元，乃载行。楚骑追汉王，汉王急，推堕孝惠、鲁元车下，滕公常下收载之。如是者三。

曰：‘虽急不可以驱，奈何弃之?’于是遂得脱。”楚汉相争时，刘邦战败逃亡，俗话说虎毒尚不食子，而刘邦为了保全自己的性命，竟三番五次将亲生儿女推下车去，孝惠、鲁元有赖于滕公夏侯婴的袒护才幸免于难。再如“当此时，彭越数反梁地，绝楚粮食，项王患之。为高俎，置太公其上，告汉王曰：‘今不急下，吾烹太公。’汉王曰：‘吾与项羽俱北面受命怀王，曰‘约为兄弟’，吾翁即若翁，必欲烹而翁，则幸分我一杯羹。’项王怒，欲杀之”，这则“分一杯羹”故事中的刘邦，与前述“如家人父子礼”的刘邦，可谓判若两人。

其他如《萧相国世家》《留侯世家》表现了刘邦对功臣的猜忌，《魏豹彭越列传》《郦生陆贾列传》揭露他对臣下的侮慢，尤其是《郦生陆贾列传》：“沛公不好儒，诸客冠儒冠来者，沛公辄解其冠，溲溺其中。与人言，常大骂。”将刘邦粗鄙无礼的流氓习气体现得淋漓尽致。这样写，可以如实、全面地反映历史事实和历史人物的真实性、复杂性、完整性。《史记》中的人物形象具有多方面的性格特征，阅读《史记》时，需要把相关传记联系起来综合观照，才能全面、真实地把握丰富立体的人物形象。

作为一部“究天人之际，通古今之变，成一家之言”的鸿篇巨著，《史记》在写作材料的搜集、体例结构的构思、人物形象的刻画、叙事艺术的运用等方面，均体现出别出心裁的写作技巧和精湛绝伦的写作艺术。司马迁与《史记》这一专题，除了让大家了解司马迁发愤著书的生平经历，了解《史记》的历史地位和文学成就之外，还希望引起同学们对经典的关注，阅读经典的过程，就是人文素养提升的过程，是优秀文化传承的过程。但在与学生的多次接触中，深刻发现当代大学生的阅读状况尤其是经典名著的阅读情况十分堪忧，大部分同学在日常生活中，沉迷于游戏、短视频、影视剧、公众号等碎片化阅读和娱乐化体验，而无法沉心静气地去专注于长文阅读，沉浸式阅读或批判性阅读。经典经过历史的筛选和沉淀，千百年来传承不息，在这样一个诱惑多、节奏快的时代，呼吁大家阅读中国经典名著，传承祖先思想智慧，弘扬优秀文化精神，给阅读一方净土，给经典一盏明灯，给心灵一泓清泉。保持阅读的耐心，享受阅读的乐趣，收获阅读的价值。

本章参考文献

［1］ 杨照．史记的读法：司马迁的历史世界［M］．桂林：广西师范大学出版社，2019.

［2］ 陈正宏．时空：《史记》的本纪、表与书［M］．北京：中华书局，2020.

［3］ 陈正宏．血缘：《史记》的世家［M］．北京：中华书局，2021.

［4］ 陈正宏．《史记》精读［M］．上海：复旦大学出版社，2016.

［5］ 张新科．《史记》与中国文学［M］．北京：商务印书馆，2021.

［6］ 张新科，刘彦青．史记研读［M］．北京：高等教育出版社，2021.

［7］ 杨丁友．《史记》写作文化研究［M］．成都：四川大学出版社，2009.

［8］ 李长之．司马迁之人格与风格［M］．北京：商务印书馆，2011.

［9］ 刘跃进．“史家之绝唱，无韵之《离骚》”——司马迁及其《史记》综论［J］．学术交流，2020（7）：5－22.

［10］ 张新科．“千秋太史公”司马迁［J］．传记文学，2021（6）：24－37.

［11］ 王子今．司马迁的行旅［J］．月读，2021（9）：12－24.

本章小结

1. 了解司马迁丰富多彩的生平经历，认识“读万卷书，行万里路”对司马迁撰写《史记》的重要作用。

2. 熟悉《史记》的成书过程，读其书，识其人，通过司马迁的发愤著书，领会其深邃的学识思想和不朽的人格魅力。

3. 掌握《史记》的体例结构、纪传内容、人物刻画、叙事艺术等，认识《史记》“史家之绝唱，无韵之《离骚》”的历史地位和文学成就。

课后作业

选择《史记》十二本纪、三十世家、七十列传中某一个（或多个）人物传记进行精读，概述司马迁笔下该人物的历史形象，并据此分析《史记》写作的叙事风格、写人艺术和语言成就。以此为契机，体会《史记》的写作文化，以助提升写作时的逻辑思维能力、篇章构思能力和语言表达能力。

拓展阅读

学文例话：写作材料的剪裁

剪裁是选择和运用写作材料的基本功，涉及对材料的取舍和疏密的安排。《史记》作为一部体大思精的史学巨著，是司马迁在参阅大量文献史料的基础上，经过精心的剪裁、镕铸而成。司马迁撰文精于剪裁史料，善于从“天下遗文古事靡不毕集”（《太史公自序》）的史料中，“择其言尤雅者”（《五帝本纪》），即在充分占有史料的基础上善于精取，优选能够深刻揭示人物和事物本质的典型史料，以突出所传之人的性格特点和所叙之事的因果逻辑。精读历史学家翦伯赞的《论司马迁的历史学》一文，领会司马迁对史料极具匠心的剪裁，以期对写作材料的搜集、选择、提炼、组织等有所启发。

作者介绍：翦伯赞（1898—1968），湖南常德桃源县人，维吾尔族，中国著名历史学家、社会活动家、教育家，中国马克思主义历史科学的重要奠基人之一。主编《中国史纲要》，著作有《中国史纲》《先秦史》《秦汉史》等。

论司马迁的历史学

翦伯赞

两千年来，读《史记》未有不盛赞司马迁之文章者；诚然，司马迁的文章真是气势蓬勃，既沉重而又飞舞。但无论怎样，文章总是司马迁的余事。而且司马迁也从来没有在文字上去雕刻。他决不故为深奥，作出一些让他同时代的人看不懂的文章，以显出自己的高深典雅；反之，他引用古文，多改为汉代当时所通用的言语。例如他引《尚书》，绝不照抄“曰若稽古，帝尧曰放勋”，而是改为“帝尧者，放勋”。如果司马迁生在现在，他一定把这句话改为“传说中的尧皇帝，他的名字叫放勋”。司马迁不学《尚书》，而后来的史学家，偏要学《史记》，假如司马迁死而有知，一定说：“这都是他不肖的门徒，只知模仿其皮毛，而不知师承其精神，见帝王则曰神圣，见革命的豪杰，则曰盗贼，何其无耻也！”

司马迁的文章之好，不在于笔调，而在于他善于组织史料。例如他撰伯夷，则录其《西山之歌》，以显其气节；撰孔、孟，则录其言诏，以显其大道；撰老、庄，则录其著作，以显其学派；撰屈、贾，则录其辞赋，以显其文章；撰儒林，则录其师承，以显其渊源；撰管、晏，则录其政绩，以显其文治；撰田单、乐毅，则录其战伐，以显其武功；撰张、苏，则录其游说，以显其纵横；撰货殖，则录其财产，以显其富厚；撰刺客，则录其敢死，以显其慷慨；撰游侠，则录其重诺，以显其侠义；撰滑稽，则录其笑话，以显其讽刺；撰佞幸，则录其卖身投靠，以显其下流无耻。总之，他对于每一纪传的人物，都能够抓住他的特点，阐扬他的特点，使这个被纪传的人物，跃然纸上，萧疏欲动。例如他写刺客，不但从纸上飘起慷慨悲歌之声，简直是匕首当前，鲜血射面。像以上所述，就是司马迁的文章之所以成为千古的绝调。至若之乎也者，乃其余事。

自然，我不是说司马迁的《史记》完全无缺，例如他的历史观受了驺衍终始五德说的影响，而带着历史循环论的色彩。他在《高祖本纪·太史公曰》中说：“夏之政忠，忠之敝，小人以野，故殷人承之以敬。敬之敝，小人以鬼，故周人承之以文。文之敝，小人以僿，故救僿莫若以忠。三王之道若循环，终而复始。周、秦之间，可谓文敝矣。秦政不改，反酷刑法，岂不缪乎？故汉兴，承敝易变，使人不倦，得天统矣。”这就是说，历史的发展，即忠、敬、文的循环。所以他在《平准书·太史公曰》中又说：“是以物盛则衰，时极而转，一质一文，终始之变也。”此外他又替汉高祖作出一些赤帝、白帝的神话，在《封禅书》中，又征引土德、水德的受命之说。于是用赤、白黑，配合忠、敬、文，再配合金、木、水、火、土，历史就在金、木、水、火、土的相生与赤、白、黑、忠、敬、文的循环中，在司马迁面前打圈圈了。虽然，我们论一个人，总要根据他自己的时代。在司马迁的时代，正是五行说高涨的时代，他怎能不受影响呢？假如我们以历史的循环论而责司马迁，那就无异责备殷人不该信鬼。

自司马迁开创了纪传体历史方法以后，两千年来，中国的历史家都奉为历史学的正宗，凡写著所谓正史，都用这种方法。一部二十四史，都是用纪传体的历史方法写成的。一直到我们的今日，凡达官显宦死了以后，政府都还有一道“宣付史馆立传”的命令，足见司马迁在中国历史学上的影响之巨大而悠久。

但是司马迁的学生，从班固算起，没有一个能够望及肩背的。中国的学者往往以《史记》《汉书》相提并论，我以为这未免太恭维班固了。班固，充其量，也不过是司马迁的学生中比较高明的一个。他用司马迁的方法，写成了一部西汉的历史，而且关于武帝以前的历史，连文章都是照抄《史记》的原文。如果说他在方法上有发明，那就是把司马迁的“书”，改名曰“志”。如果说他在历史学上也有创见，那就是去掉项羽的本纪，将汉代的历史上推于楚汉之际。取消陈涉的世家，把他降入列传。还有，就是加上了惠帝的本纪，辩护吕后的专政。所以若以《汉书》比《史记》，那真是瞠乎其后矣。

现在历史学已经进入了科学的阶段，纪传体的历史方法已经成了过去。但中国的历史资料大半都保存在纪传体的历史著作之中；为了找历史资料，我们应该知道纪传体的历史方法。同时我并且以为即使在我们今日，纪传体的历史仍不失为一种保存史料最好的方法。

——摘引自翦伯赞《论司马迁的历史学》，《中山文化季刊》1945 年第 2 卷第 1 期

第十章 中国传统建筑

匠心独运丹青手，万里山河起宏图。中国传统艺术承载着源远流长的中国历史和博大精深的中华文明，蕴藏着独树一帜的东方美学和多姿多彩的华夏风貌。中国古代艺术门类众多，而古代建筑作为历史的活化石，则是展现中国传统文化魅力的重要窗口。美轮美奂的中国传统建筑，种类林林总总，形制各式各样，构件千变万化，关乎建筑技术，更关乎建筑艺术。小到一砖一瓦的匠心独运，大到一城一池的堂皇富丽，气韵生动，流转不息，处处体现出美的追求、想象的构建和艺术的创造。读懂中国古建筑，就读懂了中国的人文历史、环境哲学、审美意向、思维方式、营造体系……诗意栖居，从建筑开始。

中国传统建筑具有悠久的历史传统和光辉的艺术成就。陕西半坡遗址发掘的半地穴式建筑，可以看出距今六七千年前，先民就已经掌握了搭建木构建筑的基本方法。年代相当于夏朝中晚期的二里头遗址发现的建筑群基址，其布局已开中国古代都城规划制度的先河。秦汉时期恢宏壮丽的宫殿苑囿，魏晋南北朝时期佛教建筑的盛行，隋唐时期中国古代城市规划设计的杰作——长安城，宋代朝廷颁行的建筑及施工规范标准《营造法式》，明清时期历经六百年风雨洗礼的紫禁城……王朝兴衰更替，经过数千年的发展演变，中国传统建筑在夯土技术、木构技术的运用上渐趋成熟，在立面造型、平面布局的设计上各有千秋，在建筑材料、色彩、装饰等的搭配与使用上臻于极致，造就了一系列技术高超、艺术精湛、风格独特、气韵超群的古代建筑，书写了辉煌的中国建筑史。中国传统建筑类型多种多样，形态多姿多彩，这里重点介绍城池、宫殿、陵墓、园林这四种建筑类型。

一、城池

中国古代的城市叫作“城池”，“城”指的是城墙，“池”指的是城外环绕城墙的护城河，这是一种封闭式的防御性设计。城市是社会生产力发展到一定历史阶段的产物，是人类文明进步的象征和社会生活的结晶。中国历史悠久，造城时代也起源甚早，《史记·五帝本纪》便有人文初祖黄帝“邑于涿鹿之阿”的记载。据考古发掘可知，迄今为止中国已知年代最早的城市是在湖南澧县发现的城头山古文化遗址，距今已有六千多年的历史。在数千年的光阴流转中，诞生了一座又一座经济繁荣、人口昌盛的通衢大邑。目前考古发现的古城遗址和保存完好的城池有很多，如实证中华五千多年文明史的圣地——良渚古城遗址，甲骨文的发祥地——安阳殷墟……其中，唐长安城是当时世界上规模最庞大、建筑最宏伟、规划最规范的一座都城。唐长安城始建于隋文帝开皇二年（582），由宇文恺规划营造，时称大兴城，唐代取“长治久安”之意，重新改称长安城，为隋唐两朝都城。现隋大兴唐长安城遗址是第四批全国重点文物保护单位。

唐长安城是按照中国传统规划思想和建筑风格建设起来的都城。城市由外郭城、宫城和皇城、禁苑、坊市组成，有 2 市 108 坊（不同时期坊的数量略有变化）。整个长安城都按中轴对称的原则，规划严密，布局整齐，不仅规模空前，而且城市规划与建设、建筑技术与艺术都达到了非常高的水平。说到长安城，“庞大”“恢宏”“繁华”之类的词汇便立刻跃入脑海。长安城到底有多大？依据文献记载和考古成果可知，唐长安城面积约为 87.27 平方公里，是汉长安城的 2.54 倍，隋唐洛阳城的 1.9 倍，北宋汴京城的 1.7 倍，明清北京城的 1.45 倍，与欧洲著名的古城面积相比，唐长安城是君士坦丁堡的 7.29 倍、罗马城的 6.39 倍，是中国历史上乃至世界上规模最为宏大的都城之一。“九天阊阖开宫殿，万国衣冠拜冕旒”（王维《和贾舍人早朝大明宫之作》），唐长安城反映出隋唐大一统王朝的宏伟气魄和鼎盛气象。

唐长安城的城市布局主要由宫城、皇城和外郭城三部分组成。宫城位于全城北部的正中，是皇帝居住和处理朝政的地方，也就是皇家的宫殿区，其大致可以分为太极宫、大明宫、兴庆宫三大宫殿区，统称为“三大内”。“三大内”作为中央帝国威仪的象征，宫殿群极为宏伟壮丽，如“三大内”中规模最大的大明宫，占地面积达 320 万平方米，是北京故宫的 4.5 倍，其中宴饮群臣的麟德殿是中国古代最大的宫殿殿堂，也是中国历史上最大的单体建筑，全殿建筑总面积达 12300 平方米，是今天故宫太和殿的 5 倍。皇城紧依在宫城之南，是中央百官衙署所在地，为官员的官署区；外郭城则分布在宫城和皇城的东、西、南三面，是百姓住宅、寺观以及商业市场的分布区。整个城池的建筑空间分区明确，尊卑有别，主次有序。

唐长安城总体上是中轴对称的格局，全城以南北向的朱雀大街作为中轴线对称布局，东西两侧整齐排列着数目与面积相等的坊市。南北向有 11 条大街，东西向有 14 条大街，其中六条主干道宽度均在 100 米以上，最宽阔的朱雀门大街的宽度约为 150 米，可以容纳约 100 多匹马齐头并进，其余的大街宽度也基本在 40～75 米之间。纵横交织的街道成网格状交叉，将外郭城分成 108 个整齐划一的里坊（一个里坊就是一个大型居民区）和东市、西市两个市场，坊市方正严谨，错落有致，白居易《登观音台望城》中“百千家似围棋局，十二街如种菜畦”二句形容的便是这种棋盘式里坊布局。由此可见，唐长安城的布局极其整齐，规划十分严密，秩序相当完备，堪称中国里坊制封闭式城市之典范，是中国古代都城建设史上的一座新的里程碑。

二、宫殿

随着封建中央集权制度的建立，宫殿成为了帝王治国理政、日常起居、休闲娱乐的专用场所。漫长的封建社会，伴随着每一个新王朝的建立，新的宫殿也会拔地而起。明末清初的思想家顾炎武编著有《历代宅京记》，辑录了历代都城宫殿的历史资料，有名可查的宫殿达一千二百余座。大兴土木的秦始皇应该是建造宫殿最多的帝王，据《史记·秦始皇本纪》记载，秦始皇认为“先王之宫廷小”，于是便兴建新的更大的朝宫：“营作朝宫渭南上林苑中。先作前殿阿房，东西五百步，南北五十丈，上可以坐万人，下可以建五丈旗。周驰为阁道，自殿下直抵南山。表南山之颠以为阙。为复道，自阿房渡渭，属之咸阳，以象天极阁道绝汉抵营室也。……隐宫徒刑者七十余万人，乃分作阿房宫，或作丽山。发北山石椁，乃写蜀、荆地材皆至。关中计宫三百，关外四百余。”由此可见，秦始皇不仅营建宫殿的数量众多（“关中计宫三百，关外四百余”），而且规模也是前所未有，仅未完工的阿房宫前殿，就有“东西五百步，南北五十丈，上可以坐万人，下可以建五丈旗”的盛况。南朝梁任昉《述异记》载秦始皇二十六年（前221）一首民间童谣“阿房阿房亡始皇”也从侧面道出了秦始皇兴修阿房宫对百姓的压榨。阿房宫动用数十万民工，劳民伤财，百姓怨声载道，也成为秦朝灭亡的导火索。

汉朝建立以后，刘邦命萧何监造新的宫殿——未央宫。《史记·高祖本纪》：“萧丞相营作未央宫，立东阙、北阙、前殿、武库、太仓。高祖还，见宫阙壮甚，怒，谓萧何曰：‘天下匈匈，苦战数岁，成败未可知，是何治宫室过度也?’萧何曰：‘天下方未定，故可因遂就宫室。且夫天子以四海为家，非壮丽无以重威，且无令后世有以加也。’高祖乃悦。”萧何认为宫室非壮丽无以威加于海内，宫殿的无以复加意味着皇权的至高无上，实则点明了以未央宫为典型的中国古代皇家宫殿，不仅仅是帝王的居室，而且是帝王地位、身份与威权的象征，汉之未央宫、唐之大明宫、明清紫禁城等莫不如此。这些宫殿是最充裕的建筑资金、最高等的建筑材料、最优秀的建筑工匠、最精湛的建筑工艺的集合体，因而也使宫殿成为中国传统建筑中级别最高等、规模最恢宏、技艺最精湛、装饰最富丽的建筑类型，代表了当时建筑技术与艺术的最高水平。

虽然中国古代帝王宫殿数目众多，但基本都消失在改朝换代的历史洪流中，明朝以前历朝的宫殿建筑均已不存。北京明清故宫是当今世界上规模最大、保存最完整的木结构皇宫建筑群，集历代宫殿建筑之大成，成为我国古代宫殿建筑的典范。故宫旧称紫禁城，自明永乐十八年（1420）建成后，距今已有600多个寒来暑往的辉煌历史，历明清两代24位帝王。故宫占地面积约72万平方米，建筑面积约15万平方米，有大小宫殿七十多座，房屋9000间左右，堪称“宫殿之海”。从1406年开工到1420年完工，在营建紫禁城的15年间，共有上百万人参与建筑工程，无数能工巧匠在紫禁城的营建和修缮过程中，形成了一套完整的、具有严格形制的传统宫殿建筑施工技艺——官式古建筑营造技艺（行内俗称“八大作”，即土作、石作、搭材作、木作、瓦作、油作、彩画作、裱糊作八大工序）。营造中选料上乘，工艺严谨，做工精细，宫殿各部位的做法和施工工序都有严格的定式，堪称古建筑营造技艺的典范，反映了中国传统建筑技术与艺术的高度统一。

故宫的建筑布局承袭“前朝后寝”的传统宫殿格局，分为“外朝”（前朝）和“内廷”（后宫）两部分，合称朝廷。外朝以太和殿、中和殿、保和殿三大殿为中心，坐落在高 8.13 米的三层汉白玉石基上，基座平面呈“土”字形，象征“王土居中”，统御天下。三大殿是皇帝朝会施政、举办庆典的地方，宫殿雄伟高大以彰显帝王威严。为首的太和殿是故宫最高大的建筑，也是中国现存最大的木结构大殿。太和殿建筑面积 2377 平方米，连同台基通高 35.05 米，其建筑规制之高，装饰手法之精，堪列中国传统建筑之首。三大殿的东西两侧分别为文华殿、武英殿，左文右武。穿过三大殿之后的乾清门便进入内廷，内廷以乾清宫、交泰殿、坤宁宫（亦称后三宫）为中心，两旁分列嫔妃居住的东、西六宫，即所谓三宫六院，东西六宫两侧还分布有慈宁宫、养心殿、奉先殿、漱芳斋等，它们共同构成了皇宫内的生活区。嫔妃、皇子的生活空间都是围绕皇帝居住的乾清宫而存在，彰显着“唯我独尊”的天子威严。从前朝到后宫，也表现出中轴对称的平面布局手法和整体建筑格局。

中国传统建筑体现了明确的礼制思想，注重等级体现：形制、色彩、规模、结构、部件等都有严格的规定。北京故宫是完全按照君权的至高无上和绝对权威来设计建造的，使它成为一个主次分明、尊卑有序而又和谐统一的建筑整体。明清故宫的规划与营建体现出森严的等级秩序，如太和殿从上到下都是宫殿的顶级配置，基座是顶级的三层汉白玉须弥座，地砖是顶级的金砖，门窗是顶级的金扉金锁窗，屋顶是顶级的重檐庑殿顶。在殿顶装饰上，会有各式各样的动物，即吻兽，吻兽数量的多寡表明宫殿等级的高低，一般最多为 9 个，而太和殿四角的垂脊上突破规制各有 10 个吻兽，这在中国古建筑中是独一无二的，凸显了太和殿至高无上的尊贵地位。太和殿的正吻是现存皇家建筑中最大的一对，它由 13 块琉璃瓦件拼合而成，高度达 3.4 米，相当于两个成年人的身高。再如紫禁城的正门——午门，平面呈“凹”字形，黄瓦重檐庑殿顶，正中开三门，两侧各有一座掖门，俗称“明三暗五”，中间正门为皇帝出入专用；此外只有皇帝大婚时，皇后乘坐的喜轿可以从中门进宫；通过殿试选拔的状元、榜眼、探花，在宣布殿试结果后可从中门出宫，以示皇帝恩宠。在清代，文武百官出入东侧门，宗室王公出入西侧门。两掖门只在举行大型活动时开启。出入有序，尊卑分明，等级森严。

中国古代在建筑布局上往往追求天人感应、天人合一的理想境界，因此建筑的布局、形制以及命名非常讲究传统的阴阳之道、五行之说，往往都被赋予某些象征意义，如后三宫，取《道德经》“道生一，一生二，二生三，三生万物”，又有“昔之得一者，天得一以清，地得一以宁”之说，“乾”象征天和阳，故皇帝寝宫名为乾清宫；“坤”象征地和阴，故皇后寝宫为坤宁宫，乾坤合起来是泰卦，代表阴阳结合，乾清宫、坤宁宫便是寓意乾坤交泰、帝后和谐，故而乾清宫与坤宁宫中间的宫殿便叫交泰殿。后三宫两侧的东、西六宫，各有六座宫殿，从形制上看也是坤卦。再看五行之说，从空中俯视，前朝三大殿的基座平面呈“土”字形，象征“王土居中”统御天下，又因“木克土”，所以太和殿前并未植树，以免犯了忌讳。东方属木，为青色，主生长，所以明代太子居住的文华殿和清代皇子居住的南三所，都在东华门内，屋顶用的都是绿色琉璃瓦。由此可见，故宫蕴含着很多阴阳八卦的思想，体现的是古人天人合一的理想追求和象天法地的规划理念。

三、陵墓

陵墓是对中国古代帝王墓葬的一种特殊称谓。《荀子・礼论》：“丧礼者，以生者饰死者也，大象其生以送其死也。故事死如生，事亡如存，终始一也。”中国古人颇重迷信，讲究事死如事生，相信肉体虽灭而灵魂不朽，帝王更希望在另一个冥界国度继续保持至高无上的统治地位，享受一如生前的无上尊贵，因而会耗费巨大的人力、物力、财力营建规模浩大的陵墓工程，陵墓也成为了皇权的象征。如果说崔巍壮丽的皇宫彰显了现世帝王的威严，那么庄严肃穆的陵墓则昭示着已逝帝王的威仪。黄土之下，古人以陵墓创造了另一重宏大的彼岸世界，构建了另一个严密的建筑体系。

根据文献记载和考古发掘可知，早期中国的墓葬尚没有标识埋葬之地的封土坟丘，即《周易・系辞下》所言：“古之葬者，厚衣之以薪，藏之中野，不树不封。”即所谓“墓而不坟”。孔子时代已经出现坟丘式墓葬，孔子合葬父母时，曾言：“古也墓而不坟”，为了便于识别父母之墓，于是“封之，崇四尺”。所以大概在春秋时期已经实现了从“墓而不坟”到封土筑坟的转化，后来逐渐发展出植树、树碑、造陵寝、设神道等一系列陵墓建筑体系。帝陵一般由地上与地下两部分组成，地上部分包括陵园、寝庙建筑、阙台、封土等，地下则主要是地宫、陪葬坑和陪葬墓，规模一般都很大，以凸显帝王的至尊地位和无上威严。随着朝代的更替，帝陵的形制也发生着相应的变化。

中国历史上第一座帝陵是秦始皇陵，形成了后世营建帝陵的基本框架与理念。秦始皇陵仿照秦国都城咸阳的布局建造，有内外两重城垣，大体呈回字形，以封土为核心，可分成封土、内城、外城、外城以外四个空间，其工程规模之大、用工人数之多、持续时间之久都是前所未有的。修陵人数最多时达 72 万，陵园总面积相当于 63 个故宫，地宫规模相当于 5 个足球场。秦陵从秦始皇元年（前 247）至秦二世二年（前 208），历时 39 年才基本完工。四周分布着几百座形制不同的陪葬坑和墓葬，其中包括被称为“世界第八大奇迹”的兵马俑坑，既再现了秦军一扫六合的雄风，也展现了大一统王朝的宏大气势。秦始皇陵的封土是一个上小下大的方锥体，但顶部是平的，状呈覆斗，故名曰“方上”，秦汉时的帝王陵墓都采用这一形式。秦始皇的陵墓封土是中国历史上形体最大的，南朝宋裴骃《史记集解》引《皇览》记载秦始皇陵“坟高五十余丈，周回五里余”。底面积约 25 万平方米，高 116 米，即使经历了两千多年的自然侵蚀和人为破坏，现封土底面积约为 12 万平方米，高度仍有 87 米。高大的夯土封冢之下便是秦始皇陵的核心——引发后世无数想象的秦始皇地宫，秦始皇本人就长眠于此。《史记・秦始皇本纪》记载秦陵地宫：“穿三泉，下铜而致椁，宫观百官奇器珍怪徙臧满之。令匠作机弩矢，有所穿近者，辄射之。以水银为百川江河大海，机相灌输，上具天文，下具地理。以人鱼膏为烛，度不灭者久之。”更给后人平添一份好奇尚异的色彩。鉴于考古技术的局限以及对文物的保护，国家文物局早就有明确规定——不主动发掘帝王陵墓，所以迷雾重重的秦始皇帝陵地宫将继续在幽深的地下诉说着它的堂皇与神秘。

两汉时期的帝陵，在继承秦始皇陵的基础上有所发展，并在长期的实践中形成了比较明确的帝陵制度，如设立陵邑、设置陵号、帝后合葬、功臣陪葬等。西汉建造时间最长、规模最大、随葬品最多的一座陵墓是汉武帝刘彻的茂陵。《晋书·索綝传》有言："汉天子即位一年而为陵，天下贡赋三分之，一供宗庙，一供宾客，一充山陵。汉武帝飨年久长，比崩而茂陵不复容物，其树皆已可拱。赤眉取陵中物不能减半，于今犹有朽帛委积，珠玉未尽。"汉武帝在位 54 年，陵墓修建了 53 年，每年近乎三分之一的赋税都用来修建陵园，有此雄厚的资金支持，茂陵的豪华程度可想而知。一座马踏匈奴，彰显大汉雄风，中国现存最早、最大、保存最完整的大型石刻群——茂陵石雕，便矗立在陪葬的霍去病墓前，从中也能窥见茂陵豪奢的一角。

唐朝是中国古代的鼎盛期，也是中国古代陵墓制度的高度发展期，唐代皇陵陵园建筑模拟都城营建，规模宏大、结构完整。唐代帝陵出现了两项较重要的变化。一是除了承袭"封土为陵"以外，大部分唐陵"因山为陵"，即利用天然的山峰作为皇陵的陵冢，山体里开凿地宫构筑墓室，始于唐太宗昭陵，在唐代相沿成制；二是不再沿用内外相套的布局，而将陵冢安排在陵园北端最高处，其他各部分向南依次排开，这种布局结构与唐长安城的营城理念颇为相似。关中十八唐帝陵中唐高宗和武则天合葬的乾陵保存最为完好。乾陵位于陕西乾县梁山，梁山三峰并峙，主峰在北居中，墓穴穿山开凿而成，南面二峰东西对峙，峰顶置阙，气势凌人。乾陵陵园仿唐都长安城的格局营建，分为皇城、宫城和外郭城，其南北主轴线长达 4.9 千米。陵园有内外两重城垣，内城环绕地宫所在的梁山，约为正方形，四面正中各辟一门，按东青龙、西白虎、南朱雀、北玄武四神方位命名，朱雀门外为主神道，石像生夹道而列，总面积约为 230 万平方米，其地上的规模已经远迈前代，地宫的辉煌富丽也可想而知。

明清帝陵是中国帝陵最后的辉煌，也是现今地面保存最好的帝王陵墓。明清陵墓都采用"宝城宝顶"的形式，就是在地宫上面用砖砌成圆形或长圆形的围墙，内填黄土，使封土成为圆顶，并在宝顶前设方城明楼，明十三陵、清东陵、清西陵均是如此。其中长陵是明十三陵中的祖陵，为明朝第三位皇帝成祖朱棣和皇后徐氏的合葬陵寝，在十三陵中营建时间最早，建筑规模最大，地面建筑也保存得最为完好。长陵的陵宫建筑，占地约 12 万平方米，其平面布局呈前方后圆形状。前面的方形部分由前后相连的三进院落组成，其中第二进院落北面正中位置建有高大巍峨的祾恩殿（用于供奉帝后牌位和举行祭祀活动的地方）。这座祾恩殿是明代帝陵中唯一保存至今的陵殿，堪称我国古代木构建筑中的珍宝。此殿制仿明代皇宫金銮殿修建，面阔 9 间（66.56 米），进深 5 间（29.12 米），以示帝王九五之尊，总面积达 1956 平方米，是国内罕见的大型殿宇之一。此殿梁、柱、枋、檩、鎏金斗拱等大小木构件，均为名贵的优质楠木加工而成。支撑殿宇的 60 根楠木大柱，用材粗壮，为世间罕见佳木。尤其是林立殿内的 32 根重檐金柱，高 12.58 米，底径均在 1 米左右。这些楠木大柱采自四川、湖广一带的深山密林之中，自蜀至京运送周期通常都在三年左右。陵园的宝城建筑构成了"后圆"部分。宝城，又作"宝山城"，因城内覆盖地宫的封土称为

“宝山”而得名，宝城之内则是埋葬帝后的地宫建筑。此后的清东陵和清西陵都是仿照明代帝陵而建，再没能超越明代，但依然保存了中国古代陵墓的最后辉煌。

四、园林

中国古典园林是中国传统建筑中的精华，在中国传统建筑的各个门类中，园林是综合性最强、艺术性最高的一种类型。中国古典园林融文化意境与建筑营造为一体，将中国传统的诗情、画意、审美、情趣融入自然风光、人工山水以及建筑艺术中，通过叠山理水的自然韵律、亭台轩榭的布局章法、花窗楹联的点缀装饰等，将自然美、建筑美、诗画美有机统一，达到一种“虽由人作，宛自天开”的和谐境界，因而中国园林就是一幅立体的中国山水画。走进园林，观赏山水楼台，探寻草木晴晦，感受融入一草一木、一山一石、一桥一水中的风雅心性和精致文明。

中国古典园林历史悠久，《史记·殷本纪》中就记载了殷纣王“益广沙丘苑台，多取野兽蜚鸟置其中”，“沙丘苑台”便是以沙丘命名的一座中国早期园林。《孟子》中也有“文王之囿方七十里”“文王以民力为台为沼，而民欢乐之。其谓台曰灵台，其为沼曰灵沼”的园囿记载。可以说沙丘苑台、灵台是中国最早的见于典籍记载的大型皇家园林。秦汉时期的帝王园林将苑囿与宫殿相结合，规模极大，《史记·封禅书》记载汉武帝在建章宫“治大池，渐台高二十余丈，名曰泰液池，中有蓬莱、方丈、瀛洲、壶梁，象海中神山龟鱼之属。”太液池中模拟海上仙山的“一池三山”造园格局，影响了中国皇家园林数千年；魏晋以后，寄情山水的士人园林逐渐兴起；经唐宋以至明清，以山水为主题的园林特征逐渐定型，园林艺术走向成熟。中国古典园林的精华主要集中在江南，江南园林艺术造诣之精在苏州，前人有所谓“江南园林甲天下，苏州园林甲江南”的评语，苏州园林是中国古典园林集大成者。苏州得天独厚的经济、文化、自然等优越条件利于造园，历代贵族官僚、文人雅士不断在苏州建造园林，形成了独具匠心而又登峰造极的古典造园艺术。

园林因其规模大小及内在秩序的不同而在审美感受上存在着不同程度的差异。皇家园林规模宏大、建筑富丽、气势恢宏，移天缩地而又诗情画意，充分体现出皇权至上的思想、王者独尊的气派和君临天下的意境，如颐和园、承德避暑山庄以及遭遇浩劫的圆明园。私家园林规模则较小，精巧别致。始建于南宋的网师园，是苏州典型的宅园合一的私家园林。占地约 10 亩，是苏州园林中最小的一座，总面积还不及拙政园的六分之一，但小中见大，布局精巧又富于变化，结构紧凑又主次分明，建筑虽多却不见拥塞，山池虽小却不觉局促。网师园的亭台楼榭无不临水，全园处处有水可依，各种建筑配合得当，水秀如诗，相映成趣。网师园以精致的造园布局、深厚的文化内涵、典雅的园林气息，成为江南小型古典园林的代表作品。

被称为“吴下名园之冠”的留园，为中国大型古典私家园林，占地面积 23300 平方米。整个园林布局精巧，园林建筑与山、水、石相融合而呈天然之趣。其建筑空间处理精湛，造园家运用各种艺术手法，构成了层次分明的园林空间体系，全园大致分为中、东、西、北四个各具特色的区域，中部辟池叠山，亭台楼榭掩映于山水林木之间，错落起伏，犹如一幅山水画卷；东部以厅堂庭院建筑取胜，重门叠户，曲院回廊，厅堂宏敞华丽，院落富有变化，引人入胜，颇有“庭院深深深几许”的意境；北部辟为盆景区，盆景繁复，花果蔚然，一派田园风光；西部以奇石假山为主，土石相间，浑然天成，颇有山林野趣。漫步留园，移步换景，秀色迭出，处处显示了小中见大、尺幅千里的造园艺术手法，成为世界闻名的建筑空间艺术处理的范例，正如清代学者俞樾所言："泉石之胜，留以待君之登临也；花木之美，留以待君之攀玩也；亭台之幽深，留以待君之游息也。其所留多矣。"是故称之留园，取"留连忘返"之意。

无论是皇家园林还是私宅园林，中国古典园林都体现出鲜明的造园追求与典型的艺术特点。首先中国传统建筑艺术讲求天人合一、和谐有序，中国古典园林可以说将人与自然的和谐统一发挥到极致。中国古典园林无论是自然的依山傍水，还是人工的叠山理水，都是取法自然，追求"虽由人作，宛自天开"的意境。因而中国古典园林基本都是以山、水为主体，以石叠山，以水分园，山环水绕，或以山为主，或以水为主，或山水并重。亭台楼阁等人工建筑也尽量因地制宜，顺应自然之势，置亭阁于山间，筑楼台于水畔，参差错落于山光水色之间，与山水自然融合，创造出随地赋形而浑然天成的物我妙境。

其次，中国古典园林虽然追求人与自然的和谐共融，但同时也注重体现人的精神追求和审美理想，往往借助园林景物来表达园林主人的志向和意趣，赋予景物以丰富的文化内涵，既有天工之巧，也有雅士之趣。沧浪亭、拙政园莫不如此。如沧浪亭之名为北宋大臣苏舜钦所取，苏舜钦在汴京遭贬谪，流寓吴中，买地筑亭，因感于"沧浪之水清兮，可以濯吾缨；沧浪之水浊兮，可以濯吾足"而命名"沧浪亭"，自号沧浪翁，以示宦海沉浮、仕隐无定之感。再如拙政园为明代御史王献臣所建，王屡遭诬陷，不满朝政，退而居家，取晋代潘岳《闲居赋》中"拙者为政"之意命名，从此逍遥自得，享闲居之乐，寄托了娱山水而避朝政的悠游愿景，颇有陶渊明"守拙归园田"之意。

最后中国古典园林讲究造园技法，追求曲折、变化，力求在有限的空间里，通过抑景、借景、添景、框景、对景等多种多样的构景方法来营造亭台楼池、山石花木，以突破空间的局限，增加园林的空间层次感，使得园林虚实相间，远近相衬，高低相和，动静相宜，小中见大而主次分明，以达到咫尺山水的景观构造和步移景异的观赏效果。如抑景（障景），园林风景讲究含蓄蕴藉，宜循序渐进层层展开，最忌一览无余，因此在空间景物设置上常常欲扬先抑，欲露先藏，抑景即为此而设。如拙政园进门就是一座怪石峥嵘的假山抑制住游客的视线，绕过山去则忽而别有洞天。这种手法，在《红楼梦》大观园中被描写得更加有声有色，《红楼梦》第十七回，贾政领人游园，开门只见一带翠嶂挡在前面，众人连声赞好，贾政道："非此一山，一进来园中所有之景悉入目中，则有何趣？"所以如若一进园门便将园内景致一览无余，则佳趣尽失，少了几许"山重水复疑无路，柳暗花明又一村"的幽致。再如"借景"，把园林之外或近或远的景观巧妙地借入园内，成为园景的一部分，丰富园林景观的内容和层次，拙政园便将园外巍峨的北寺塔借入园内，增添了园林的景致，延伸了园林的视野，堪称借景的神来之笔。又如"框景"，利用门框、窗框、山洞等，有选择地将园中好景摄取到景框中来，使其犹如经过剪裁般嵌入画框，景与框相得益彰，形成一种"窗含西岭千秋雪"的构图之美。

中国传统建筑是中华文明的活化石，也是人类建筑史上的璀璨明珠。在中国广袤的土地上，气势雄伟的宫殿、庄严肃穆的陵寝、神圣清幽的寺庙、精致优雅的园林、因地制宜的民居、坚不可摧的城防……洋洋大观的中国传统建筑，记录和传承了中国传统建筑的规划布局、形制等级、构造形式、装饰运用等的建筑理念，体现了法天象地、五行相生、遵守礼制、取法自然等的建筑智慧，无声见证着中国源远流长的民族历史，有形诉说着博大精深的传统文化。

本章参考文献

[1] 程裕祯. 中国文化要略［M］. 北京：外语教学与研究出版社，2017.

[2] 朱筱新，李军. 中国传统文化［M］. 北京：中国人民大学出版社，2021.

[3] 王振复. 建筑中国：半片砖瓦到十里楼台［M］. 北京：中华书局，2021.

[4] 蒋述卓，龚红月，程京武. 新编中国传统文化概论［M］. 广州：广东高等教育出版社，2021.

[5] 陈从周. 说园［M］. 上海：同济大学出版社，2017.

本章小结

1. 认识中国传统建筑的魅力与成就。建筑作为历史的活化石，作为民族文化的结晶，最能具体形象地反映各个时期的科学技术发展、文化艺术创造，通过中国传统建筑这扇窗口去窥探中华民族这座大厦的文明之光。

2. 认识城池、宫殿、陵墓、园林这四大建筑类型的发展脉络、基本特点、艺术成就，通过它们的设计和建造，体验中国古代建筑工匠们的别出心裁和巧夺天工，了解中华民族的历史传承、审美意识和文化内涵。

课后作业

调查报告是对客观事物或社会问题进行精细周密地调查研究、综合分析后写成的书面报告。古代建筑是历史的活化石，请针对某一中国古代建筑的保护、管理、开发、利用等情况进行深入细致的调查，并撰写一份调查报告。

要求：调查应深入实际，实事求是；材料应翔实充分，准确无误；主题应清晰明确，有的放矢；结论应客观公允，真实可信。

拓展阅读

学文例话：培养科技写作能力

精读我国著名的桥梁工程专家茅以升的《必须努力提高科技写作能力》一文，结合自己的切身经历，体会科技写作能力的必要性和重要性，培养科技写作的方法与技巧。当前中国大学生的语言文字表达普遍缺乏严谨性、规范性、逻辑性，写作能力亟待提高。如何开展系统性的科技沟通与写作能力训练，有效提升学生写作表达能力和沟通交流能力，已成为普通高等院校教学亟须解决的重要问题之一。理工科专业的大学生在课程设计、毕业设计、各类竞赛等教学实践环节需要撰写各种形式的科技文章，因此要注重系统性的科技写作能力的培养与提升，这样才能在后续的学习、科研和工作过程中游刃有余，助力实现更大的人生价值。

作者介绍：茅以升（1896—1989），江苏镇江人，土木工程学家，桥梁专家，中国科学院院士，曾主持修建了中国人自己设计并建造的第一座现代化大型桥梁——钱塘江大桥，成为中国铁路桥梁史上的一块里程碑。

必须努力提高科技写作能力

茅以升

科学目的在于认识自然，技术目的是为了改造自然，更好地延续人类的生存和不断地提高人类的生活。

为了人类的幸福生存和美好的生活，自古及今的劳动人民，不知费了多少心血，经历了多少艰难困苦，才创造成今天的美好世界。

在有文字历史以前，我们从古代出土文物中即可看到千万年来，千千万万的劳动人民所创造发明的遗迹，其中即有科学技术的萌芽。可以想见，当时由于没有文字，他们无法将一切成就代代相传，而只能口传心授和简单图画，更无法在同一时期、将一地的创造发明传递到另一地。这就是说在没有文字以前，虽有雏形图画，但一方面不能在时间上将科学技术的初步成就记录下来；另一方面，在地理上也无法进行交流。可见在今天的世界上所以能够有今天人类的科学技术的繁荣昌盛，不能不归功于千百年来的文字记载，更不能不重视科学技术的写作能力。

文字写作有技巧，正如科学技术有发明一样。同一事实，可有几十种写法，而只有一种是最能感动人的。正如科学技术的进步，需要多种渠道一样。对科学技术的成就，如果不能用文字表达其思潮与动作，则无法推广，更无法留传后世。

《科技写作指南》这本书提供了科学技术写作指南，不但能记录传播，而且从写作过程中，还可能产生新思想、新动作，能提高科学技术的水平。希望读者能通过本书的学习，不仅提高写作能力，而且可以从思考过程，可有新的启发。对科学技术上的增加，那怕是微小的贡献。

我想在此提一个意见，与读者们共同研究。

一件事物的说明或一种思想的表达，除用文字外，还可用语言来说明，如用教书、讲演、对话、录音等等，都是靠口语来表达意见，交流思想。用语言表达，比用文字，有其特具的优点：（1）从语言的轻重，可以把文章的要旨警句，表达得更清楚。比在文字上加用着重点，或用不同颜色作为标志，更简便而有效。（2）语言可有音乐的味道，轻重、疾缓、刚柔，将文字的意义表达得更加鲜明动听，如我国文字有声调，有平仄之别，在讲话发音时，可以利用，引起注意。

口才还需要训练，这是为文字所不及的。有些教师能在规定时间内，将所要讲的教材，统统讲完，不多不少。国际学术会议上发言，也有时间限制，论文再好，如不能按时讲完，则影响到效果。因此，我希望在这本书的再版时，补上一章“口才指南”。

一篇文章的用字，当然取其意义，但也要注意其音调，也就是用字遣词，悠扬顿挫。因为看文章时，对字的意义，一望而知，但在听人读时，如果发音的轻重不分，平仄不调，则很难理解。朗读或录音时，更是如此。科学技术名词，在阅读时，其意义自可明了。但在口述或讲授时，则必须将名词重读而其他字从轻。因此在科技写作时，不可不注意声音与文字的关系。语调分明，平仄谐调，使人听于耳，会于心，从不同的音调，不同的轻重中，领会出不同的意义。在用口授科技时，还有普通话与乡土之音的问题，也就是说，在我国各地作科技报告时，必须用“普通话”，以便普及而免误解。因此，科技写作，除要求写成好文章之外，还要达到能读能听，这也是写作技巧问题，不能忽视。

——摘引自《写作》1984 年第 5 期

第十一章 《诗经》动植物书写

2015 年 12 月 2 日，习近平总书记在津巴布韦考察野生动物救助基地时说："野生动物是地球上所有生命和自然生态体系重要组成部分，它们的生存状况同人类可持续发展息息相关。"2017 年 7 月 25 日，在致第十九届国际植物学大会的贺信中他又指出："植物是生态系统的初级生产者，深刻影响着地球的生态环境。人类对植物世界的探索从未停步，对植物的利用和保护促进了人类文明进步。中国是全球植物多样性最丰富的国家之一。中国人民自古崇尚自然、热爱植物，中华文明包含着博大精深的植物文化。"可见，动植物作为地球生态系统的重要组成部分，与人类的命运息息相关；而先民在探索自然界的过程中所形成的动植物文化亦是源远流长。

我国第一部诗歌总集——《诗经》中便涉及了大量动植物的书写，蕴含着深厚的动植物文化。了解这些动植物的生命特征和文化内涵，不仅能增长动植物的有关知识，而且有助于我们更好地理解《诗经》本义。进一步讲，徜徉在动植物王国，在诗歌的浸润下，我们的眼界自然会更加开阔，同时道德境界也会有不同程度的提升。因此，无论在知识层面，还是在道德素养方面，都有助于写作与沟通能力的提升。

一、名物学的内涵及意义

《诗经》动植物书写，可归为"名物学"的研究范畴。"名物"一词，较早见之于《周礼》："庖人掌共六畜、六兽、六禽，辨其名物""大司徒之职……辨其山林、川泽、丘陵、坟衍、原隰之名物""司服掌王之吉凶衣服，辨其名物与其用事”。其中的“名物”，既指“名号与物色”，又指“名（号）与所生之物”。“名物学”即研究与探讨自然和社会生活中事物得名由来、异名别称、名实关系、客体渊源流变及其文化含义的学科。

学习名物学，有助于博学多识，提高知识素养。古往今来，学者们都较为重视名物学的学习与研究。《论语·阳货》记载孔子教育儿子孔鲤，劝其学习《诗经》时提到七个方面的好处，其中一点便是“多识于鸟兽草木之名”。大概成书于春秋至汉代初期的我国现存最早的训诂之书《尔雅》，就包括《释鸟》《释兽》《释虫》《释鱼》《释畜》《释草》《释木》等16篇涉及名物训诂的篇目；东汉末年刘熙编纂的《释名》亦包含《释天》《释地》《释饮食》《释宫室》等27篇；三国时期吴国陆玑《毛诗鸟兽草木虫鱼疏》直接对《诗经》中的动植物的名称、形状、特性、产地、用途等进行了辨析。此外，唐代杨嗣复等人编纂的《毛诗草木虫鱼图》、宋代蔡卞《毛诗名物解》、元代许谦《诗集传名物钞》、明代冯复京《六家诗名物疏》、清代徐鼎《毛诗名物图说》以及当代扬之水《诗经名物新证》等均为名物学方面代表性的著作。

学习名物学，有助于读懂诗词，增强文学鉴赏能力，亦有助于提高写作能力。此间奥义，已有多位学者论及。明代李东阳《怀麓堂诗话》：“诗有三义，赋止居一，而比兴居二。所谓比兴者，皆托物寓情而为之者也。盖正言直述则易于穷尽而难于感发。惟有所寄托，形容摹写，反复讽咏，以俟人之自得，言有尽而意无穷，则神爽飞动，手舞足蹈而不自觉，此诗之所以贵情思而轻事实也。”清代徐鼎《毛诗名物图说·序》：“诗人比兴，类取其义。如《关雎》之淑女，《鹿鸣》之嘉宾，《常棣》之兄弟，《茑萝》之亲戚，《螽斯》之子孙，《嘉鱼》之燕乐。不辨其象，何由知物？不审其名，何由知义？若株守一隅之见，东向而望不见西墙。当前者失之，而欲求诗人类取之旨罕矣。”惠周惕《诗说》：“毛公传《诗》，独言兴不言比、赋，以兴兼比、赋也。人之心思，必触于物而后兴，即所兴以为比而赋之，故言兴而比、赋在其中。”我们知道，赋比兴是《诗经》常用的艺术手法，而兴“兼比、赋”显得尤为重要。“书不尽言，言不尽意”，故“圣人立象以尽意”（《周易·系辞上》）。诗人更多地使用比喻、借景抒情、托物言志等手法，通过自然界动植物的书写，借助于意象或者意象的组合，将内心的情思委婉含蓄地传达出来，从而呈现“言有尽而意无穷”的艺术效果，这样往往胜于流水账式的“正言直述”。当然，这也给诗歌鉴赏者带来了一定的困难。当整篇诗歌全是景物描写，并不直言诗人要干什么事时，读者或许以为诗歌就是单纯的景物书写，并不一定能真正理解诗人的真实创作意图。同样，对于作者来说，亦要求对所写景物的特征及文化内涵有着深入的认识后，才能更加准确、便捷地表达心中情思，而深入学习与研究名物学正是解决此问题的重要途径。

学习名物学，有助于提高自身的品德修养，进而提高写作素养。《礼记·大学》：“欲正其心者，先诚其意；欲诚其意者，先致其知；致知在格物。物格而后知至，知至而后意诚，意诚而后心正，心正而后身修。”学者们往往都是通过“格物”，即研究事物而后获得真知。当人们知识、眼界开阔以后，通过“诚意”“正心”等方式的修行，亦有助于其道德品格的培养。当作者真正用心钻研名物学之后，或许会为动植物的文化品格（如梅兰竹菊之高雅）所熏陶，进而有助于自身道德情操的提高。苏轼云：“文如其为人”（《答张文潜书》），文品与人品之间往往有着较为密切的关系，一个人的品德素养往往影响着文章的创作意图、主题思想等。因此，研究名物学，有助于作者树立正确的思想道德观念，从而提高作者写作素养，提高作品的质量。

二、《诗经》动物书写

据统计，《诗经》书写动物的种类中，涉及鸟类有 41 种，涉及兽类有 25 种，涉及虫类有 29 种，涉及鱼类有 15 种。下面通过举例，帮助读者进一步了解名物学之于写作的意义。

（一）《诗经》中书写的鸟类

《诗经》中书写的鸟类主要有以下三方面的文化内涵：

（1）把鸟类作为图腾崇拜的对象。“图腾”一词系北美印第安语，意思是“他的亲族”。原始人相信每个氏族都与某种动植物或者其他生物之间有着血缘亲属关系或其他特殊关系，于是就把它们当作自己的祖先或神灵去崇拜。《诗经·商颂·玄鸟》便记载了商代将玄鸟（燕子）作为图腾崇拜的对象：“天命玄鸟，降而生商，宅殷土芒芒。”《史记·殷本纪》对此有详细记载：“殷契母曰简狄，有娀氏之女，为帝喾次妃。三人行浴，见玄鸟堕其卵，简狄取吞之，因孕生契。”当然，这种崇拜是科学观不发达的体现。古人往往借助于神灵的力量，宣扬其统治政权的合法性。简狄吞食燕子蛋或有其事，之后怀孕生下商朝始祖契亦或有其事，但两事之间并无必然联系，而当时人们却将其附会在一起。

（2）把鸟类作为爱情婚姻的象征。姚立江在《禽鸟：中国文化中的情爱象征》一文中写道：“男女两性之间的相互吸引、相互结合、相互依存，是人类社会中一种最基本的关系，也是一种最奇妙的关系，和谐美满、稳定长久的两性结合是人类执着的追求，永恒的愿望。而鸟类所体现的雌雄相依、生死相随的生物特征，恰合于人的两性情爱的理想境界。”在文艺作品中人们习惯于用鸳鸯象征爱情婚姻，实际上在《诗经》时代已有体现。如《诗经·小雅·鸳鸯》：“鸳鸯于飞，毕之罗之。君子万年，福禄宜之。鸳鸯在梁，戢其左翼。君子万年，宜其遐福。”毛《传》：“鸳鸯，匹鸟。”崔豹《古今注》：“鸳鸯雌雄不相离。人获其一，则一相思而死，故谓之匹鸟。”古人将鸳鸯视为匹鸟，故可将鸳鸯在水面低飞，用网将其捕回家，象征男女结婚、成家立业；将鸳鸟（雄性）在堤坝下收敛左边翅膀呵护鸯鸟（雌性）的亲昵场景，象征男女成婚后甜蜜的婚姻生活；而后诗人表达祝福，希望双方幸福永长久。倘若作者不明白鸳鸯为何物，有什么习性特征、文化内涵，则难以写成此类文学作品。

（3）将鸟类作为善恶德行的寄托。东汉王逸《楚辞章句》：“《离骚》之文，依《诗》取兴，引类譬喻。善鸟香草，以配忠贞；恶禽臭物，以比谗佞。”《诗·小雅·鹤鸣》便采用了“兴”的艺术手法，用善鸟比喻忠贞之士：“鹤鸣于九皋，声闻于野。鱼潜在渊，或在于渚。乐彼之园，爰有树檀，其下维萚。它山之石，可以为错。鹤鸣于九皋，声闻于天。鱼在于渚，或潜在渊。乐彼之园，爰有树檀，其下维榖。它山之石，可以攻玉。”此诗并未提到诗人自己要干什么，全诗均是自然景物的书写，倘若仅仅就其字面意思理解，就很难抓住诗歌本义。

那么，要了解真正意思，则需要对诗歌所涉之物——“鹤”有所了解。作为中国科学小品文的开拓者，贾祖璋曾尝试把鸟类的科学知识同有关文学方面的内容结合起来进行介绍，即“用较有趣味的文字来写科学书”，于是他在《鸟与文学》中写道：“鹤之形态，清癯秀逸；鹤之色泽，雪白玉润；鹤之飞翔，翩翻云汉；鹤之栖息，徜徉林泽；鹤之饮食，节省淡泊；鹤之性情，柔静幽娴，颇似一个潇洒风尘、放浪形骸的人。”罗愿《尔雅翼》：“鹤，一起千里，古谓之仙禽，以其于物为寿。……常夜半鸣，其声扬闻八九里，雌者声差下。”正因为“鹤”的这些特点，所以文学作品中多用其来比喻为贤者隐士。《诗经·小雅·鹤鸣》便是周宣王的大臣写给周宣王的诗，希望他能任用声名远扬的贤者（以“鹤鸣”为喻），以便其为国效力。

除了用善鸟比喻忠贞，《诗经》亦有用恶鸟比喻谗佞。例如：《诗经·小雅·黄鸟》：“黄鸟黄鸟，无集于榖，无啄我粟。此邦之人，不我肯穀。言旋言归，复我邦族。黄鸟黄鸟，无集于桑，无啄我粱。此邦之人，不可与明。言旋言归，复我诸兄。黄鸟黄鸟，无集于栩，无啄我黍。此邦之人，不可与处。言旋言归，复我诸父。”此诗所写“黄鸟”即为麻雀。古人非常不喜欢麻雀，认为其有“四罪”：“盗啄麦粟，一也；戏残花果，二也；穿垣巢屋，三也；群聚喧聒，四也。”（李苏《见物》）故，用“麻雀”比喻不好的人。此诗即是写诗人去异国他乡，但该国之人不善待他，故有逃离、归乡之意。

当然，人们对于事物的认识是发展变化的。如鸟类专家郑作新通过实验，在解剖888只麻雀后发现：麻雀虽然偷食粮食，但也捕捉害虫，而且捕捉害虫的时间比偷食粮食的时间更长，特别是在无产粮区往往不存在偷食粮食一说，因此应该属于益鸟。时至当代，麻雀则成为一种可爱的形象。因此，名物学的研究，应当注意动植物文化内涵的时代变化，如此才能更好地写出符合时代主题的文艺作品。

（二）《诗经》中书写的兽类

《诗经》中书写的兽类有牛、虎、兔、马、羊、猱、犬、豕、麟、豹、狼、狐、熊、鹿等，这里选取鹿进行介绍。陆玑《毛诗鸟兽草木虫鱼疏》：“鹿欲食，皆鸣相召，志不忌也。”李时珍《本草纲目》称鹿“食则相呼，行则同旅。”郑《笺》：“鹿之奔走，其势宜疾，而足伎伎然舒，留其群也。”正因为鹿具有发现美草则鸣呼其友共享盛宴，行则众多并行，奔则脚步舒缓、留意伙伴以防失散的美好品格，故鹿常用来比喻团结友善。如：《诗经·小雅·鹿鸣》：“呦呦鹿鸣，食野之苹。我有嘉宾，鼓瑟吹笙。呦呦鹿鸣，食野之蒿。我有嘉宾，德音孔昭。呦呦鹿鸣，食野之芩。我有嘉宾，鼓瑟鼓琴。”用“鹿鸣”比喻周文王有美酒佳肴，真诚宴请臣下表示友好之意。而《诗经·大雅·桑柔》：“瞻彼中林，甡甡其鹿。朋友已谮，不胥以穀”，以及《诗经·小雅·小弁》：“鹿斯之奔，维足伎伎。譬彼坏木，疾用无枝。心之忧矣，宁莫之知”则用鹿的团结友善与人进行对比，表达对朋友诬陷自己的忧伤。

（三）《诗经》中书写的虫类

《诗经》中书写的虫类有蟋蟀、青蝇、蜉蝣、宵行（萤火虫）、蝤蛴（蝎虫）、戚施（蟾蜍）、螟蛉（夜蛾）、蜾蠃（细腰蜂）等，这里选取蜉蝣进行介绍。《诗·曹风·蜉蝣》：“蜉蝣之羽，衣裳楚楚。心之忧矣，于我归处。蜉蝣之翼，采采衣服。心之忧矣，于我归息。蜉蝣掘阅，麻衣如雪。心之忧矣，于我归说。”蜉蝣是一种非常奇特的昆虫：作为一个物种，它已经存在了至少2亿年，是有翅昆虫中最为原始的；作为独立个体，每个蜉蝣的生命却非常短暂，朝生暮死便是形容它的。蜉蝣成熟的过程

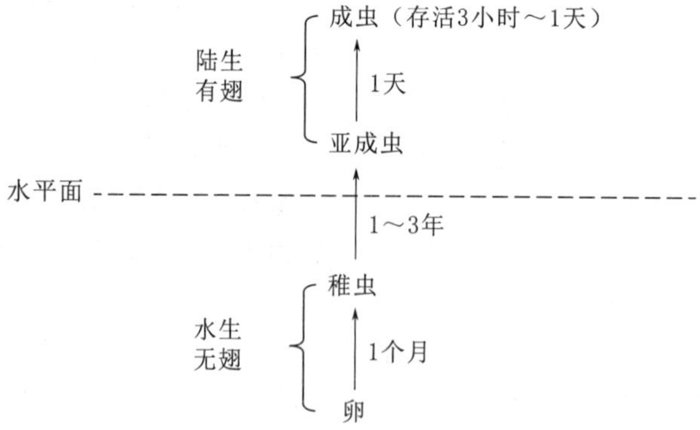

蜉蝣成长示意图

异常艰难：卵与稚虫均是在水生无翅的，亚成虫、成虫则是陆生有翅的状态。从无翅到有翅，往往需要1～3年的蜕变。蜕变是非常痛苦之事，而蜉蝣则要经历20～40次的蜕变。真正成熟后的蜉蝣成虫，则只能存活几小时至数天。蜉蝣的羽毛是非常美丽的，而生命却极为短暂，诗人由此想到自己的生命该走向何方呢？刘安《淮南子》："鹤寿千岁，以极其游；蜉蝣朝生而暮死，而尽其乐。"不管似白鹤一样长寿，还是如蜉蝣般短暂，我们的人生都不应当虚度，而是应当像白鹤、蜉蝣一样，用力地活着，让每一分每一秒都精彩万分！

（四）《诗经》中书写的鱼类

《诗经》中书写的鱼类有鲂、鳏、鲔、鳣、鲔、鳟、鲿、鲨、鲦等，这里选取前三种鱼类进行介绍。如：《诗经·齐风·敝笱》："敝笱在梁，其鱼鲂鳏。齐子归止，其从如云。敝笱在梁，其鱼鲂屿。齐子归止，其从如雨。敝笱在梁，其鱼唯唯。齐子归止，其从如水。"闻一多《神话与诗·说鱼》："鱼是匹偶的隐语，打鱼、钓鱼等行为是求偶的隐语。……青年男女间，若称对方为鱼，那就等于说：'你是我最理想的配偶！'"《毛诗序》："《敝笱》，刺文姜也。齐人恶鲁桓公微弱，不能防闲文姜，使至淫乱，为两国患焉。"鱼在《诗经》中亦被赋予了婚姻爱情的意义。在《敝笱》诗中，"鲂"，即今之"鳊鱼""弱鱼"，具有肥恬而少力的特点；"鳏"，又称"鲲鱼""鳡鱼""水老虎"，因此是一种力大而凶猛的鱼类；"屿"，今名"鲢鱼""白鲢"，性急躁而善跳跃，亦是一种体型、力气较大的鱼类。把破坏的捕鱼器（敝笱）放在堤坝的出水口，有大大小小的鱼儿自由穿梭其中，因此敝笱是捕不到鱼的。这就象征着鲁桓公不能处理好与妻子文姜的关系，因此导致其出轨同父异母的哥哥齐襄公。

三、《诗经》植物书写

《诗经》305篇之中，有156篇涉及到了植物书写，约占了《诗经》一半的篇幅。所写植物的种类有138种，包括73种草本类、62种木本类，以及2种蕨类和1种着生地衣类。其书写植物，至少可以用来表达以下几种含义：

其一，作为祭祀之用。《诗经》中的有些植物以我们今天的眼光来看极为普通，并不作为常用的食物，但在那个时代却可以用来祭祀。例如，《诗经·召南·采蘩》："于以采蘩？于沼于沚。于以用之？公侯之事。"这里的"蘩"，便是白蒿，被采集后用来作为公侯之家的祭祀。朱熹《诗集传》曰："南国被文王之化，诸侯夫人能尽诚敬以奉祭祀，而其家人叙其事以美之也。"又如，《采苹》："于以采苹？南涧之滨。于以采藻？于彼行潦。于以盛之？维筐及筥。于以湘之？维锜及釜。于以奠之？宗室牖下。谁其尸之？有齐季女。"这里的苹，又叫四叶菜，是一种生于浅水的蕨类植物。

藻，又称聚藻，是一种茎如钗股、叶如蓬蒿的水生植物。古时女子出嫁，需要在宗室内用鱼、苹、藻等祭品来祭祀祖先。

其二，作为女子容颜的象征。这类作品比较常见，如，《诗经·周南·桃夭》："桃之夭夭，灼灼其华。之子于归，宜其室家。"用桃花的艳丽比喻女子的美貌。又如，《郑风·有女同车》："有女同车，颜如舜华。将翱将翔，佩玉琼琚。彼美孟姜，洵美且都。"用木槿花比喻孟姜之美。当然，除了花朵以外，植物的果实亦可以比喻女子容颜的变化。如，《召南·摽有梅》："摽有梅，其实七兮！求我庶士，迨其吉兮。摽有梅，其实三兮！求我庶士，迨其今兮！摽有梅，顷筐塈之！求我庶士，迨其谓之！"用落梅，比喻时光易逝、容颜易老。

其三，表达思念之情。先秦女子大多从事采摘劳动，在采摘植物时可能会因思念丈夫而不用心工作，《诗经》便常常描写这种场景。例如，《诗经·周南·卷耳》："采采卷耳，不盈顷筐。嗟我怀人，寘彼周行。"写女子怀念征夫，以至于采集卷耳时，半天采不满一小筐。又如，《小雅·采绿》："终朝采绿，不盈一匊。予发曲局，薄言归沐。终朝采蓝，不盈一襜。五日为期，六日不詹。"写丈夫征战出发前明明说好回家时间，结果却迟迟未归，女子因此思念丈夫而无心工作。采摘荩草和蓼蓝时，用了整整一个早晨，却采不到一捧、一衣兜。

植物的书写，除了可用来表达亲人之思，亦可写故国之思。如，《诗经·王风·黍离》："彼黍离离，彼稷之苗。行迈靡靡，中心摇摇。知我者，谓我心忧。不知我者，谓我何求。悠悠苍天，此何人哉?"此诗为东周大夫行役至于镐京，看到故国旧都宗庙宫室破败，满地尽是禾黍时，伤叹西周灭亡之作。此诗影响较大，"黍离"便成为感叹故国哀思的典故。例如，姜夔《扬州慢》"过春风十里，尽荠麦青青。自胡马窥江去后，废池乔木，犹厌言兵。"千岩老人萧德藻以此诗有"《黍离》之悲"!

四、生物多样性保护

存在即合理，每一个物种都有其存在的价值。生物直接为人类提供食物、纤维、药物、燃料、建材以及工业原料，体现了直接价值；生物具有调节生态的功能，可以净化空气、涵养水源，而且其生态价值有时候会高于经济价值，体现了间接价值；生物的杂交，能够产生更多优良的品种。当生物的种类越多，则杂交新品种的可能性越高，这体现了潜在价值。因此，每一个物种都有其生存的权力，每一个物种都值得被尊重，世界因生物的多样性而更加精彩。

其实，我们古人就具有生态保护的意识。汉代司马迁《史记·殷本纪》记载："汤出，见野张网四面，祝曰：'自天下四方，皆入吾网。'汤曰：'嘻，尽之矣！'乃去其三面。"商汤对禽兽网开一面，制止了赶尽杀绝的做法，仁爱天下，因此得到了天下诸侯们的爱戴。宋代张载《西铭》："民吾同胞，物吾与也。"主张把全天下的百姓都作为自己的兄弟姐妹，把大自然的万物都作为自己的朋友，同样体现了博爱的思想。

据联合国公布的数据，现在每天大约有 70～200 个物种灭绝。按照这种速度，到 21 世纪末，预计 50％的大型哺乳动物将消失，50％的海洋生物也将消失。如果生物最终消失殆尽，仅仅剩下人类自身，那么我们又能存活多久？又将何去何从呢？因此，保护大自然，其实也是在保护我们自身。正如老子《道德经》所讲："人法地，地法天，天法道，道法自然。"当我们真正怀抱一颗敬畏之心，走进自然，了解自然，亲近自然，热爱自然，对自然界的动植物有更深刻的认识之后，我们内心的知识与情感也会更加丰富。所谓"气之动物，物之感人，故摇荡性情，形诸舞咏。"（钟嵘《诗品》）随着对生命体悟的深化，我们的创作冲动也许就更加强烈，这自然是有益于写作的。大千世界，无奇不有。春柳春蛙，夏荷夏鹭，秋菊秋雁，冬梅冬狐……更多的动植物意象有待我们去书写！

本章参考文献

[1] 王强. 中国古代名物学初论 [J]. 扬州大学学报（人文社会科学版），2004（6）：53.

[2] 刘丽华.《诗经》动物物象探微 [D]. 西安：陕西师范大学，2007.

[3] 潘富俊. 美人如诗，草木如织：诗经植物图鉴 [M]. 北京：九州出版社，2018.

[4] 青木正儿. 中华名物考 [M]. 杨晓钟，戚砾婉琛，译. 西安：陕西人民出版社，2017.

[5] 彼得·戴曼迪斯，斯蒂芬·科特勒. 未来呼啸而来 [M]. 贾拥民，译. 北京：北京联合出版公司，2021.

本章小结

1. 了解名物学的内涵及意义，学会鉴赏《诗经》中的动植物，了解其文化象征意义，培养"博物君子"，尝试在写作之中运用动植物书写。

2. 树立生物多样性保护意识，培养"民胞物与"的仁爱之心。

课后作业

介绍一种动植物，内容涉及该动植物的外貌、习性特征、文化内涵、分布地区、生存现状及保护倡议等，掌握名物学知识与倡议书写作。

拓展阅读

学文例话：培养感受能力

精读台湾第三代散文家中的名家——张晓风女士的散文《万物伙伴》，感受自然万物之于人类的意义。所谓"春女思，秋士悲"，春天花朵的凋零容易让女子想起容颜之易逝，秋天的落叶与果实容易让男子想起功名之未就，自然万物往往能触发人的情思。文学作品常常使用借物喻人、托物言志、借景抒情的手法来表达含蓄的情感，培养对自然万物的喜爱之情，提高对自然万物的感受能力，有助于在写作之中更好地书写自然万物，更好地表情达意，使文章增彩。

万 物 伙 伴

张晓风

三百年前，十七世纪的中叶，一群学者和诗人，将他们辛苦辑成的一大套丛书，呈给龙椅上的康熙皇帝。后来，那批编者死了，那皇帝读者也死了，而那套书却印了出来，可以在今天任何一个有规模的图书馆里找到，那本书是《咏物诗》，包括中国历代大诗人对万物的歌咏。

吃满汉全席，也许是皇族特有的口福，但读诗，读咏物诗，却已是每一个小老百姓的权利。诗，从来不会不属于人类全体。

西洋人论诗，每每强调叙事诗、抒情诗或者牧歌，但中国人却喜欢说咏物、咏史、咏怀。“物”在中国已经成为一种可以歌颂，可以细描，可以玩味的诗歌题材了。正如在艺术方面中国人不习惯说画“画”，我们一定要说画山水、画人物、画花鸟、画四君子……

咏物诗在中国诗的历史中当然不能算最优秀的作品，但令人惊讶的是，“物”在中国，有其比西洋诗中更高贵的形象。“天人合一”是比较抽象不易捉摸的，“物我无间”倒比较合乎中国人更实际的生活，庄子说：“天地与我并立，而万物与我为一。”事实上，天，经常被看作“物”，连人，也是“人物”，人既为“万物之灵”，也是万物的一支吧！人死了，变成鬼，就中国人来看，仍是“物”、是“异物”。

中国上古史里的圣王当然都是最有智慧最深沉的人，然而他们获得智慧的方法既不是“面壁”，也不是“闭关”，相反，他们“仰则观象于天”“俯则观法于地”“视鸟兽之文与地之宜”，然后，他们获得了统驭的智慧。中国的政治家，是透过“自然观察家”“哲学家”而成为“政治理论家”的。中国的君子懂得“自强不息”的道理，是因为有感于“天行健”。中国的圣人是看到“逝者如斯”的东流水，震撼于“不舍昼夜”的自然力量，方会回身观照，急于想把自己冲激成一川洪流。

这不仅是士大夫的观念，事实上取法自然，从万物体悟人生，也是一般小百姓的想法。武侠小说里固然有时也承认秘籍的权威，但一派宗师在融会贯通天下武学之际，总是独凌绝峰，并且从大海日出、白鹤腾空、瀑布断流、风舞琼花等现象获得灵感上的突破。在这种事上，武学分明又是一种诗学，一种美学。在中国，几乎所有的智慧体悟都来自对万物的观察。

中国的文字，就其象形本质而论，是采取“画成其‘物’，随体诘诎”的办法。你可以不认识“稷”字，但你知道它是禾的一种，是广大田野中青青的翠意。你可以不认识“麋”，但你知道它是鹿族里的一脉，是浅溪旁呼伴饮水的善良生物。你可以不认识“雯”，但却可以想象它是一种美丽的天象，是云霞的妹妹。

作为一个中国人，每天，在每一个文字上遇见万物的速写像我们在一张简单的报纸上重见“日”“月”“山”“川”，他们仍然那样传神地勾画着初民对万物的惊喜赞叹。当我们看到“册”字，它向我们显示那穿在一条线上厚实整齐的竹简。当我们看到“果”字，它沉甸甸地悬在最高枝的喜悦感仍然是极真实的，我们不由得感到与万物有亲有故的那份真切情意。

然后，忽焉一声炸雷，我们就看到“物竞天择”“弱肉强食”的新旗号，我们还来不及分辨这句话在生物学上的正确意义，它已经就变成政客和野心家的金科玉律了……

但是，我们仍然记得我们是来自一个和万物有亲有故的民族。

这个民族，曾产生庄子。他像一个小学老师，他第一次把我们引离教室，带我们站在春天的原野上，教我们看天、看云、看花草、看尘泥，然后告诉我们说：“物无贵贱。”我们认真地想着他所说的“齐物论”，直等到一只蜻蜓误停在我们的肩上，我们终于相信我们都只不过是一个小小的客旅，我们之间并无大小之差尊卑之别。金星难道比土星高贵吗？太阳比月亮美丽吗？人比蜉蝣活得更长吗？

韩愈说：“有其翼者去其角。”在中国人看来，没有谁是绝对的强者，如果说“适者生存”，则万物莫不是“适者”，上天不会造一只有翅膀的老虎，也不会造一只生有大角的老鹰。柔弱无依的墨鱼，在事急时也有它“防御性的武器”。换句话说，这是一个“有饭大家吃”“人人都有得混”的众生平等的世界。

在这种观念之下，万物都各安其位，各得其所，大如山的自然可以入画，小如砂砾亦自有景观。明灿如钻石的是美，沉黯如黑玉的也是美。刚如削壁虽足取法，柔似春水也能给人许多启示。像虎豹一样强，固然可以傲啸山林，像小蜥蜴一样弱，也有资格享受成色十足的阳光……

因此，张横渠会说：“民吾同胞，物吾与也。”翻成白话文就是：“人类，是我的手足弟兄，万物，是我一伙的朋友。”

既不是逞能地去霸占万物，也不是无能地役于万物，只是一个欢欢喜喜的孩子，走在欢欢喜喜的阳光里，觉得眼前一切鸟兽虫鱼花树草木全都与自己有亲有故的那种心情。也因此，程颢会写下“万物静观皆自得，四时佳兴与人同”的句子，朱晦庵会持有“好鸟枝头亦朋友，落花水面皆文章”的烂漫天机。

旧式塾师的诗学教育，也是从万物之情体会出来的，老师说“天”，学生要懂得说“地”，老师说“桃红”，学生对“柳绿”。就这样，在对对子——这种师生间的“合法抬杠”中，中国小孩学会了写诗，学会了陆机所说的那种“撞万物于笔端”的本领。

当然，反过来说，中国诗里也充满了“物”的和谐。孔子劝儿子读诗的理由之一是“可以在诗里认识鸟兽草木”。一本《诗经》，是从一条河畔写起的，水鸟和鸣，荇菜飘浮，好一卷澄澈无渣滓的歌。《楚辞》里是另一种植物，兰芷茝蕙，一派南国风物。连汉代乐府，也每每无缘无故地要拿“青青河畔草”做开头的固定格式。

可是，中国诗里写物跟美国诗人狄谨荪写蛇、康明思写蚱蜢是不相同的。“非人磨墨墨磨人”写的是墨吗？“百花发，我不发，我若发，都骇杀”写的是秋菊吗？咏物者常常弄不清楚自己手绘的是一幅蝴蝶，还是一幅自己，咏物者终于发现自己在万物里，万物在自己里。

生命也是如此啊，几片瓦，一口井，一口老黑锅，故事就绕着小小的道具而推展。在那个古老的时代，每一件物都有先人的手泽，都有亲切的情意。不幸那时代远了，我们身处在一个“银货两讫”的商业社会里，我们是按着定价购物的一代，杯子只是杯子，笔只是笔，今年的衣服是明年的垃圾，月亮在荧光幕上自会出现，不必麻烦去看天上的那一轮。我们有无限膨胀的物欲，却不能通一点物情物趣。

学院的教育把我们变成善于分析的说明符号“:”，不知从什么时候开始，我们竟再也不会发出一声惊叹号“!”。

与万物摩踵擦肩而过，谁是那得物趣、通物情、能友物、能契物的人呢？

我认识一位教植物学的老教授，他说：

“我年轻的时候，用显微镜观察叶子的组织，那时代的显微镜不够好，我们能看到的东西不够多，我常希望有更高倍数的显微镜出现，我们就会明白得多些。现在，我老了，这种显微镜出现了。奇怪的是，放大倍数增加以后，看到了更多的东西，引出的问题反而更多了，我忽然发现我比以前更不了解那些组织了!”在他自己承认“不了解”的谦逊和敬畏中，我看到了他的“了解”。

让我们爱万物，以及造物的天、成物的人。江月会一直俯照着春江，但见者自见，不见者自不见，不见者只能行在黑色的长夜里。万物是我们并生的伴侣，但侣者自侣，不侣者自不侣，失侣者只好孤单封闭地走完一一生。

在一盏茶里饮千古的风流，在瓦斯炉前遥想燧人氏的风采，由一张纸上想见汉文明，捧一碗饭时懂得感谢嘉南平原上的老农，让事事物物都关情，让我们生活得更好奇，更惊讶，更感激。

——摘引自张晓风《也是水湄：张晓风散文精选》，

四川人民出版社，2017 年，第 217～222 页

第十二章 西南联大

大风泱泱，大潮滂滂。中华文化，源远流长。文化旅途，有欢声笑语，亦有慷慨悲歌；有风和日丽，亦有雷雨交加。风雨战火，让百姓流离失所，使得文化的旅途充满艰难。但战火的洗礼，也促进文化的迁移与融合，文化在艰难跋涉中不断向前发展。

我国古代至少有三次因战火的蔓延而发生大规模人口南迁的现象，史称“衣冠南渡”：一是晋代永嘉之乱，匈奴军队攻陷西晋京师洛阳，琅琊王司马睿率中原士族南渡，在建康（今南京）建立东晋政权。唐刘知几《史通·邑里》：“自雒阳荡覆，衣冠南渡，江左侨立州县，不存桑梓。”二是唐代安史之乱，明皇幸蜀，中原地区祸乱继起，兵革不息，士族纷纷南渡避乱。李白《为宋中丞请都金陵表》：“天下衣冠士庶，避地东吴，永嘉南迁，未盛于此。”杜甫《追酬故高蜀州人日见寄》：“边塞西蕃最充斥，衣冠南渡多崩奔。”三是宋代靖康之乱，金兵攻克北宋都城汴京（今开封），宋高宗赵构被迫渡江，在临安（今杭州）建立南宋政权。李纲《胡笳十八拍》：“圣朝尚飞战斗尘，椎鼓鸣钟天下闻。岸上荒村尽豺虎，衣冠南渡多崩奔。”“衣冠南渡”，表面上看是人口的迁移，实际上也将先进的技术与优秀的文化带到南方，促进了文化的迁移与融合。

近代史上，也有一次著名的“衣冠南渡”。全面侵华战争的爆发，给我国百姓带来了沉重灾难。为了保存文化的火种，众多学校与学生不得不西迁避难。国立浙江大学迁移到了贵州遵义；国立北平大学、国立北平师范大学与国立北洋工学院迁移到了陕西西安，组成国立西安临时大学（后又迁至陕西汉中，改称国立西北联合大学）；国立北京大学、国立清华大学和私立南开大学迁移到了湖南长沙，组成国立长沙临时大学（后又迁至云南昆明，改称国立西南联合大学——当时世界上最好的一所大学）。这所最好的大学到底好在哪里？让我们一起去了解她的光辉而又艰难的历程。

一、教育史上的奇迹

西南联大可以说是当时世界上最好的学校，是中国教育史乃至世界教育史上的奇迹。

首先，让我们看看社会人士对西南联大的评价。蒋梦麟在给胡适的信中写道："联大苦撑五载，一切缘轨而行，吾辈自觉不满，国中青年仍视为学府北辰。"美国学者易社强："西南联大的历史，将为举世学术界追忆与推崇。联大的传统，已成为中国乃至世界可继承的一宗遗产。"牛津大学的学者前往拜访求教时惊呼："它是中国教育史上的珠穆朗玛峰。"如果把学校比喻成星辰，那么西南联大就相当于"居其所而众星共之"的北极星；如果把学校比喻成山峰，那么西南联大就相当于珠穆朗玛峰。可见，西南联大是当时国内最好的大学。

其次，让我们看看西南联大校友的评价。许渊冲说："联大可以说是超过哈佛，因为它不仅拥有当时地球上最聪明的头脑，还有全世界讲课最好的老师。"杨振宁说："我那时在西南联大本科生所学到的东西及后来两年硕士生所学到的东西，比起同时美国最好的大学，可以说是有过之而无不及的。"西南联大超过哈佛，比美国最好的大学还要好，因此在当时的世界上，她也算是最好的大学。

再次，让我们看看西南联大人才培养方面的业绩。据统计，联大 8 年培养的人才超过战前北大、清华与南开三所学校 30 年培养的人才总和。其中，有 172 位两院院士和 100 多位人文大师。突出贡献者，如诺贝尔物理奖获得者 2 人：杨振宁、李政道；国家最高科学技术奖获得者 5 人：黄昆、刘东升、叶笃正、李振声、吴征镒；"两弹一星功勋奖章"获得者 8 人：朱光亚、王希季、邓稼先、郭永怀、赵九章、杨嘉墀、陈芳允、屠守鄂。

因此，无论从校友和社会评价来看，还是从其本身所创造的光辉业绩来看，西南联大都可以称得上是当时世界上最好的大学。

二、西南联大简介

1937 年 7 月 7 日，"七七事变"（又称"卢沟桥事变"），日军开始了全面侵华战争。7 月 29 日、30 日，日军分别攻陷北平、天津，占领了北大、清华校园，并将南开炸为废墟，于是三校决定南迁至长沙。1937 年 11 月 1 日，由三校合并组成的"国立长沙临时大学"正式开课。这一天，后来被定为西南联大的校庆日。12 月 23 日，南京失守，日军沿长江进犯中华腹地，战火即将蔓延至长沙。于是，1938 年初，长沙临时大学决定西迁至昆明。1938 年 4 月 2 日，湘黔滇旅行团即将抵达昆明之际，校方奉国民政府教育部电令改称"国立长沙临时大学"为"国立西南联合大学"。1946 年 5 月 4 日，国立西南联合大学举行结业典礼，7 月 31 日宣布结束，北京大学、清华大学、南开大学迁回原址，同时为答谢云南人们对西南联大的支持，联大师范学院留昆独立设置，改称国立昆明师范学院。1984 年，昆明师范学院更名为云南师范大学。

三、文人长征——三千里路云和月

1938 年 1 月上旬，长沙临时大学在布告牌上通知："本校为保存文化决迁昆明开学，诸生如有愿离校参加各种国防工作者，本校当尽力介绍。愿随同前往者，每人津贴路费 20 元，此后课程设备等方面，当力求充实，以副有志向学诸生之厚望。"看到布告后，半数学生签名声称"反对文化逃避"，不想当"叛徒"和"懦夫"。国民政府军委会政治部部长陈诚劝说："中国有成千上万的士兵，但目前中国最缺乏的是有知识的人。你们是国家最后的希望，是'国宝'，倘国之大器，皆化炮灰，将来国家形势必定更加严峻，我们应当为我们的国家和民族死中求生，中国奋起、建国更需人才，中国最好大学的学生，要完成的是后者。"原中华苏维埃临时中央政府教育部代部长徐特立呼吁："在民族危机深重的关键时刻，每一个不愿做亡国奴的青年，都应该拿起枪杆子，到革命队伍中去，参加抗日。"最终，1400 多名学生中，800 多人选择继续读书，600 多人选择立即抗战。

1938 年 2 月 19 日，长沙临时大学全体师生在韭菜园召开誓师大会，决定开启西迁昆明的旅程。西迁昆明的路线有三条：①海路路线，从长沙乘火车去香港，再乘海轮到越南海防，最后乘火车到云南，这是最舒适、但也最费钱的路线；②乘车旅行团路线，从长沙乘汽车到越南同登，再乘火车到云南蒙自。这是较快捷、但也较费钱的路线；③湘黔滇旅行团路线，乘船到常德，步行经湘西到贵州，再从西南方向行至昆明，这是最艰难、费时最长的路线。

1938 年 2 月 20 日，以闻一多、吴征镒等为代表的 11 位教师和 284 位男同学从长沙出发，跨越湘、黔、滇三省，行军约 3300 里（纯步行 2600 里），历时 68 天，于 4 月 28 日抵达昆明。这段旅行，也可以叫作"文人长征"，或者"文军西征"。那么它和"红军长征"有何异同呢？

一方面，既然是"长征"，显然也是一段"苦旅"，需要经历路途之艰险：小舟横渡贵州关岭县北盘江激流，与红军"强渡大渡河"相似；翻越贵州晴隆县"二十四道拐"，与红军"爬雪山"相似。需要经历生活之艰苦：借宿农家茅舍，常与猪牛同屋，也曾宿营荒村野店和破庙，雨雪交加时，学生以稻草为铺，油布遮雨；穿着稻草鞋远距离地跋涉，使得脚上磨起大量血泡。

另一方面，红军长征需要参加战斗，而文军长征除了"旅行"，也有一定的步行计划："借以多习民情，考查风土，采集标本，锻炼体魄，务使迁移之举本身即是教育。"伟大的民主革命战士闻一多说："我在十五岁以前，受着古老家庭的束缚。以后在清华读书，出国留学。回国后一直在各大城市教大学，过的是假洋鬼子的生活，和广大的山区农村隔绝了。……虽然是一个中国人，而对于中国社会及人民生活，知道的很少，真是醉生梦死呀！国难当头，应该认识认识祖国了！"闻一多先生一直在校园里学习、教书，因此与外界接触的不太多，有些"醉生梦死"。就像我们现在的学生一样，虽然能通过网络去了解自然与社会，但了解的也多是网络上的社会现实，而亲身经历的自然与社会却相对较少，某种程度上也有些"醉生梦死"。但是，闻先生却坚持在旅途中进行田野调查，考察西南地区的风土民情，提高对百姓生活的了解。

著名语言学家马学良记载了“闻一多先生在湘西采风”的具体情况：“每到一处山寨，他顾不得安顿住处，也顾不得沿途的疲劳，一到宿营地就带着我们几个年轻人走家串户，采风问俗。”尤其值得一提的是，有位学生刘兆吉凭借一己之力独立采集了2000多首歌谣。我们知道现存有目有辞的《诗经》也就305篇，而他所采集的民歌相当于《诗经》的六七倍。因此，闻一多在《西南采风录》序中称赞：“他这种毅力实在令人敬佩。”朱自清在《西南采风录》序中也盛赞：“他是外乡人，请教人的时候，有些懒得告诉他；有些是告诉他了，他却不见得能够听懂每一个字。……他这样辛辛苦苦的搜索，记录，分辨，又几番的校正，几番的整理，才成了这本小书。他这才真是采风呢。他以一个人的力量来做采风的工作，可以说是前无古人。”

胜利抵达昆明后，西南联大慰劳湘黔滇旅行团，负责人蒋梦麟亲自迎接湘黔滇旅行团团长黄师岳。梅贻琦致辞：“风雨不曾欺凌了你们，土匪也不敢侵犯你们，完全是你们的精诚感召所致。记得你们都是翩翩年少，今日相逢怎么都‘于思于思’，长出了胡须？……但是……你们所走的路途，全都是中国的大好山河，所遇的人们，全都是我的同胞。所谓‘险阻艰难，备尝之矣，民之情伪尽知之矣’。这对你们将来的责任和事业，是有如何伟大的帮助啊！”这些学生之前在校园里可能还经常精心打理，而在“苦旅”过程中备尝艰辛，则没有那么多时间打理胡须。另外，像闻一多等人还专门蓄须立志——不将日寇赶出中国，决不剃须。因此，短短两个多月的时间，这些师生长了很长的胡须。他们虽然备尝苦难，但就像晋文公重耳在外流亡19年一样，对国情却有了更深入的了解。因此，对于这段“文化苦旅”，有学者给予了较高评价：“这条路是中国的中心被迫前往西南的路，是男孩们成为男人们的路，是中国珍贵又脆弱的大学传统保存骨血之路，是既在逃难也在进军之路，也是20世纪中国知识阶层的甦生之路。也许没有任何一个词比‘甦生’更是时代强音了——正是当年旅行团中的一位教授，闻一多，在《青春》中写道：‘诗人呵！揩干你的冰泪/快预备着你的歌儿/也赞美你的甦生罢！’”（李海鹏《代路而言》）

四、弦歌不辍——战时须作平时看

庄子《庄子·秋水》：“孔子游于匡，宋人围之数匝，而弦歌不辍。”孔子周游匡地时，被宋国人团团围困，身处极度险境，但仍然坚持弹琴诵读，坚持教育文化事业。西南联大的学生，同样身处战火之中，但仍然坚持学习的精神状态，也可谓是“弦歌不辍”。

所谓“十年树木，百年树人”“学如逆水行舟，不进则退”，教育是一件长期而不能间断的伟大事业，教育文化事业的兴废事关国家的生死存亡。因此，哪怕抗战时期也须像平时一样重视教育。正如竺可桢所说：“大学培养的是领袖型人才，要是大学生能担当起日后建国的重任，单教他们具有专门技术是不够的。一个国家，外患不足畏，内忧不足惧，唯有一般领袖缺乏清新的头脑、远大的眼光、坚强的意志最为可怕。因此，绝对不能但从国防的需要着想，把大批大学生送往前线。”此外，陈立夫《告全国学生书》亦称：“教育之任务，为在智、德、体各方面培养健全之公民，使其分负建国之艰巨责任。故青年之入校修业，自国家立场视之，读书实为应尽之义务，使青年而有废学之现象，实即国家存亡之危机。”因此，哪怕再艰难，西南联大的教育事业也没中断：

穆旦（查良铮）《抗战以来的西南联大》："教授们有的露宿一夜后仍旧讲书，同学们在下课后才去找回压在颓垣下的什物，而西南联大各部的职员，就在露天积土的房子里办公，未曾因轰炸而停止过一日。"钱能欣《西南三千五百里》："时局虽然艰难，但学生们相信敌人摧残了我们的艺术城，破坏了我们的象牙塔，可是毁灭不了我们三千年来的文化种子。"冯友兰《三松堂自序》："颠沛流离并没有妨碍我写作。民族的兴亡与历史的变化，倒是给我许多启示和激发。没有这些启示和激发，书是写出不来的。即使写出来，也并不是这个样子。"柳无忌《烽火中讲学双城记》："学生与教授在后方过着奔波流离的生活。可是民族精神依然兴旺，而'士气'更因炮火洗礼而变得更刚毅，这是我们在大学内教书所引以为自满和自豪的。战时的学生，饱尝艰辛，却没有颓废，他们求学的态度是严肃的。"

抗战时期，物价飞涨，教授们的实际收入大幅下降，生活异常艰苦。朱自清先生看见穷教授们刻印章（闻一多）、摆茶摊（费孝通），也想去街上找一些兼职去做，结果却被乞丐纠缠得无法脱身，可他身上确实身无分文。于是只能说："我没有钱，我是联大穷教授啊！"没想到乞丐听后扭头就走。这是文科教授的遭遇，理工科教授境况稍微好些，但也好不到哪去。华罗庚《春风吹拂换人间》："想起 40 年的前半叶，在昆明城外 20 里的一个小村庄里，全家住在两间小厢房里（还没有我现在的办公室大），食于斯，寝于斯，读书于斯，做研究于斯。晚上一灯如豆，所谓灯，乃是一个破香烟罐子，放上一个油盏，摘些破棉花捻成线做灯芯。为了节省菜油，芯子捻得小小的。晚上老牛擦痒，擦得地动山摇，危楼欲倒，猪马同圈，马误踩猪身，猪发出尖叫，而我与之作息。那时，我的身份是清高教授，呜呼！清则有之，清者清汤之清，高则未也。高者，高而不危之高也！"如今，大学生同处一寝室，有室友早起动静稍大，或打呼、磨牙，对于大部分同学来说是很难忍受的。然而，华罗庚教授却能在"老牛擦痒""猪马尖叫"的环境下，睡觉、读书、做研究，最终成为伟大的数学家，其精神着实令人钦佩。

让我们再来具体了解一下西南联大师生吃住与学习的情况。

（1）饮食方面。赵锋《民国教育》："学校食堂做饭用的是陈米，学生戏称之为'八宝饭'：'八宝者何？曰：谷、糠、秕、稗、石、砂、鼠屎及霉味也。'"闻一多《八年来的回忆与感想》："吃饭对于我是一件大苦事。我吃菜吃得咸，而云南的菜淡得可怕，叫厨工每餐饭准备一点盐，他每每又忘记，我也懒得多麻烦，于是天天忍痛吃淡菜。"光远《片断的回忆》："早晨是稀饭，用煮蚕豆作菜，午饭晚饭是多土多砂有壳子的红米。米饭也不够的，因此大家围着饭桶，硬把胳膊向里插，菜是清水煮的萝卜白菜，没有盐，更说不上油珠子了。"

（2）住宿方面。沈克琦先生接受采访时说："新校舍的宿舍是土墙泥地稻草顶，四十人一屋，十个窗户，每个窗户两张双层床。窗户是几根木条，冬天就糊纸挡风。"走幸田《我住在新校舍——衣食住行及其他》："学校对这茅草房，每年都要修补一次，因为经过风季一刮，雨季一淋，屋漏墙倒的总在所不免。在每年修补之前，一碰上倾盆大雨，半夜里床上就可能成为泽国，油布、脸盆都成为防御工具，打伞睡觉的事，也并不稀奇。"

（3）学习方面。图书馆的窗是没有玻璃的，每当刮风时，学生们必须拿一样东西把书本压住。在图书馆看书要打伞，但当时图书馆抢书抢座位的风气盛行一时，排队预约常常到四五十米之长。天未黑，馆外便黑压压地站满了人，门一开便向里涌，涌进门便分头向汽灯下面跑，等跑到坐定，低头一看，往往便会发现笔记本挤烂了，洋装书的硬封面挤脱了，笔记丢了，或是手指头挤破了。西南联大学习时，物质条件极差，茅屋铁皮顶，下雨时弊端立现，叮叮当当声不绝于耳，老师们讲课都要提着嗓门喊。经济系教授陈岱孙上课时，因雨声太大，学生根本听不到讲课声，陈教授于是写下“静坐听雨”四字，令全班听雨，并笑称这是“风声雨声读书声，声声入耳”。于是，就有了《无问西东》电影里“静坐听雨”的诗意场景。古诗词中就有许多“听雨”的场景：“小楼一夜听春雨，深巷明朝卖杏花”（陆游《临安春雨初霁》）、“秋阴不散霜飞晚，留得枯荷听雨声”（李商隐《宿骆氏亭寄怀崔雍崔衮》）、“江天寒意少，冬月雨仍飞。出户愁为听，从风洒客衣”（张鼎《江南遇雨》）……大自然的绵绵风雨让人产生无尽的遐想，带来不绝的愁思；而社会中的“风雨”也是如此。当时正值抗战，战争的“血雨腥风”笼罩神州大地，给中华儿女带来了巨大苦难与无尽忧思，静心倾听自然风雨的同时，实际也是在感受、思考“家事、国事”与“天下事”。

冯友兰《国立西南联合大学纪念碑》碑文：“文人相轻，自古而然。昔人所言，今有同慨。三校有不同之历史，各异之学风，八年之久，合作无间。同无妨异，异不害同，五色交辉，相得益彰，八音合奏，终和且平。”合作办学并非易事，而清华、北大与南开三校之间合作八年之久，却能像彩虹一样美丽，像交响乐一样和谐。西南联大师范学院院长黄钰生说，“三校同仁在一起工作和谐，应归功于三校具有如云、如海、如山的风度，即清华智慧如云，北大宽容如海，南开稳重如山。”西南联大开创了前所未有的大学联盟的办学模式，由清华梅贻琦、北大蒋梦麟、南开张伯苓组成常务委员会，共同管理学校，而蒋梦麟、张伯苓为减少摩擦，采取“无为”策略，让权给年轻的梅贻琦，而教育家傅任敢说“联大成功的奥妙就在于梅校长的‘大’，他心中只有联大，没有清华了。”最终，在“寡言君子”梅贻琦的管理下，联大形成了“学术自由”“作风民主”“教授治校”的良好风气。

西南联大合并办学前三所学校的校长也是非常重视教育的：北京大学校长蒋梦麟：“强国之道，不在强兵，而在强民。强民之道，惟在养成健全之个人，创造进化的社会。”南开大学校长张伯苓：“念国家积弱至此，苟不自强，奚以图存，而自强之道，端在教育。”清华大学校长梅贻琦：“所谓大学者，非谓大楼之谓也，有大师之谓也。”强国的关键在于强民，强民之道则在教育，而教育的关键不一定都是物质条件，师生的精神状态也是非常重要的。西南联大以“刚毅坚卓”为校训，意在引导学生形成刚强果敢、坚定卓绝的精神风貌。尽管西南联大师生经常吃着“八宝饭”，打着伞睡觉与看书，还要时常“跑警报”，学习生活环境极为艰苦，但他们始终坚持“刚毅坚卓”与“弦歌不辍”的精神，创造出了教育史上的奇迹。

西南联大的办学历程，既是一段教育史上的长征，也是一段文化史上的苦旅。从“衣冠南渡”到“文人西征”再到“还燕碣”，这些知识分子将各自的校园文化带到了迁移地，促进了与当地文化的融合。正如汪曾祺《我在西南联大的日子》所写：“云南人对联大学生很好，我们对云南、对昆明也很有感情。比较明显的、普遍的影响是在教育方面。有些联大师生为云南做了一些有益的实事。联大学生在中学兼课的很多，这对昆明中学生学业成绩的提高，是有很大作用的。更重要的是使昆明学生接受了民主思想，呼吸到独立思考、学术自由的空气，使他们为学为人都比较开放，比较新鲜活泼。这是精神方面的东西，是抽象的，是一种气质，一种格调，难于确指，但是这种影响痛实存在，如云如水，水流云在。”

本章参考文献

[1] 易社强. 战争与革命中的西南联大［M］. 饶佳荣，译. 北京：九州出版社，2012.

[2] 董晨鹏. 冲天［M］. 南京：江苏人民出版社，2019.

[3] 西南联大《除夕副刊》. 联大八年［M］. 北京：红星出版社，2019.

[4] 杨潇. 重走：在公路、河流和驿道上寻找西联南大［M］. 上海：上海文艺出版社，2021.

[5] 赵锋. 民国教育［M］. 太原：山西教育出版社，2015.

[6] 汪曾祺. 我在西南联大的日子［M］. 济南：山东画报出版社，2018.

本章小结

了解西南联大的发展历程与校园文化，对“苦旅”的意义有更好的认识，培养“刚毅坚卓”“弦歌不辍”的精神。

课后作业

罗庸《西南联合大学校歌》：“万里长征，辞却了、五朝宫阙。暂驻足、衡山湘水，又成离别。绝徼移栽桢干质，九州遍洒黎元血。尽笳吹，弦诵在山城，情弥切。千秋耻，终当雪。中兴业，须人杰。便一成三户，壮怀难折。多难殷忧新国运，动心忍性希前哲。待驱除仇寇，复神京，还燕碣。”联大八年，创造了中国教育史，乃至世界教育史上的奇迹，留下了宝贵的精神财富。时隔八十多年，步入新时代的大学生当如何传承这些精神，值得每一位学习深思。班级将以“发扬西南联大精神，做新时代大学生”为主题召开讨论会，请就此撰写一篇演讲稿。

拓展阅读

学文例话：培养思维能力

精读厦门大学人类学研究所所长、旅游人类学研究中心主任彭兆荣教授的学术论文《归去来：运动与旅行的文化人类学视野》，培养学术论文写作的思维能力。文化苦旅，实际是文化迁移的活动，从本质上讲则是运动的一种特殊形式。由表及里、抽丝剥茧地分析有助于把握事物的本质规律，提高写作的思维能力。

归去来：运动与旅行的文化人类学视野

彭兆荣

“走”出来的文化之道

运动的历史是一部没有书写的历史，运动的形式、概念和意义有很多。《说文》释：“运，移徙也。”首先指自然的运动，比如天体的运行，《易·系辞》：“日、月运行。”古说：“日运为躔，月运为逡。”（《方言》）《说文》释：“动，作也。”由此，运动可以理解为“命运”的一种最初照相，并包含了特定的时空制度，无论是生命的运动形式、身体的运动行为，还是运动隐喻意义，都在完成从一地到另一地的转移过程，也是人的生命过程中一个阈限向另一个阈限的通过礼仪。人类学家根纳普（van Gennep）在《通过仪式》（*The Rites of Passage*）一书中的开宗明义：“任何社会里的个人生活，都是随着其年龄的增长，从一个阶段向另一个阶段运动的序列。”然而，学界对于日常、身体、生理的非仪式式运动行为却并不在意，这种漠视恰恰忽略了人类文化的生成逻辑，即人类的所有生命和身体表达和行为恰恰是文化的能动和趋动。当下，学界又将人类的这种“身体运动”提升到反思的高度。

人类首先被认定为“动物”的一种类型——“人类”（mankind）。所以，人类学在研究人的时候，首先从“动物”开始，即强调人的“动物性”（animalism）。人类学家利奇把人类的身体行为，比如强力动作“暴力”等看作是人类突显社会结构关系的某种基本行为，属于人类的本能。是“人类自然属性的一部分”。利奇倾向于将人类的运动、欲望与暴力当作社会结构中的动力。而人类身体行为最基本的活动——“运动”首先始于行走（直立行走），因为人类的行走是与其他生物种类的一个重大的区别性标志。直立行走既区别于其他动物，也是人类塑造自我的一种行为表达，这奠定了人类作为生物种群与其他生物之间的差异，并由此延伸出“运动”的文化价值。在此，“运动”包含着变化与进化的意思和意义。

我们因此可以假定，如果人类没有经过身体的功能性运动变化，便不可能达到今天这样“宇宙的精华，万物的灵长”（莎士比亚悲剧《哈姆雷特》的经典诗句）的高度和成就，这一高度和成就的获得与人类的运动分不开。在这个意义上，我们可以说，人类的文化是“走”出来的。所以，要探讨“运动”，也必须从此说起。人类学研究曾经专门就人类两足行走的起源进行研讨，比如1991年在巴黎就举行过一个题为“两足行走的起源”的专题研讨会，人类学家就此提出过各种不同的主张。也因为同样的原因，现代有不少学者担心，由于现代社会中的人类越来越少行走运动和活动，人类将出现头大脚小的生物性演化趋势。

从文化的意义上看，我们更愿意将人类的行走看作一种探索、一个仪式、一种求知的途径，甚至是人类思索的方式。依照知识的考据学，行走出思想是人类一个带有规律性的活动。一部《圣经》包含了行走的完整主题：摩西带领犹太人出埃及，返回故土；耶稣通过行走传达福音。被誉为西方“历史之父”的希罗多德，游历了他身体力行可以到达的整个地中海沿岸，到达包括欧、亚、非三洲的许多国家和地方，写下了不朽的《历史》。在古希腊的神话系统里，还有专门庇护旅行者的神赫尔梅斯，他是诸神的使者……西方的神话系统中所谓“天使”就是运动使者——长着翅膀的行者。

人类成为“特殊的动物”，一方面，强调“会动的生物”之行动秉性；另一方面，人类的行动具有目标性、目的性，这也是人类区别于其他“动物”的重要标识。在动物世界里，许多动物都有迁徙的行为，季节性觅食等，充其量只表现为惯习性本能。从人类文明的形态演化看，依据进化论的线索，人类的运动以及形式是区分“动物”类别的一个重要根据。同时，行走运动又是生存和生计的重要方式，比如早期的“狩猎-采集生活”（hunting - gathering life）时代的人类，其运动目的也是为了获取食物，随着人类大脑的进化，人类从身体运动也就越来越趋向于有目的的设计运动。

克里福德有这样一个观点——文化是一种旅行：（1）文明可以作为文化历史证据的表述。从世界文明发展的线索看，在早期各个代表性形态中，人类的行走、迁移、旅行和运动不仅与文明相生相伴，比如人类通过迁移、旅行和运动的方式获取食物。即使在目前，全世界 50 亿人口中还有将近 25 亿人主要通过渔猎和采集维持生计。（2）人类的居住方式和形态也都与人类的生计方式联系在一起，与文明形态联系在一起。它们或是相对于频繁的迁移运动（如游牧形态），或是相对稳定的形态（如农业形态），或是不同时期或季节的相对迁移与相对稳定的生产生活方式，或是不同的民族在不同生态下的适应情况以及文化表述。人类如果没有通过迁移、运动等方式以适应自然、环境的变化，文明便很难有一个完整的定义。（3）人类任何与运动、旅行和迁移有关的文明类型和文化差异，包括居住方式、种族进化、阶级特权、交流方式、运输手段、道路边界等，脱离“运动”便很难进行符合逻辑的言说。（4）各民族特殊的精神文化包括大量的与运动、旅行、迁移等母题相关的表述，包括精神的、宗教的、哲学的旅行。（5）“旅行”是人类最早、最基本的运动方式，如果不从旅行入手，许多学科和理论，包括历史学、地理学、古典学、考古学、人类学，以及人类学中的进化论、传播论等甚至连言说的基础都因此丧失。

旅行原型中的身体隐喻

福科准确地把握住了旅行理论的意义：“空间似乎建构了有关我们的关系、理论和系统的整个视野。”人类的旅行可以理解为身体的运动，因此，身体的隐喻也就成为特定文化类型的一种叙事。对运动身体刻意的表现，除了展示运动与身体的物理特性外，还延伸出许多与之相应和相关的主题，比如旅行中的“考验—苦行”（体现对身体的磨难和身体在磨难中的承受力），就是一个代表性的原型和主题。我们可以在古希腊的许多神话表述中看到这一主题与整体希腊文化的互动和互疏的历史逻辑关系。几乎每一个神祇、英雄都必须在旅行中经受苦难和考验，哪怕主神宙斯也没有例外。据学者对其历史谱系的考释，他降生于克里特岛，年轻时外出旅行，浪迹天下，在旅途中战胜和克服了各种各样的灾难和困难，成为群众的领袖，并逐渐被神化，老了以后回到故乡克里特，并死在那里。如果我们细心体察便会发现，现代好莱坞大片中的“硬汉英雄”与这个原型喻意几乎同出一辙。

人们通常认为，西方文化来自于“两希文化”，而“两希文化”自始至终贯彻着同一个原型性母题。荷马史诗的“考验—苦行”主题经常表述为“出征—回家”，并被赋予强烈的文化隐喻，英雄、冒险、殖民、战争、出走、考验、流放、寻索、神谕、悲剧、崇高、荣誉、爱情、背叛、知识、权力、怀乡、寂寥、离散、回家、凯旋、仪式……这一切都羼入了旅行文化的主题或主题的延伸；旅行超越了哲理的范畴而成为人们践行的圭臬。与希腊文化一样，希伯莱文化中（尤以《圣经·旧约》为突出）的离散便以一个转换的视角重复表述着这一主题，比如摩西率犹太人出埃及回归故里。“离散”（diaspora）一词源于希腊 diaspeirein，最早在《旧约》中以大写出现，原意指植物通过花粉的飞散和种子的传播繁衍生长。《旧约》的使用已属转喻，指上帝让以色列人“飞散”到世界各地。“离散”也因此获得了这样的意义。某个民族的人离开了自己的故土家园到异乡生活，他们的离散始终贯彻“考验—苦行”的主题，却始终保持着故土文化的特征。难怪玛丽·比尔德等人在《古典学》中提醒人们，对旅行的忘却就是对人类自身的失忆，而“古典学的核心是旅游”。

“旅行”在中国传统的文化中被赋予不同的意思。“旅”，会意字，原指举起民族旗出征的民族征旅，民族旗下举行宣誓仪式，谓“族”。“行”是象形字，意指十字路口之形，即行走在道路上的意思。早期“旅行”的意思与群体性的带有军事活动联系在一起。由于汉族遵循传统的农业伦理，除军旅活动外，自给自足的农业社会一般并不太鼓励外出，所谓“父母在，不远行”。此外，旅行通常也与信使和商业活动有关。而中国长期实行“重农抑商”政策，所以，“古代一般人少作旅行。旅行的都是有要事的信使和使节”。然而，游牧文明和游牧民族的情形则完全不同，“游牧”不仅代表着一种文明形态，代表着一种文化的精神，代表着一种生产和生活方式，也代表了一种特殊的生命和身体表达。

旅行除了表明身体处于运动之中，还必须承受各种苦难和挫折；承受的强度不仅表明英雄的品质，还表明人类身体作为特殊的文化载体。在现代社会里，身体的表述功能已经大大弱化。特别是现代社会性移动属性（mobility）与身体性（corporeality）的关系呈现出所谓的“后现代悖论”。一方面，现代社会以前所未有的速度加剧了各种事物的移动，现代交通工具更是强化了现代移动的便利和便捷；另一方面，人类的身体运动却因此弱化，行走的能力在萎缩，旅行文化的多样性逐渐趋于单一化。除了朝圣等具有宗教教义的行走仍然保持着身体苦行的隐喻意义外，绝大多数的旅行都已异化为现代科技和交通工具的消极物体。身体的空间已经从旧时通过践行而获得的精神、意志、品质、耐力、荣誉、功绩等的意义转变为现代交通工具的“运送包裹”，原来最具有说明性的身体在现代属性的支配下转变成为一种消极的肉体。身体只有在保持其独立性、行动性中方可称得上具有主体的思想，而一旦身体成为现代交通工具的“包裹”和转变为现代社会事务的“具体程序”时，其独立性便越来越难诉求。

人类学：诞生在运动中的学科

从人类学的诞生以及由学科性质延伸出的一系列问题来看，“旅行—运动”无论就其行为，还是表现为各种社会关系，都未受到民族志研究的重视——虽然它应该成为一个重要的问题。一个基本事实是，旅行是实践人类学学科的基本活动，无论是作为民族志研究本身还是民族志研究对象，移动都是一个涉及各种社会生活和文化身份的重要主题。悖论的是，民族志设定的对象——无论是生活场境还是身份的确定性

——都是“僵化”的，即使不是静止的也是以某一点为中心。同样悖论的是，人类学学科的学理依据直接来自进化论——可理解为生命和物种在运动中的演化，而人类学研究的“异文化”(other culture) 则是被简化为静止、封闭、不变的环境、群体和社会文化。所以，人类学对移动的表述一直混杂不清。博厄斯曾经考证了包括亚洲、欧洲和非洲的人种在地理环境中持续变动的过程后认为：“从最初开始，我们就有了一张人类不断迁移的地图，这其中包括多种人类群落的混合。”也就是说，人类本身就是迁徙和旅行的产物。考古学和遗传学证据都支持了博厄斯的这种观点。

虽然晚近的人类学家对“弗雷泽式”（太师椅上的人类学家）的古典民族志表述，以及他将旅行和旅行者的口述作为知识来源的方式持批评态度，却都没能改变两个基本事实：(1) 旅行是实践人类学学科的基础性活动，因为人类本身就是迁徙和旅行的产物；(2) 包括马林诺夫斯基、涂尔干等在内的人类学家正是从弗雷泽那儿“学习起步”。如今，由保萨尼阿斯和他的现代“助手”弗雷泽所开启的以旅游为介体的知识桥梁，从雅典走到阿卡迪亚，从迈锡尼走到特尔菲，从远古的神话仪式走到现代人类学的知识殿堂，凭借的正是旅游文化这一种特殊的表述范式。

——摘引自彭兆荣《归去来：运动与旅行的文化人类学视野》，

《内蒙古社会科学》(汉文版) 2013 年第 6 期，第 1~7 页

附录 沟通礼仪

一、沟通的内涵与意义

“沟通”一词早见于《左传》：“秋，吴城邗，沟通江淮。”本义是指开挖沟渠，使两水相通。现在主要是指个人、群体之间传递与理解信息的过程，具体表现为社交、外交等活动。有效的沟通，往往是为了一定的沟通目标，向对方传递信息（态度、思想和情感等）后，被接收者理解，并将理解与接受程度反馈给信息发送者，最终达成共识的过程。积极有效的沟通，有助于增进彼此的了解，减少误解与分歧，疏导负面情绪，改善彼此的关系。

当然，沟通并不是一件简单的事情。沟通过程中任何一个环节出现问题，就可能发生沟通障碍，最终影响沟通的成效。例如，信息发送者表达存在问题，信息传递渠道不够畅通，信息在传递过程中出现失真，信息接收者固守偏见，信息反馈不够及时；等等。沟通过程中存在以下 6 种思维模式：①利人利己；②损人利己；③利人损己；④损人损己；⑤好聚好散；⑥独善其身。不同的思维模式，往往形成不同的沟通结果。良好的沟通，应当遵循“求同存异”的原则。首先，需要保持真诚的态度，克服以自我为中心的立场，克服自私、自大的心态。既要考虑己方的需求，又要关心他方的需求与难处。其次，需要积极主动。信息发送者积极主动地传递信息，同时也需要接收者积极地反馈。再次，若是最终实在难以消除分歧，也应当尊重他方的人格、尊严与权利。

根据不同的方法，可以将沟通分为不同的种类。

（1）根据沟通过程中信息发送者与接收者的地位是否改变，可以分为单向沟通与双向沟通。单向沟通过程中，不存在信息反馈，如新闻广播；双向沟通过程中，信息接收者也可能变成发送者，并再次变成收者，双方不断地沟通交流，最终达成共识，如协商谈判。

（2）按照信息传递的方向，可以分为上行沟通（如下级向上级汇报工作）、下行沟通（如上级向下级传达任务）、平行沟通（如平行部门、同层级人员交流）和斜向沟通（既不同隶属，又不同层级）。

（3）按照沟通过程中所使用语言的方式，可以分为语言沟通和非语言沟通。语言沟通，是指运用书面语言或口头语言传递信息的社会活动，即包括以文字、符号为信息传递工具的书面沟通（书籍、报纸、书信等）和以言语为信息传递工具的口头沟通（谈话、演讲、电话等）；非语言沟通是指运用目光、表情、手势等动态语，站姿、坐姿、空间距离等静态语以及声调、语速等辅助语言进行沟通的过程。

浙江大学前校长竺可桢先生在该校开学典礼时说："诸位在校，有两个问题应该自己问问：第一，到浙大来做什么？第二，将来毕业后要做什么样的人？"作为大学生，我们期待自己在大学毕业后能有一份怎样的工作？未来过一种什么样的生活？大学期间我们应该培养自己哪些能力呢？其实，我们可以引用美国著名心理学家和人际关系学家戴尔·卡耐基的话来回答这一问题："一个人的成功，15%靠专业技能，85%依赖于人际交往与沟通的能力。"对于一些掌握尖端高科技的紧缺人才，他们或许不依赖沟通能力也能成功；但对于大部分大学生来说，除了具备专业技能、自主学习能力以及创新能力外，沟通能力则显得尤为重要。

二、沟通礼仪的内涵与意义

礼者，敬人也；仪者，形式也。在内容方面，礼仪的核心是尊重；在形式方面，礼仪是程序规范，礼仪是内容与形式的统一。沟通礼仪，主要是指人们在沟通交往中，为了互相尊重，在仪容、仪表与仪态等方面约定俗成的标准规范。

作为礼仪之邦，我国自古以来便非常重视礼仪。《左传》："礼，经国家，定社稷，序民人，利后嗣者也。"《荀子·修身》："人无礼则不生，事无礼则不成，国家无礼则不宁。"无论对于国家的安定，还是个人的生存发展，礼仪都有重要的意义。《论语·季氏》："不学礼，无以立。"《论语·颜渊》："君子敬而无失，与人恭而有礼，四海之内皆兄弟也。"《孟子·离娄》："爱人者，人恒爱之；敬人者，人恒敬之。"1960 年 9 月 26 日，在芝加哥哥伦比亚广播公司的一个电视直播间里，总统候选人尼克松和肯尼迪站在摄像机和聚光灯前，进行了美国总统竞选历史上第一次电视辩论。当时尼克松已经是副总统，而肯尼迪则是一个州的参议员，双方的职位级别相差悬殊。但是，选举结果却与两人的职位高低形成了反差。究其原因，当时尼克松刚动过膝盖手术，脸色苍白，身体消瘦，还发着烧；肯尼迪则刚刚参加完加州竞选活动，还专门去海边晒太阳，让自己的肤色黝黑，活力四射。演讲前肯尼迪的助手提前帮他"润了润色"，尼克松则随便抹了点男用粉底霜，结果在电视上显得脸色更加苍白。当年参加现场直播的桑德尔·范奴克回忆说："我注意到副总统嘴唇附近满是汗渍，肯尼迪则非常自信，光彩照人。"对比如此鲜明，观看直播的 6500 万美国人几乎立刻就能决定要把选票投给谁。可见，当我们掌握基本的礼仪规范，遵守基本的沟通礼仪，既尊重自己，也尊重对方，乃至尊重任何人，才可能赢得别人的尊重，沟通才可能更加顺利地开展，形成“四海之内皆兄弟”的友好局面。同时，国家也可能因为百姓人际关系的和谐而更加稳定。反之，违背基本的沟通礼仪，则很难赢得尊重，以至于影响事业的成败。

三、个人形象礼仪：仪容、仪表与仪态礼仪

2006 年《智慧》杂志刊载了这样一个故事：“有一次林肯总统面试一位新进的人员，后来并没有录取那位应征者。幕僚问他原因，岂料他竟然说：‘我不喜欢他的长相。’幕僚们非常不服，问道：‘难道一个人天生长得不好看，也是他的错吗?’林肯回答：‘一个人 40 岁以前的脸是父母决定的，40 岁以后的脸却是自己决定的。一个人要为自己 40 岁以后的长相负责。’”《礼记·冠义》：“礼义之始，在于正容体，齐颜色，顺辞令。”一个人的形象就是自己的名片，将自己打理得整洁、得体，也是对自己、对他人最起码的尊重，是沟通礼仪的基本要求。

形象主要体现在仪容、仪表、仪态三个方面。仪容即人的容貌，包括头发、脸部、手部等未被服饰遮挡的身体部位。仪表即人的外表，一般包括人的穿着打扮等。仪态即人的姿态，包括人在行为中的姿态和风度。下面具体介绍相关礼仪：

（1）仪容礼仪：①头发：男士头发长度应前不过眉，侧不过耳，后不过领；女士头发可以稍长，但当头发长度过肩时，应当用发网盘起，或用发夹夹住，避免披头散发；②面部：面部应保持清洁，眼睛无分泌物，鼻毛不外漏，不可使用气味较大的护肤品。男生不蓄须、留鬓角，女生应化淡妆，女生用餐后需及时补妆，但应避免在公共场所补妆；③手部：应保持干净，指甲修剪整齐，长度不超过指肚。

（2）仪表礼仪：面试等一些特别正式的场合，如果有特别要求，最好穿正装；即使没有要求，也应当穿着正式一些。比如，穿无领的 T 恤、短袖等肯定是不合适的，至少应当穿有领的衬衫。当我们穿正装时，也应当遵循相关的礼仪规范。正装有不同款式，如果是穿双排扣正装，站立时应当将扣子全部扣上；如果是穿单排扣正装，则最下面一粒不扣。就座时，则可以从上到下将正装扣子解开。正装里面一般搭配衬衫，衬衫下摆应扎入裙内或裤内，袖口可长于外套 1～2.5 厘米。正装宜配深色皮鞋，而不能穿运动鞋、皮靴、布鞋、凉鞋或拖鞋，同时袜子宜深色、肉色纯棉袜，不宜穿丝袜、浅色袜子，忌穿白色、网眼袜。面试等正式场合，不应佩戴有可能过度张扬自己的耳环、手镯、脚链等首饰。

（3）仪态礼仪：

1）目光礼仪：我国古代思想家孟子说：“存乎人者，莫良于眸子，眸子不能掩其恶。胸中正，则眸子瞭焉；胸中不正，则眸子眊焉。”美国思想家爱默生说：“人的眼睛和舌头说的话一样多，不需要字典，却能够从眼睛中了解一切。”意大利艺术家达·芬奇说：“眼睛是心灵的窗户。”眼睛与心灵之间有着密切的关系，眉目可以传情，眼神所透露出的信息，也是沟通中信息传递的一种方式。因此，与人沟通时，大部分时间眼睛应自然地看着对方，表示认真倾听。当然，看的时间和部位也是有讲究的。倘若左顾右盼，或者一直低着头，就会让对方感到不被尊重。倘若眼睛一直盯着对

方，就有“虎视眈眈”的意思，也是不太好的，因此目光交流应当适度。比较严肃的公务场合，可以看着对方额头，表示庄重；正常的社交对视，则主要看眉毛以下及嘴巴以上的区域。倘若非亲密关系的异性，相互对视时看着对方嘴巴以下的颈部区域，则显然是无礼的行为。

2）微笑礼仪：除了目光交流，微笑也是一种礼仪，因为微笑体现出沟通过程中双方的热情、友好。当然，微笑应当是发自内心的、自然大方的。

3）首语与手势礼仪：指用头部、手、手指传情达意时的礼仪规范。例如，摇头、低头、斜头等往往表示消极的含义，适当的点头往往能表达积极的意义。再如，招手、拍手，表示友好；而摆手、手指则表示拒绝或敌意。学生在食堂打饭时，由于不认识一些菜名，就可能会用手指的动作。这种习惯其实是不够礼貌的行为，若改为“请”的手势进行指示，则更显礼貌。

4）站姿礼仪：站立时，应当抬头、挺胸、含颚、收腹，双手交叉放于腹前，或自然下垂放于两侧。男士双脚分开、比肩略窄，女士可双脚并拢呈 V 字形或丁字状站立。

5）坐姿礼仪：入座要轻，坐满椅子的三分之二，轻靠椅背，头平正、挺胸、夹肩、立腰，男士双膝略分，女士双膝自然并拢。如长时间端坐，可将两腿交叉重叠，注意将腿回收。

6）社交距离礼仪：空间距离，代表着沟通时的态度及交往的意愿，适度的距离对于拉近沟通的心理距离有着一定意义。因此，无论是站、坐姿，还是行走，与他人沟通时应保持适当的空间距离。人体距离细分为 4 个不同的区域：亲密距离（15～45 厘米），个人距离（50～120 厘米），社交距离（130～350 厘米），公共距离（350 厘米以上），应根据沟通双方的关系和场合，保持相应的距离。

四、沟通交往礼仪：握手、引导、递接物品、电话礼仪

除了基本的形象礼仪外，沟通交往过程中还可能涉及到其他一些具体的礼仪，现介绍如下：

（1）握手礼仪：握手时应遵循贵宾先、长者先、主人先、女士先的顺序，握手时间以 3～5 秒为宜，力度适中，同时做到身到、笑到、手到、眼到、问候到。

（2）引导礼仪：在走廊引导时，接待人员在尊者客人的左前方，注意客人步伐速度；在电梯引导时，接待人员先进电梯，一直按住“开”按钮，等候客人全部进入电梯后再关闭电梯门；到达时，也是一直按住电梯“开”按钮，请客人先出电梯；在楼梯引导时，上楼梯，尊者客人在前，主人在后。但女士穿短裙时，男士应走在女士前方。下楼梯，尊者客人在后，主人在前。

（3）递接物品礼仪：两手掌托住物品，将物品正向对方，勿将笔尖、刀具之类物品的锋利端朝向对方，身体微倾向对方，并简单寒暄。

（4）电话礼仪：打电话时，应当注意时间、场合。晚上 10 点后、早上 7 点前，以及节假日期间，一般是休息时间，应当尽量避免打电话，以免打扰别人。同时，地铁、教室、寝室、自习室等公共场合少打或禁止打电话。打通电话时，应自我介绍。打完电话时，应后挂电话。倘若对方也不挂电话，可提醒或礼请对方挂电话。

通话精练，音高适中，少影响他人。接电话时，如果想知道对方是谁，不要唐突地问："你是谁?"可以说："请问您是哪位?"或者"对不起，可以知道怎么称呼您吗?"

本章参考文献

[1] 姜磊，马玉梅．管理学基础［M］．北京：北京理工大学出版社，2018.
[2] 广东省轻工业高级技工学校．人际沟通与礼仪［M］．北京：中国轻工业出版社，2013.
[3] 陈送军，言奇．主动出击：做最好的大学生［M］．北京：中国财富出版社，2014.

本章小结

了解沟通礼仪的内涵及重要性，掌握基本的沟通礼仪规范，成为知礼、懂礼、守礼之人。

课后作业

请介绍与沟通相关的礼仪，掌握沟通礼仪规范。

拓展阅读

学文例话：培养沟通能力

戴尔·卡耐基，美国现代成人教育之父，西方现代人际关系教育的奠基人，20世纪最伟大的心灵导师和成功学大师。他在《沟通正能量》中讲述了打动人的18条实用沟通准则，请仔细阅读并在实践中思考与运用相关准则。

沟通正能量：打动人的18条准则

〔美〕戴尔·卡耐基

每个人都想成为谈话中的焦点，每个人都想成为最受欢迎的人。每一个真正有魅力的谈话家总是能够在最短的时间内找到让对方最感兴趣的话题，说出打动人心的话语。怎样说话才能打动人？这几乎是每个追求成功的人士都渴望具备的能力，也是年轻时的我最渴望拥有的本领。

在漫长的求学生涯中，贫穷让我产生了深深的自卑，也立志一定要出人头地。我做过推销员，学过表演，当事业无法取得进展时，我在一个大白天，竟忍不住躺在小旅馆的床上痛哭流涕。我很早就意识到，那些学校里名望最高的人，是在辩论和演讲中获奖的人。于是，我立志训练自己在这方面的才能。后来，我也曾写过书，但真正让我找到方向的是，后来我所做出的开设演讲课程的决定。

我怀着满腔热忱努力经营着我的演讲事业。现在，我取得了成功。参加我的学习班的有社会各界人士，包括军政要员甚至还有美国总统。我的课程激励着无数迷茫和陷人人生困境的人，并帮助他们重新找到了自己的人生。

在这些课程中，最受欢迎的就是帮助人们如何与人沟通和谈话的课程。这也是成年人真正想要学习的课程。这门课程如此有效，以至于有人竟专程开车从上百英里外赶来上课，甚至有人每周都从芝加哥赶到纽约来听课。

据芝加哥大学与成人教育协会的一项调查表明，成年人最关心的问题是身体健康，紧接着就是如何加强人际关系一一他们真正渴望学到的正是为人处世的方法和谈话技巧。他们既不想成为演说家，也不想听什么心理学知识，他们只想学到一些可以立即用于交往的现实而有效的建议。“石油大王”洛克菲勒在他的事业达到巅峰时说：“与他人谈话的能力，也是一种可以购买的商品——正如糖和咖啡一样。我愿意付出任何代价来购买这种能力。”

我所讲的不是空洞的理论，它有着令人难以置信的神奇功效。许多人正是运用书中的原则，走上了成功之路，成为最受欢迎的人。请仔细阅读它，它会帮你成为一个真正有魅力的谈话家——说出打动人心的话，成为你想成为的那个人。

1. 多看看别人的优点。不要随便批评别人，因为批评是毫无效用的工作。要学会真诚地赞美他人，让他有一种“显要感”，而不是阿谀奉承。学会区分赞美与谄媚，它会是使你更懂得明辨是非。

2. 一定要了解对方的需求。要想钓到鱼，必须要选对鱼爱吃的鱼饵。要学会捕捉并激发他人的需求，才能在交往中如鱼得水。多站在对方的立场考虑问题，这会让你的困难迎刃而解。

3. 真心诚意地关心他人。如果你想要人们都关心你，前提必须是你先关心别人。如果你想在一分钟内打动他，就请你记住他的喜好。记住：当我们对别人产生兴趣的时候，也正是别人对我们产生兴趣的时候。

4. 微笑最具吸引力。一个真诚的微笑价值百万，学会和他人分享快乐，因为快乐的心情是可以传染的。幸福取决于态度，要用微笑来面对一切困境。

5. 记住对方的名字。人人都渴望被尊重，记住他的名字会给他一种被尊重的感觉。学会巧妙地恭维对方，称赞他的名字。这是一个最简单、最明显、最有效的使人获得好感的方法。所以，请记住对方的名字。

6. 倾听才能掌握主动。每个人都需要倾听者，当你用心灵去倾听他人时，他人也会用心灵去倾听你，倾听往往能扭转局面。一个有魅力的谈话家是一个怀着忍耐和同情心的倾听者，他们能够使最激烈的批评者和最爱挑剔的人也软化下来。

7. 抓住对方最感兴趣的事。没有人会对自己不感兴趣的话题投入过多的热情，与人交谈，就要“投其所好”，把话说到他的心坎上。同时要注意，不要喋喋不休，没有人喜欢和说话啰嗦的人做朋友。

8. 让别人获得自重感。你希望别人如何对待你，你就应该用同样的方式对待别人。发自内心的真诚的赞美，是一种伟大的力量。不要吝惜你的感谢，因为它代表着你对他人的认可，这在交往中是很重要的。

9. 不要试图掩盖缺陷和错误。如果你想要为对方证明某事，就可以用巧妙的方式，使对方在不知不觉中接受你的观点。不要做固执的辩论者，固执的辩论，只会让你失去更多，即使你是对的。与狗争道，不如让狗先走；当一只发了疯的狗咬了一你口，为了报复，你还会反咬他一口吗？

10. 怎样避免与人结怨。就要用真诚来化解矛盾，智者用真诚化解仇恨，用真诚赢得利润，用真诚获得朋友。要懂得运用幽默，来使交流变得更加有趣。在指责对方的错误时，千万不要直接告诉对方，要懂得运用谦虚的策略，巧妙地让别人自己意识到自己的错误，如果你能够做到这一点，你也将无所不能。

11. 要勇于自我检讨。态度是交流的第一要素，一个人的态度是他心灵姿态的投影，你采取了什么样的态度，就会有什么样的结果。要勇于承认自己的错误，一个懂得低头的人，更懂得如何前进。学会让步，因为让步更能让人有所收获。

12. 友善方能赢得人心。要想得到别人的认可，就要用我们真诚与友善的心来打动他人。要掌握自己的情绪，一个好的情绪会为我们赢得他人的信赖。要懂得一滴蜂蜜比一加仑胆汁更能吸引人。友善地对待他人，才能使对方友善地对待自己。

13. 如何获得对方的认可。若想获得对方的认可，就要想办法使对方说"是"，如果你想要告诉别人错误的时候，你最好先问一个温和的问题，一个能得到对方"是"的反应的问题。直到最后，让那些反对者们不知不觉地发现自己所得出的结论竟然是自己在几分钟前就反对的。

14. 给对方充分表现的机会。用宽广的胸怀去面对他人，倾听他人。尽可能地使对方多说话，鼓励他们多谈论自己。把你的注意力给对方，使他们获得更多的自重感。

15. 站在对方角度看问题。遇到事情要站在对方的角度看问题；这样才能更全面地了解对方的处境，不要总对人下命令，要学会从对方的角度考虑问题。在适合的时候，要给对方送上同情，只有这样才能消除对方的疑虑，使对方乐于帮助你完成某事。

16. 强化别人服从的技巧。若想在人际交往中让对方遵从你的意愿，就要激发对方高尚的动机，把对方看成是一个你理想中的样子。要善于生动地表达出你的想法，不墨守成规。向对方提出一个有意义的挑战，激发出他人超越别人的欲望。

17. 说服他人的最佳方法。要想说服他人，必须使对方保住面子。每个人都很珍惜自己的面子，无论大人或小孩，无论地位高还是地位低。要懂得理性地使用"攻心"技巧，这是最高明也是最受尊重的谈判技巧。请记住给他人一个好名声，因为，一个好名声会使他更加乐意为你效劳。

18. 克服沟通中的心理障碍。要想克服沟通中的障碍，就要懂得用宽容的心爱你的仇人。要保持自己的本色，做最好的自己。及时总结经验和教训，尤其是面对不公平的批评时更要克制。学会倾诉，将压力抒发出去。只有这样，你才可能成为一个受欢迎的人。

——摘引自（美）戴尔·卡耐基著，石赟编译，《沟通正能量》，北京理工大学出版社，2014 年。